MUSIC

学前教育专业
音乐教育教学理论与实践

曹宗楠　柳婧姊　张海涛　著

北方文藝出版社
哈尔滨

图书在版编目（CIP）数据

学前教育专业音乐教育教学理论与实践 / 曹宗楠，柳婧姊，张海涛著 . -- 哈尔滨 : 北方文艺出版社，2022.6（2025. 10 重印）
ISBN 978-7-5317-5550-0

Ⅰ . ①学… Ⅱ . ①曹… ②柳… ③张… Ⅲ . ①音乐课 - 教学研究 - 学前教育 Ⅳ . ① G613.5

中国版本图书馆 CIP 数据核字 (2022) 第 075106 号

学前教育专业音乐教育教学理论与实践
XUEQIAN JIAOYU ZHUANYE YINYUE JIAOYU JIAOXUE LILUN YU SHIJIAN

作　者 / 曹宗楠　柳婧姊　张海涛
责任编辑 / 李　萌　　封面设计 / 邓姗姗

出版发行 / 北方文艺出版社　　邮　编 / 150008
发行电话 /（0451）86825533　　经　销 / 新华书店
地　址 / 哈尔滨市南岗区宣庆小区 1 号楼　　网　址 / www.bfwy.com

印　刷 / 三河市元兴印务有限公司　　开　本 / 710mm × 1000mm　1/ 16
字　数 / 277 千　　印　张 / 18.75
版　次 / 2022 年 6 月第 1 版　　印　次 / 2025 年 10 月第 3 次印刷

书　号 / ISBN 978–7–5317–5550–0　　定　价 / 45.00 元

内容简介

《学前教育专业音乐教育教学理论与实践》是一本系统研究学前教育专业音乐教学理论及其实践的专著。本书在阐述音乐的发展、本质、功能等知识的基础上，进一步分析了音乐教育与学前儿童发展的关系，指出了学前儿童音乐教育的特点、任务与目标，并根据学前儿童特点进行音乐教学设计。同时，本书还指出当前学前教育专业音乐教育教学中存在的问题，并提出了相应的解决策略，旨在为提高我国学前教育专业音乐教育教学水平提供理论上的指导。

目　录

第一章　学前儿童音乐教育概述

第一节　音乐教育与儿童发展

一、音乐教育可以促进学前儿童的全面发展

热爱音乐是儿童的天性。儿童满怀好奇和探究的心理来到这个世界，他们睁开眼睛就要寻觅鲜艳、明快的色彩，看五彩缤纷的世界；他们竖起耳朵就要倾听母亲的声音和环境中丰富多变的音响。美丽、鲜艳的色彩和图案可以满足儿童视觉的需要，而优美动听、欢快活泼的音乐便是满足他们听觉需要的最好刺激。

儿童终日生活在想象的世界里，一块积木、一堆沙土、一个小动物玩具等简单的物品都能为他们提供丰富的想象天地，他们可以由此而编出许多童稚的故事；同样，生动形象、富有表情的音乐旋律与节奏，尤其是一些描述性或模拟性的音乐，更是发挥儿童想象力的好材料。他们可以从音乐中领略到大自然流水淙淙、鸟语花香、野蜂飞舞等美妙动人的场景。

由于缺乏知识和经验，儿童渴望模仿，通过模仿学到技能和本领。音乐又为儿童提供了可以模仿的极好材料。一些歌曲旋律优美朴素，节奏多次重复，琅琅上口，儿童不需要借助任何外部工具，张嘴就能模仿，而这种模仿本身就是一种最直接的学习。

音乐是表情达意的艺术，儿童恰恰具有喜形于色、感情外露的特点，他们还难以用言语表达自己内心的情感和体验，而音乐中强烈的情绪对比、鲜明的感情描写正抒发了儿童的内心感受，所以儿童发自内心地喜欢音乐，以至于常常情不自禁地随着音乐手舞足蹈。

天真活泼的儿童对音乐天然的热爱和向往，帮助我们确定了这样的信念：每个儿童都需要音乐，每个儿童都有接受音乐文化的愿望和要求，音乐的启蒙就是要满足并激发儿童对音乐的兴趣，发现和培养儿童的音乐才能。

儿童需要音乐。那么，音乐对于儿童的发展又有什么意义呢？

南斯拉夫一所实用音乐学校经过多年的实验研究发现，在该校受过良好的音乐启蒙的儿童到了成年以后，仍然保持着强烈的好奇心，他们会对周围的音乐活动及所有高于创造性的活动形式抱着很大的热情，在生活中勇于克服困难，不怕失败。更主要的是，这些学生都成了一个个独立的、多才多艺的、能干的社会成员，而不是一群缺乏个性的人。他们认为，这便是音乐启蒙的作用。音乐启蒙的意义就在于保护和不断发展儿童的创造能力、想象能力，使它不致随着年龄的增长而丧失。

匈牙利音乐教育家认为，音乐刺激可以直接激起儿童进行各种活动的兴趣，是引导儿童发展的不可替代的因素，对于儿童认知、情感、意志的发展都具有重要的意义。

他们认为，感知能力是情感萌芽产生的起点，倾听音乐和唱歌可以发展儿童的接受能力和情感反应。某种起特殊作用的音乐（如一些较为热烈的音乐），可以使儿童保持情感的激动状态；同样，在必要的时候，舒缓、柔和的音乐可以抑制情绪的激动，把儿童从某种竞争引起的激烈状态引向平静。音乐大大丰富了儿童的情感体验。

在音乐活动中，儿童的注意力可以通过各种途径得到发展。例如，一个新的音色、一首新的歌曲或乐曲都很容易使儿童集中注意力，因而在倾听、歌唱和演奏活动中，儿童的注意力便得到了锻炼。

儿童的观察力在分辨旋律乐句的细微变化（音量大小、强弱、音色）中得到发展。因为儿童必须对他所听到的音乐做细致的观察，即听觉上的“观察”，然后才能去努力模仿他们听到的声音，唱好歌词和曲调，或做出动作表现。

唱歌也可以发展儿童的记忆力。教师通过简单的哼唱旋律，把歌词教给儿童，儿童的音乐记忆力便在他自己的内心哼唱中得到了加强。

音乐活动还可以发展儿童的想象力。音乐刺激儿童产生与音乐性质一致的新的情感体验，使儿童的幻想更加美好。儿童的想象越丰富多彩，他从音乐活动中得到的愉悦也就越多。

音乐活动可以提高儿童的思维能力。例如，空间概念是抽象思维的起点，而视唱教学中的手势语，即用手的动作来表示音的高低长短，对儿童空间概念的形成和巩固是很有意义的。

音乐活动还锻炼了儿童的意志。例如，一个乐感较弱的儿童学习音乐，他要唱准曲调，就必须集中注意力听清楚正确的乐音并模仿出来，这就要求儿童努力锻炼意志。

国外的研究成果对于深化我们的音乐教育观是很有启发的。他们重视对音乐教育自身规律的探讨，用儿童喜闻乐见的多种形式进行音乐启蒙，切切实实地在各种音乐活动中提高儿童的音乐能力和心理品质。他们提倡学习音乐就是为了音乐本身，就是为了用音乐本身去打动儿童的心。他们遵循音乐艺术自身的规律和儿童身心发展的规律去进行音乐的启蒙。

而在我国，一些人将音乐教育看成是德育或智育的附属，过分强调音乐的教化作用，片面理解音乐对开发智力的作用，因而有时候表现出一些“急功近利”的倾向。例如：要突出音乐的教育意义，便到歌曲的歌词中去找思想性；音乐可以使儿童更聪明，便仅仅以教会几首歌或一样乐器为指标；重视了音乐的功利性，却相对忽视了艺术性，对音乐艺术教育自身的特殊规律不够重视。

音乐确实有着启迪智慧、教化人类等种种了不起的功能，但首先必须让儿童喜爱音乐，学会倾听音乐、理解音乐，从听觉到心灵都沉浸在音乐之中。这样才能真正感受到音乐中流淌着的智慧和人格的力量，才能真正被音乐所打动，从而使灵魂得到升华，变得更高尚、更有智慧。在儿童的音乐启蒙过程中，我们应当努力摸索、探寻最有效的教育方法，创造出生动、富有启发、卓有成效、富于美感的音乐活动形式，包括倾听音乐、歌曲演唱、节奏活动、音乐游戏等，让儿童通过这些有趣的活动，体会音乐的美，学习表现这种美。在进行音乐活动的同时，锻炼提高儿童的心理品质，培养和发展儿童的音乐才能。

心理学家和教育学家曾经建议，在儿童特别是儿童生活的环境中，在儿童视线所及的范围内，多布置一些鲜艳明快、美丽大方的装饰品或玩具，这些醒目的视觉刺激可以大大激活儿童视神经反应，丰富儿童的视觉经验，发展儿童的视知觉。这个建议已经得到了普遍的采纳。那么，对于发展儿童的音乐听觉能力是否也可以借用此法呢？让儿童的生活中多一些优美动听的声音，同样可以提高儿童听觉的敏锐性。当儿童的生活中充满了音乐，儿童每天都能接触音乐、听音乐，这样，慢慢地，儿童就能一天一天、一点一点地逐渐听懂音乐，也会学着表现音乐了。只要我们为儿童创造一个良好的音乐环境，我们就可以使每一个儿童的音乐潜能得到惊人的发挥。

总之，儿童的生活离不开音乐，美好的音乐与儿童纯真的心灵是相通的。儿童的发展需要音乐，音乐可以促进儿童的发展。学前儿童音乐教育就是要为儿童创造一个良好的音乐环境：经常性地、不间断地通过倾听、歌唱、拍手、游戏等多种形式，采取生动有效的方法对学前儿童进行教育，使他们能够在生动有益的音乐活动中发展各种心理品质，发展音乐潜能。

二、音乐教育促进学前儿童全面发展的教育作用是通过审美功能实现的

学前儿童音乐教育是音乐审美教育，它最根本的目的和任务应该是培养儿童的音乐审美能力，充分发挥音乐教育的审美功能。所谓“音乐审美能力”，包括儿童对音乐美的感受、表达和创造这三个方面的内容。首先，儿童必须对构成音乐美的诸多要素有充分的感受能力，能感受到音乐中的旋律、节奏、力度、速度、音色、和声、曲式、情绪、风格等的表现力，这种能力的获得需要经过一定的听觉训练并掌握一定的音乐知识。在训练音乐听觉感受能力的基础上，借助一定的声音和动作表达他对音乐美的感受，这便是音乐的表达能力。这种能力的获得需要经过一定的技能培养，包括歌唱的技巧、舞蹈动作的学习及节奏乐的演奏等。儿童对音乐美有了充分的内心体验，并掌握了表现音乐美的初步技巧，他必然渴望用他自己特有的方式来表达他对音乐

美的感受和理解，音乐的创造能力便由此萌生。儿童的音乐创造能力不一定是指完整地创作音乐作品的能力（除了莫扎特一类的音乐神童，一般儿童是难以达到这样的水平的），如果儿童能够为一首学过的歌曲编出新的歌词，想出新的表演动作，用打击乐器伴奏时能选用新的乐器音色或节奏型，或者能自己哼唱一两小节的新旋律，我们都有理由把它看成音乐创造能力的萌芽。这三个方面构成了儿童音乐审美能力的全部内容。

作为美的王国中的一个宠儿，音乐是培养美感的艺术手段之一，音乐审美教育是审美教育体系中重要的组成部分之一。音乐中旋律的高低起伏、节奏的错落有致、和声的进行布局、曲式的逻辑安排、音色的丰富多样、调式调性的色彩等无不呈现出美的规律与特征，都可以激起人们的美感。正像柏拉图所说的，音乐“节奏与和声有一种渗入人的灵魂深处的特殊方法”，“受过真正音乐教育的人，可以很敏捷地看出一切艺术作品和自然界事物的丑陋，很正确地加以厌恶；但是一看到美的东西，他就会赞赏它们，很快地把它吸收到心灵里作为滋养，因此自己的性格也变得高尚优美。他在理智还没有发达的幼年时期，对于美丑就有这样正确的好恶，到了理智发达之后，他就亲密地接近理智，把她当作一个老朋友看待，因为他过去所受的音乐教育已经让他和她很熟悉了”。

然而，多年来的音乐教育传统过分强调了音乐教育的意义和作用，却相对忽视了意义得以实现的重要环节——音乐教育的审美功能。因此，在音乐教育的实践中不能充分挖掘音乐中美的因素和美的力量，没有把音乐审美能力的培养作为音乐教育的核心内容，人们企图通过音乐技能、技巧与知识规则的传授，使儿童获得一种社会的行为规范与道德标准来约束自己的行为。音乐教育对儿童进行大量的知识传授与技能、技巧的培养，从积极的意义上来说，我们可以把它看成中国学前儿童音乐教育的传统与特色。著名发展心理学家、哈佛大学教授霍华德·加德纳（Howard Gardner）博士在考察了中美两国的艺术教育状况后指出：与美国重视儿童本能反应的早期艺术教育相区别，中国艺术教育偏重技巧训练，模仿在早期艺术教育中起着重要的作用，独创的概念只在培养了技巧之后才出现。儿童正是通过模仿掌握了许多关于歌唱、演奏和舞蹈的技巧，并努力追求和教师唱得一样、跳得一样，表现出较高的水平。同时，通过专门的教学，儿童学会了许多关于节奏和音符的知识，有的甚至还能很好地识谱。这种做法好不好呢？从道理上说，音乐是一门技术性很强的艺术，技能的训练势必在音乐教育中占据一定的地位，而技能的训练又必须以一定的知识为前提。儿童只有掌握了基本的音乐知识，具备了一定的演唱、演奏技能，才能通过自己的音乐实践活动来深刻地感受和表达音乐艺术的美。因此，在音乐教育中重视知识的传授和技能的培养是有一定道理的。但问题在于知识和技能的获得并不是音乐教育的目的，我们的任务是要培养儿童的音乐审美能力，发挥音乐审美教育的功能。知识和技能是儿童审美能力结构中的两个方面，但不是全部内容。如果我们以知识和技能为中心，就必然忽略了音乐审美能力及其他方面的培养。多少年来，幼儿园音乐课往往被等同于唱歌跳舞课，音乐欣赏长期得不到重视，原因就在于人们忽略了儿童音乐感受能力的培养，错误地把技能当成了音乐教育的全部内容。再者，技能、技巧和音乐表达能力是两个不同的概念，对音乐的正确表达是在对音乐的独特感受的基础上，借助于一定的技能、技巧表现出来的，在这里，感受和技巧同样重要，有时甚至更重要。严格的技能训练要求严格的模仿，儿童音乐技能的获得是通过对教师的严格模仿得来的，这样一来，儿童对音乐的表达就变成了对技巧的模仿。当音乐不能以感受为基础而只剩下技巧的时候，音乐那扣人心弦的动人魅力也就不复存在了，更何谈审美与创造？久而久之，在枯燥的技能训练中，儿童将最终丧失对音乐的兴趣与热情。这样的技能训练又有何益处呢？

但是从另一个方面来看，不教技能与知识，纯粹以兴趣为中心对不对呢？学前儿童音乐教育从以技能为中心，到能够尊重儿童的心理特点，重视兴趣的培养，这从某种程度上来看，应当说是一个进步。兴趣是学习的动力。人们首先必须对音乐产生兴趣，才会产生学习音乐的愿望和热情。对儿童来说，兴趣就更为重要。但是兴趣不会凭空产生，儿童对音乐的兴趣只能从音乐中获得，只有当音乐教育活动真正以音乐的美来感染儿童，并教给儿童感受和表达音乐美的能力，使儿童有能力在自己的音乐实践中真正体会到音乐之美的时候，他们才能真正对音乐产生浓厚的兴趣，并继续保持下去。正是在这一点上，目前我国做得还不够，音乐教育活动对音乐美的挖掘还非常不够。例如：有的教材从内容上考虑得比较多，从音乐性上考虑得比较少；有的教师不能正确地演唱、演奏音乐作品，在示范和教学中不能充分地展示作品的音乐美，缺少对美的表现和激发。音乐教育活动如果不是以音乐美的力量来吸引儿童、打动儿童，单纯靠活动形式、内容来取胜，那么儿童对活动的兴趣就只能停留在活动本身，并不能真正形成对音乐的持久兴趣。兴趣的培养如果不以审美为目的，不以感受、技能和知识为基础，不是让儿童在对音乐美的感受、表达和创造的过程中逐渐发展音乐审美能力，日益积累美感的体验，那么儿童音乐兴趣的培养最终只能成为一句空话。

总之，我们应该充分认识到学前儿童音乐教育是美育的重要组成部分。它作为一种审美教育，对于启迪智慧、陶冶情操、促进儿童身心的全面发展有着重要的作用。这种作用是通过音乐教育的审美功能来实现的，所以学前儿童音乐教育必须以音乐审美能力的培养为目的，在教育实践工作中必须紧紧围绕音乐审美能力这一核心来确定具体的教育目标、任务和内容，选择教材、教法，设计教育活动。

第二节　学前儿童音乐教育的基本理论

一、学前儿童音乐教育的途径

幼儿园的音乐活动是学前儿童接受音乐教育的主要途径。幼儿园音乐教育活动作为幼儿园教育活动的一个子系统，既是一个相对独立的活动领域，又自然地交织融合在幼儿园教育活动的整体之中。一般说来，可以将幼儿园的音乐教育活动分为专门的音乐教育活动和渗透的音乐教育活动两类。

（一）专门的音乐教育活动

所谓“专门的音乐教育活动”，是指由教师根据学前儿童音乐教育的目标和任务，有目的、有计划地安排专门的时间和空间场地，选择以音乐为主的课题内容和材料，组织全体儿童参加的活动。这类音乐教育活动按音乐教育内容的不同，可以具体划分为歌唱活动、韵律活动（包括音乐游戏活动）、打击乐演奏活动和音乐欣赏活动。

但是，这些内容往往是综合的，即在一个专门的音乐教育活动中，活动可以围绕某一具体的音乐作品而展开，也可以围绕某一专门的动作技能或某种音乐知识而展开，还可以围绕某个特定的活动主题而展开。活动可以模仿为主的形式进行，也可以游戏的方式来组织，还可以儿童自发式的探索为主……无论哪一种，一般同时包含几种不同内容的活动。如围绕音乐作品《小毛驴》而展开的音乐教育活动，既可以包含音乐欣赏的活动内容，也可以同时包含歌唱、韵律动作或音乐游戏的活动内容等。

专门的音乐教育活动不仅有丰富多变的活动内容和形式，而且有活动时间上的要求。由于儿童的注意力和自我控制能力受年龄特点所限，一次音乐教育活动的时间不宜过长。一般说来，小班安排在 15 分钟左右，中班安排在 20 分钟左右，大班安排在 30 分钟左右。

此外，专门的音乐教育活动可以分为两种不同的组织结构。一是“三段式”结构，即把音乐活动用三个界限分明的部分——开始部分、基本部分和结束部分加以划分。这种组织结构在很长一段时间里被幼儿园音乐教育活动所普遍采纳，是种较传统的音乐教育活动组织结构。在活动的开始部分和结束部分，通常是安排复习性质的活动内容，如复习儿童已经学过的歌曲、律动或舞蹈动作、音乐游戏等。开始部分最常见的活动程序通常是律动进活动室—练声—复习歌曲或韵律动作；结束部分最常见的活动程序通常是复习韵律动作—歌表演或音乐游戏—律动出活动室；而活动的基本部分是主要部分，通常安排学习尚未接触过的新作品或新技能的活动内容。“三段式”的组织结构有其一定的合理性：它把对儿童来说相对比较陌生或困难、需要儿童有较积极而饱满的精神来参与的活动内容，安排在他们情绪稳定、注意力相对集中的“基本部分”时间里；而把儿童较为熟悉的、能够振奋精神、集中注意力的活动内容，安排在活动的“开始部分”和“结束部分”，以有效地在儿童的大脑中产生“唤醒”“恢复”“调整”的效果，从而使儿童在对旧知识、旧技能的巩固复习中不断地丰富和加深对已有知识经验的体验和理解，进而上升为更高一层的新经验。

二是“单段式”结构，即没有明显的三部分划分界限，而是围绕“基本部分”中新授的活动内容来组织安排活动结构。通常在活动中不再安排复习性质的“开始部分”和“结束部分”，仅以唤起与新活动内容有联系的旧有知识经验为“导入活动”来激发儿童的兴趣，振奋儿童的精神，集中儿童的注意力，再分层次、递进式地进入新作品的感受和学习活动。在活动的最后，则注重使儿童享受和体验到新活动所带来的愉快和舒适。“单段式”的组织结构在目前幼儿园的音乐教育活动中运用得较多。这种活动组织结构的安排相对而言，能充分体现出围绕着一个作品（或音乐技能）的各个环节、步骤和程序上的系列性、层次性，从而使整个活动程序的每一步骤都注意到利用儿童的旧有经验和刚形成的新经验，为儿童提供可以迁移、运用旧有经验的机会，同时也使新经验的形成更有效。

（二）渗透的音乐教育活动

所谓“渗透的音乐教育活动”，是指除专门的音乐教育活动，随机而灵活地蕴含、渗透在儿童一日生活及其他教育活动之中的丰富多样的、“隐性”的音乐教育活动。其大致可以分为以下几类。

1. 日常生活中的音乐活动

在日常生活的各个环节和活动中，时时可以随机而灵活地组织和安排一些与音乐有关的内容。例如：在用餐、睡觉、散步、阅读、游戏时，穿插播放一些优美动听的音乐，让儿童欣赏；在儿童自由活动、散步等时段，由教师或儿童发起、组织自愿参与的音乐活动；等等。

2. 整合于主题中的音乐活动

整合于主题中的音乐活动，是指教师依据主题目标有目的地选择并利用在主题系列活动中儿童积累的经验，引导儿童对音乐作品进行感受和表现。

它体现了音乐与主题整合和渗透、音乐与领域的整合和渗透、生活经验与音乐的整合和渗透。

整合于主题中的音乐活动，是指渗透在幼儿园的主题活动背景中的、与主题相关联的音乐活动。这一类音乐活动往往是隐性的，且是自然地与语言、数学、科学、美术等学科领域交融于同一主题之中的。它的呈现是以主题内容为线索，以与其他学科内容相结合为特点的。它体现了音乐与主题整合和渗透、音乐与领域的整合和渗透、生活经验与音乐的整合和渗透。例如，在主题活动“春天来了”的综合活动“小柳树钓鱼”中，教师在引导儿童自由表现春天柳树发芽的情景，指导儿童画柳叶或制作柳叶或折柳叶来表现主题内容的同时，以儿歌《小柳树钓鱼》的音乐作为主题背景，这样既能够发展儿童的想象能力、大胆创作的能力，也能够进一步丰富儿童的音乐体验和情感表达。

3. 游戏活动中的音乐活动

游戏是儿童的主导活动，是幼儿园教育主要的活动形式之一。在幼儿园形式丰富多样的各类游戏活动中，可以有机地渗透音乐教育的有关内容。例如：角色扮演游戏中的“小剧场”游戏，儿童在这类游戏中的表演既有对平时音乐教育内容的复习，也有儿童自我的、即兴的音乐创造表演；在教师创设的区域游戏活动环境中，儿童可以自愿地选择加入“音乐角”的游戏活动，利用提供的有关乐器、音带及其他有关道具，进行自发的、探索式的音乐活动，在这类游戏活动中，教师可以以一个参与者、合作者的身份加入，对儿童给予一定的间接式的引导，儿童之间可以自由地、平等地充分享受与同伴间的合作和交流；在其他表演游戏、建筑游戏及玩沙玩水等娱乐性游戏过程中，由游戏的器具、情境或其他偶发因素而引起的歌唱、韵律动作、声音探索等音乐表演活动也是极为普遍的。

4. 节日活动中的音乐活动

节日活动中的音乐活动，通常特指为庆祝节日而组织安排的各类音乐表演和娱乐性活动。在这类音乐活动中，由儿童自愿地担任表演的主持人，安排、确定表演的节目，鼓动全体儿童都来参与音乐的表演。在这种氛围的活动中，容易使儿童充分地体验到音乐活动的快乐，从而促进儿童音乐能力的发展。首先，要确定节日音乐活动的内容，有计划地组织和练习；其次，节日节目内容安排恰当，丰富多彩。节日应安排不同的形式、性质、风格的节目，歌、舞、乐穿插进行，更好地吸引儿童的兴趣。另外，组织节目必须以教育儿童的目的出发，让儿童在庆祝节日的活动中提高对节日的认识，从中受到教育。庆祝节日活动还应注意调动全体儿童的积极性，集体节目的数量多些，活动时间不宜过长。

二、学前儿童音乐教育的方法

学前儿童音乐活动实施的基本方法主要有语言指导、示范与演示、练习、多通道参与等。语言指导主要包括在活动中教师的讲解、提问、总结。教师的讲解要求生动、形象、清晰、准确、富有感情、易于理解，能够引起儿童的兴趣。教师提出的问题要有针对性、艺术性，要考虑发问的时机、顺序、方式、语气，要有待答和助答的过程。提问之后的总结要确定、清楚，或再做简单讲解，以加深儿童理解。

教师对歌曲的演唱和舞蹈动作的表演都属于示范。教师的示范过程是对音乐作品的二次创作。二次创作的特点在于依靠表演者自身的能力和素质能否把作品原有的风格、特点展现出来。因此，教师在示范时首先要做到准确，其次要与讲解紧密结合，再次要抓住重点、难点，最后要注意在示范时与儿童的交流与互动。音乐活动中演示法也是常用的方法，演示包括实物演示和图谱演示。在打击乐演奏活动、音乐欣赏活动中，常出现图谱的演示，这就要求教师应熟悉图谱的编排，熟练掌握音乐知识。

儿童音乐活动是需通过实践来体会、感受和学习的。练习法的运用是儿童进行音乐实践的有效途径之一。运用练习法时要注意明确练习的目的和要求，明确重点与难点，启发儿童主动思考的过程，及时观察儿童练习的情况并做出反馈。以运用适宜的道具或设计有趣的练习等方式，增强儿童记忆效果。

多通道参与法主要指调动儿童的听觉、视觉、动作觉、语言觉等多通道感觉进行音乐的全方位体会、感受和学习的方法。例如：在歌唱教学中运用肢体动作、图片、节奏朗诵等辅助手段记忆歌词；在韵律活动中运用视觉材料展示律动或舞蹈内容，运用故事或儿歌提示动作等；在打击乐演奏活动中，运用身体动作感受节奏，运用图谱展示演奏方案，运用语音谱提示演奏方法；在音乐欣赏活动中，除了倾听音乐，还可以运用图谱展示音乐的曲式结构和旋律特点，运用肢体动作来体会音乐的速度、节奏、结构，运用语言材料感受音乐的内涵和意境。

幼儿园音乐活动的实施步骤最为常见的是“三段式”结构，即开始部分、基本部分、结束部分。开始部分常选择和本堂课程相关的内容，能够引起儿童学习兴趣的模式，为后面的学习进行铺垫。基本部分是教学活动的主要部分，是实现教学要求和目标的部分。这一部分的设计要符合儿童音乐学习的能力特点和发展规律，环节设计应顺畅、有趣，有重复练习，又要动静结合。结束部分由基本部分自然过渡而来。这一部分要对本次活动内容进行复习、总结，并能够激起儿童下次参与活动的愿望。

三、学前儿童音乐教育的任务与内容

（一）学前儿童音乐教育的任务

学前儿童音乐教育是通过音乐本身的情感性、感染性和愉悦性的特点来引发儿童的情感体验，从而获得审美感受。明确学前儿童音乐教育的任务，有助于更好地实施儿童音乐教育的教学内容。

1. 激发儿童对音乐的兴趣和爱好

陈鹤琴提出：“小孩子应有音乐的环境，小孩子学音乐要从小学的；可以说世界上的音乐家，没有一个不是从小学起的；就是普通的小孩子，要学音乐也必须从小学起。”通过环境创设激发儿童学习音乐的兴趣是帮助儿童提高艺术感知能力和创造能力的方法之一。音乐的选材需要贴近儿童生活，能让儿童有切身的体验，还要根据儿童的年龄特点选择他们感兴趣的音乐素材，他们才能对音乐产生表现的欲望。音乐教材的趣味性既表现在素材本身，还表现在教师创设的氛围中。游戏是儿童生来就喜欢的，儿童的生活可以说就是游戏。长期的教育实践也告诉我们：具有游戏性的音乐活动最接近儿童的本性，最容易引发和支持生动活泼的学习气氛，能更好地调动儿童的主动性和积极性。此外，还可以通过故事激发儿童的兴趣；通过动物形象和教具、生活材料激发儿童的兴趣等。

积极的鼓励能激发儿童的活动兴趣。在活动中教师应多用鼓励性语言激发儿童的学习积极性，培养儿童的自信心。在儿童对自己没有信心，在活动任务面前表现出退缩或进退两难时，教师的打气鼓励能使儿童积极大胆地参与活动。对于儿童细微的进步或成功及时给予鼓励和肯定，能使儿童更加积极地投入活动中。在组织教学时，儿童受教师的影响比较大，他们关注教师言行，以教师的指令为自己行动的依据，教师的语气、表情和动作都会不自觉地影响儿童的情绪。如果教师的语气是儿童化、趣味性的，表情是丰富的、多彩的，动作是有童趣的、夸张的，那么儿童兴趣会很高涨，会积极参与，他们的创造性和主动性会发挥得更好。

2. 学习简单的音乐知识和技能

在学前儿童音乐教育过程中，学习一定的音乐知识和技能是学前儿童能够顺利地进行音乐实践活动的基本手段。儿童掌握了基本的音乐知识和音乐能力，才能在实际活动中深刻地感受和表达音乐艺术的美。例如，在歌唱活动中儿童应该学习正确的演唱姿势，学习一定的发声方法、呼吸方法，学习正确的咬字吐字，并能够进行声情并茂的富有感情的演唱。而在韵律活动中，儿童应该学习正确的舞步、优美的姿态及准确的节奏感等。在打击乐演奏活动中，学会正确的乐器演奏技巧，学习节奏、节拍等音乐知识，能够协调一致地参与集体演奏活动。在音乐欣赏活动中，学习乐曲的简单曲式结构，了解作品中的音乐知识，拓展音乐视野。

儿童能否掌握正确的音乐知识与技能，这与教师的教育教学水平是分不开的。因此，作为教师应该具备扎实的音乐技能功底，具有一定的音乐素质，并努力拓展自身的音乐积累，提高自身的音乐素养。

3. 注意发挥音乐教育的作用

音乐是儿童游戏、学习、生活中不可缺少的内容。音乐教育可以净化儿童的心灵，陶冶儿童的情操，培养儿童高尚的道德品质。在音乐教育活动中，不仅让儿童学到音乐知识与技能，还要注重通过音乐活动，发挥音乐教育的作用，对儿童进行良好的品质培养。

音乐教育能够对儿童认知发展起到促进作用，能够发展儿童的想象、联想和思维能力。音乐能够帮助儿童构建自己的感情，帮助儿童与自己进行感情的沟通，与他人进行感情的沟通。通过音乐教育，能够培养儿童坚持不懈的刻苦精神和克服困难的勇气和意志。

良好的音乐教育对儿童个性发展起到促进作用。在自由、宽松、信息量大且充满创造氛围的环境中，儿童参与活动的态度主动而积极，并产生浓厚的兴趣。在这样的活动中，儿童不仅获得音乐知识与技能，同时促发了儿童对人和事物的积极态度、创造精神和自信心的养成。

在儿童音乐集体活动中，音乐教育还能够给儿童提供发展社会性的机会。例如，通过合唱、合奏、集体舞蹈等活动，儿童不仅能够体验协调一致的音乐表演形式，还能够懂得齐心协力、共同合作所带来的美好感受。

（二）学前儿童音乐教育的内容

学前儿童音乐教育体系基本分为歌唱活动、韵律活动、打击乐演奏活动、音乐欣赏等活动。

1. 学前儿童歌唱活动教育内容

幼儿园歌唱活动在幼儿园音乐教育活动中占有重要比例。儿童歌唱能力的发展主要包括歌词、节奏、音准、音域、呼吸、情感体验与表达、独立性、合作性及创造性等九个方面。选择正确的符合儿童音乐发展能力及音乐心理特点的教学方法能够使儿童舒适地、有理解力地和有感情地歌唱，能够在美好的歌声中提高儿童的歌唱能力，以及对美好声音的追求和体验。

幼儿园歌唱活动的教学内容主要涉及歌曲、歌唱的表演形式和歌唱的简单知识技能。歌曲是音乐和文学完美结合的艺术形式。儿童歌曲包括专门为儿童创作的歌曲、传统的童谣，以及由儿童自己创作或即兴创作的歌谣和某些适合儿童演唱的流行歌曲等。歌唱活动中节奏朗诵也是一种艺术语言与音乐结合的艺术表演形式，是深受儿童喜爱又易于为儿童所接受的歌唱活动材料。在歌曲的总体选择方面，应该具有纯真性、思想性、艺术性，以及内容、形式、风格等方面的丰富性和多样性。

幼儿园中儿童可以掌握的歌唱表演形式多种多样，主要有独唱、齐唱、接唱、对唱、领唱、轮唱、合唱、歌表演等。其中歌表演的形式能够帮助儿童记忆歌词内容，富有童趣，深受儿童喜爱，在歌唱活动的教学过程中广泛应用。

在接受幼儿园教育之前，儿童也会接触和学习到许多歌曲的演唱，但是接受正确的歌唱技能教育，大多是在入园后的歌唱教育活动中进行的。因此，幼儿园歌唱教育活动对于儿童养成正确的歌唱习惯，掌握正确的歌唱技能非常重要。儿童可以掌握的简单知识技能主要有正确的歌唱姿势，正确的发声方法，正确的呼吸方法，准确唱出歌词、节奏和曲调的技能，自然、恰当地用歌声表达感情的技能，正确、默契地与他人合作的技能，正确运用和保护嗓音的知识和技能。

2. 学前儿童韵律活动教育内容

舞蹈是用人的身体姿态、动作造型来传达思想感情的一门艺术。在学前儿童音乐教育活动中，音乐与身体动作常常是不能分开的。随音乐进行的身体动作是学前儿童学习音乐、体验和表达情感的自然方式之一。

幼儿园韵律活动主要包括韵律动作、韵律动作组合和舞蹈。选择正确的符合儿童身体动作发展能力及音乐心理特点的教学方法，使儿童在美好的音乐中协调地、富有感情地舞蹈，能够提高儿童的身体协调能力、节奏感，以及对动作造型的美感鉴赏。

幼儿园韵律活动内容所需的材料主要有动作材料、音乐材料和道具三方面。在动作材料选择方面，首先要考虑的是儿童的身体动作发展特点和兴趣。3 ～ 4 岁的儿童最感兴趣的是对各种动物、交通工具等的模仿动作，跟随音乐做比较简单的如拍手、点头等基本动作，配上舞步的模仿动作，如小碎步、小鸟飞等。4 ～ 6 岁的儿童多选择有主题内容或情节的模仿动作。

在其他随乐动作的选择方面，更多地加入了舞蹈动作。

在音乐材料选择方面，节奏清晰、结构工整的音乐更适合用动作来表现；旋律优美、形象鲜明的音乐更能激发儿童随乐活动的欲望；选择适中的音乐速度，更适合儿童身体动作能力的发展特点。

在一般情况下，儿童跟随音乐快乐地舞蹈并不需要使用道具，但适时地运用适合的道具可以增加儿童参与活动的兴趣，提高动作的协调能力，增强儿童的美感。在道具材料选择方面，应选择新颖有趣的，增加动作表现力和趣味性的，操作简便、安全卫生、经济实用的道具，儿童自己动手制作简单道具也是非常不错的选择。

3. 学前儿童打击乐演奏活动教育内容

打击乐演奏活动是幼儿园音乐教育活动的重要内容，是儿童学习音乐、享受音乐的重要途径之一。通过打击乐演奏活动，儿童能够初步掌握简单打击乐器的演奏技能，发展节奏感，了解并感受曲式结构和多声部织体，在合作意识、合作能力、创造意识、创造能力、组织纪律性等方面得到提高。

幼儿园打击乐演奏活动涉及的材料主要有乐器、音乐、配器方案三个方面。幼儿园常用打击乐器主要有手铃（或称“马蹄铃”）、串铃、碰铃、响板（或称“圆舞板”“圆弧响板”）、铃鼓、三角铁、双响梆子、鼓、小钹等。不同年龄阶段选择的演奏乐器不同，同一件乐器演奏方法不同，配器方案不同。例如，小班儿童常用手铃、串铃、响板等小型乐器，而三角铁、小钹等则在中大班常用。小班儿童在演奏响板时，用拍奏法较为适宜，而中大班儿童则可用捏奏法演奏。小班儿童除了声音模仿、辨识内容，在为乐曲配器的活动中适宜演奏节奏型整齐简单、乐器种类不超出两种、织体统一的配器方案。

在音乐作品选择方面，适宜选择节奏鲜明、结构工整、旋律优美、形象生动的乐曲。小班音乐一般适宜结构简单的一段体，中大班音乐可以是一段体、二段体或三段体。

在选择配器方案时，首先应符合儿童不同年龄阶段所具备的不同演奏能力。选配乐器时注意圆润音色组、碎响音色组、脆响音色组乐器搭配使用，根据乐曲的特点添加混响音色组的乐器，使配器方案音色搭配协调，符合乐曲的性质、风格。在选配节奏型时，应有整体统一的美感，避免杂乱无章，遵循“既有统一又有变化，既有呼应又有对比”的原则。

4. 学前儿童音乐欣赏活动教育内容

音乐可以给人们带来愉悦与美的感受，音乐欣赏是通过聆听音乐作品获得审美享受的音乐活动。通过音乐欣赏活动可以提高儿童的欣赏水平，获得欣赏音乐的美的感受，开阔音乐眼界，丰富音乐经验，提高审美能力。

儿童音乐欣赏活动所使用的音乐作品包括歌曲、器乐曲、舞蹈、戏剧等类型的艺术作品。在选择音乐作品时，需要考虑作品的内容、形式、风格等是否符合教育的要求，是否符合儿童感知、理解音乐的实际能力水平。

儿童音乐欣赏的作品要有较强的艺术性，音乐形象鲜明，能够给儿童以审美的享受。在艺术形象方面，应积极向上并激发儿童热爱生活的情感。音乐作品所表达的内容、形象应为儿童所熟悉的。作品的篇幅不宜过长，结构单纯工整，形式简单，易于儿童感受和理解。有些篇幅较长的器乐曲、歌曲，需要教师节选适合儿童欣赏的旋律部分。音乐作品的内容、题材、风格应丰富多样，为儿童提供中外多种多样的音乐作品，以开阔儿童音乐眼界。

在选择好音乐作品后，教师应熟悉作品的创作背景或故事情节，了解作家生平、主奏乐器，分析作品的曲式结构、情绪内容。结合本班儿童音乐发展水平,分析音乐作品的重点与难点,设计与之相适应的活动方案与教学方法。

四、学前儿童音乐教育活动的组织形式

教育活动组织形式是指根据一定的教育目的、教育内容及教育主客观条件，组织安排教育活动的方式。《幼儿园教育指导纲要（试行）》（以下简称《纲要》）明确指出：幼儿园的教育活动，是教师以多种形式有目的、有计划地引导儿童生动、活泼、主动活动的教育过程。作为幼儿园教育活动的一个分支，学前儿童音乐教育活动也是靠多种形式实施的。概括起来讲，学前儿童音乐教育活动的组织形式包括主题性音乐教育活动、单元性音乐教育活动、常规性音乐教育活动、活动区音乐教育活动四种。

（一）主题性音乐教育活动

所谓“主题性音乐教育活动”，是根据某一阶段幼儿园全面教育内容的需要，确定一个教育主题，围绕这一主题选择适合本班儿童年龄特征的、在音乐程序上循序渐进的、儿童的演唱演奏力所能及的、具有音乐艺术审美情趣的、与主题内容有关的音乐教材，加以组织的音乐活动。以主题性音乐教育活动“春天”为例，就是以“春天”为题材，根据儿童的实际能力和作品的艺术性，选择富有春天气息的、真正具有艺术生命力的作品。而不仅仅是以“春天”为主题唱一首歌曲，也不是仅仅挑选“春天”的字样做表面文章。只有围绕“春天”选择了那些真正具有艺术生命力的作品，才可能使音乐教育活动具有生命力，儿童才可能去想象、思维，也才可能在深层次上将色彩、语言、动作等因素有机地结合起来，真正达到音乐与其他活动（如绘画、语言、表演）内容的综合。所以说，幼儿园主题性音乐教育活动的确立最关键的是教材的选择，教师要善于寻找音乐与绘画、语言、科学等幼儿园教育活动其他领域自然又贴切的结合点。

（二）单元性音乐教育活动

单元性音乐教育活动也是一种综合形式的音乐活动，但所谓的综合不是内容上的综合，而是音乐本身的综合，即在某一单元时间内（如 2 ～ 3 周或更长的时间），有目的、有计划、有针对性地围绕某一音乐要素，综合听、唱、说、动、奏等音乐实践，组织丰富多样的音乐教育活动，加深儿童对音乐的感受和理解。如为了让儿童了解和熟悉三拍子音乐的特点，可以利用单元活动集中选择三拍子的歌曲和乐曲让儿童反复地去唱、去听、去跳，在节奏活动中也重点练习三拍子的内容，从而使儿童能够通过自身听、唱、说、动、奏等全面的音乐实践活动，从感性上获得强烈、清晰、丰富的体验，并通过教师有意识地讲解，在对比与归纳中进一步认识三拍子在音乐表现上的特点。

（三）常规性音乐教育活动

常规性音乐教育活动是学前儿童音乐教育活动中最具传统、最为常见的一种组织形式，是充分体现音乐艺术特点，最有效地发挥音乐活动审美教育功能必不可少的一种组织形式。常规性音乐教育活动一般由三个环节组成，这三个环节即所谓的“三段式”。

1. 开始部分

音乐活动从一开始就需要有音乐艺术美的气氛，以充分体现出音乐、艺术的生动活泼、富有朝气的学科特点。为此，在幼儿园音乐教学活动的开始部分，教师可以按照音乐活动内容的情绪需要，选择进行曲、舞曲或律动曲作为声音背景，使儿童愉快活泼地进入活动室。待儿童入座以后，可以做各种预备练习，如听力练习、发声练习、律动练习等。这样，既做了有关听音、发声、节奏的基本训练，为活动的进一步展开奠定了基础，同时又调动了儿童学习的积极性，集中了注意力。

对于这一环节的设计与组织，教师应注意其形式和方法选择的有效性，使之与音乐活动内容相呼应。如音乐活动的内容是关于某种动物的，那么就可以选择模仿该动物的动作进入活动室；音乐活动的内容如果是教三拍子的舞蹈，那么就可以选择做三拍子的舞步进入活动室。另外，还要注意开始部分的音乐及活动内容要经常加以改变，使儿童能够始终保持一种新鲜感。否则，儿童习以为常，就会不用心听音乐或做动作，而一旦形成了机械化的自动动作，音乐活动就失去了美的意义。

2. 基本部分

这一部分是完成教育目标和教育任务的主要部分，通常包括唱歌、舞蹈、欣赏、打击乐中的 2 ～ 3 项活动内容。这一环节的设计和组织应注意把握以下三个问题。

第一，内容。一次音乐活动的内容要考虑新旧搭配、难易适当，教材的内容和情绪的类型既要有变化，又要有统一。如柔和抒情的教材可以和活泼欢快的教材搭配，以保持儿童在学习中适宜的心理唤醒。

第二，形式。音乐活动的形式应丰富多样，既要防止形式单一，一唱到底，令儿童感到单调，又要防止内容过多，把音乐活动搞成大杂烩，分量太重，超出儿童的接受能力。

第三，方法。在音乐教学活动中，教师要根据儿童神经系统易兴奋、易疲劳的特点，合理安排活动量，采用多种方式有动有静地开展活动。

3. 结束部分

在音乐教学活动中，结束部分的组织是一项艺术且不容忽视。教师要让活动结束在儿童兴致勃勃、井然有序的气氛之中，以使儿童欲罢不能，产生再上音乐课的愿望。结束部分一般可以利用基本部分的最后一项内容，自然地过渡过来，也可以专门选择律动或舞蹈动作来结束整个教学活动。

（四）活动区音乐教育活动

活动区音乐教育活动是指在自选活动时间内，以活动区为形式，儿童根据自己的兴趣和需要，自由地选择音乐活动的内容、材料及合作伙伴，从而开展音乐活动。这种形式更能体现儿童是学习的主人，教师是儿童游戏的伙伴，即儿童需要学会按照自己的意愿做出选择，对自己的决定负责：通过自己对活动内容和材料的驾驭，通过自己与合作伙伴的合作与协商，组织音乐活动并实现自己的想法。而教师则只是儿童活动的促进者、合作者、咨询者或谈话伙伴，而不是权威者、命令者和要求者，即教师需要帮助儿童选择适当的游戏材料和处理游戏情境，以观察或直接参与的方式去实际帮助儿童提高能力，充分发挥自选游戏的作用。

有效开展活动区音乐教育活动需要注意以下问题。

第一，教师在幼儿园一日生活安排中，需要有计划地留出儿童在活动区自选活动的时间，在教室环境的布局上，需要有意识地留出儿童自选活动的空间。只有这样，才能激发儿童对音乐活动的热情。

第二，在音乐活动区内需要投放有关音乐的图片、书籍、玩具、教具、道具、布景等材料。一方面，可以从视觉、语言上丰富儿童对音乐作品的感性经验与认识。另一方面，可以为儿童的音乐表演提供真实的情境，使儿童能够自由地、戏剧化地、创造性地表现歌曲和音乐的意境。

第三，音乐活动区材料的投放、环境的设计，都要以不影响和不妨碍儿童的自由活动为前提。教师要考虑怎样使教室内不同区域的儿童的活动互不干扰。既不要使音乐区发出的声音干扰了别的区域活动，也不要使别的区域发出的声音影响了音乐区儿童对自己音乐表演和音乐创造活动的倾听、欣赏与纠正。

综上所述，学前儿童音乐教育活动的组织形式是多种多样的，不同形式在音乐教育活动中发挥着独特的作用。因此，教师在选择和利用活动组织形式组织幼儿园音乐教育活动内容时，要从儿童的经验、能力及教学内容的实际出发，灵活地选择并将多种形式有机地结合在一起，为儿童提供各种不同的学习经验，促进儿童的全面发展。

第三节　学前儿童音乐教育的教师角色

敏锐的音乐感觉、良好的音乐技巧和准确的音乐知识，是学前儿童音乐教育教师应具备的基本素质，教师只有正确地引导才能真正激发儿童对于音乐美的热情。

一、幼儿园音乐教师的专业化问题

现阶段，有相当一部分幼师、中师，甚至高师毕业的音乐教师，在音准、节奏等基本音乐素质方面有不同程度的问题。例如：有的教师在为儿童范唱时一错再错，缺乏起码的音高感觉；有的教师不能正确地为歌曲定调，有时儿童唱的是一个调，教师的伴奏竟是另一个调；有的教师节奏感比较差，在为歌曲伴奏时节奏掌握不好，忽快忽慢，令儿童无所适从；多数的教师在节奏练习中不注意节奏重拍，拍手示范四平八稳，没有强弱感觉；还有的教师缺乏应有的内心节奏感觉，不能以正确的、与儿童的演唱相一致的速度为歌曲伴奏，往往是前奏速度过快，前后速度不一致。试想一下，如果一个教师自己对音准、节奏、速度、音色等音乐的基本表现手段缺乏一定的敏感，不能听辨出正误、优劣，那他又如何去要求儿童并纠正错误呢？当然，这里面还反映了音乐教育观念上的问题，人们还不能正确、全面、辩证地来看待儿童音乐兴趣的培养和音乐能力发展之间的关系问题，尤其是对于当代先进的音乐教育思想、方法的吸收和学习还很不够，目前还仅仅停留在形式上的简单照搬阶段，对于其本质和精髓还缺乏深刻的理解和领会。

与此相连的另一个问题是：由于在学前儿童音乐教育活动中较多地运用了这些形式，占用了比较多的课时，而又不能保证其质量，唱歌、律动、舞蹈、欣赏等能力的培养不仅在课时上被缩减了，而且得不到应有的重视，优美的歌声和优美的舞姿被乱七八糟的拍手跺脚声取而代之。一个好的儿童音乐教师，自身必须具备三个方面的音乐素质。

第一个方面的音乐素质是必须掌握足够的音乐知识和准确的音乐概念，包括基本乐理、和声、曲式歌曲作法、配器等有关知识和概念，并能融会贯通地理解和运用这些知识来分析、处理、表现甚至创作音乐作品，能够深入浅出地将概念转化为儿童能够理解和接受的生动有趣的形象化的东西。第二个方面的音乐素质是必须具备演唱、演奏、舞蹈、指挥、配器等音乐实践活动的能力，能够准确、生动、富有艺术感染力地再现和创造音乐作品的魅力。这不仅要求教师具备一定的演唱演奏技巧，同时还要求具备第三个音乐方面的音乐素质，也就是音乐素质中最妙不可言的一个方面——良好的音乐感觉。究竟什么是良好的音乐感觉？虽然对于这一问题至今还没有统一的答案，但是人们丝毫不怀疑它的存在和它那独特的魅力，从最一般的意义上说，良好的音乐感觉首先依赖于细腻、敏锐、深刻的音乐听觉，以及在此基础上形成的对音乐的独特感受和把握能力，这一特殊性体现在它的音乐表达上并会形成恰到好处、恰如其分的演唱演奏处理方式，所谓“增之一分则长，减之一分则短”就是这个意思。作为一个音乐教师，只有真正具备了这三个方面的素质，才能真正享有音乐，才有可能把美好的音乐传达给更多的儿童。

二、学前儿童音乐教育课程实施中的教师反思

音乐是充满感情的艺术，音乐教育是沟通师生情感的最有效的方式，是心与心的交流。音乐只有源于心灵，才能进入心灵。因此，我们十分强调教师在音乐教育和艺术教育工作中发自内心情感深处的、真实的、诚愿的、深

入的、有效的反思。只有我们空旷的心灵充满感情，艺术才会成为我们人类高贵的精神世界中须臾不可或缺的真正需要。当然，从另一个方面来看，也只有高贵空灵的艺术作品在我们的心灵世界中占据着与生存、温饱和发展同样重要甚至更加重要一席之地，我们才有可能更真切、更敏锐，更用心地享受到爱与被爱带给我们的快乐和力量！这种扪心自问的内省过程无论是对提高儿童教育的质量与效果，还是对教师自身情感生活与精神品质的提升都是十分重要和宝贵的。对于以情感陶冶和审美体验为宗旨的艺术教育来说，这一过程尤其必不可少。

在某种意义上甚至可以这样说，这是从教育观念的转变落实到教师教育行为的第一步，也是最本质、最内在的一步。瓦西里·亚历山德罗维奇·苏霍姆林斯基（Васи́лий Алекса́ндрович Сухомли́нский，以下简称“苏霍姆林斯基”）曾经说过“只有个性才能影响个性”。在媒介日益丰富和发达，人们获取知识的途径日益方便与快捷的网络时代，集体教育存在的一个最重要与必要的前提，那就是网络与数字化永远代替不了的人的影响与作用。在学校和幼儿园里这个最重要的人是谁呢？无疑是教师！教师以他独一无二的、不可替代的精神、人格与个性感染着、影响着、教育着他的学生，教师身上这种独一无二的品质又造就了一个个活生生的、独一无二的、健康快乐的学生。这样的教师和教师的这种作用是多么美妙！事实上忽视教师自身主体意识的发挥，无视教师这一个体的个性、独特性或某些个人化的方式，从根本上说就是教师中心主义、教师权威化、教育灌输式的潜在表现。一个真正热爱艺术、尊重儿童，能与儿童平等交流、对话的教师在面对一个艺术教育主题的时候应该像面对一个魅力无穷、迷人而又新奇的宝藏一样，充满了发现的快乐，重新发现自己，发现自己情感世界和精神领域，发现自己与儿童、发现人与人在艺术品面前共同相通的那样一种交融与和谐。这正是我们所追求的理想的艺术教育！

在我们的艺术教育中最能够将艺术与爱的主题、人（教师与儿童）的情感自然而又深刻地融为一体的最恰当的途径、方法与手段又是什么呢？对上述这些问题的反思与回答，应作为教学准备工作的核心环节。笔者心中所理解的爱首先是温柔的，是充满淡淡温馨的粉红色调的，是不急躁的，是给人以足够的沉稳、自信和力量的。这种对爱的理解未必全面，也不一定深刻，更不可能是唯一正确的，但它是真实的，是出于教师内心深处的，是一个诚实无伪的教育工作者真真切切地感受得到的。笔者相信把一份真实的情感传达给儿童，这样的教育功效是那种假、大、空的说教永远都无法比拟的！

综上所述，教师只有具备了纯正的音乐趣味、敏锐的音乐感觉、良好的音乐技巧和准确的音乐知识，才能够真正挖掘和表现艺术的美，才能真正激发儿童对于音乐美的热情，才能真正胜任一个幼儿园音乐教师的工作。

第二章 学前儿童音乐教育的原理与功能

第一节 学前儿童音乐教育的原理

一、学前音乐教育的艺术原理

将幼儿园的音乐作品动作意象化，实际上是用动作再现音乐作品，表现和表达出其中的情感，将抽象的音乐转换成具象的动作，使儿童通过动作这个媒介对音乐有更具体的了解。

（一）意象思维的培养

戏剧、舞蹈、绘画、音乐、诗歌等之所以都被赋予了艺术的含义，是因为它们都具有意象性，这是艺术的共性之一。意象的形成是因为想象力的形象显现，由感知到表象到情意统一。以我国改革开放初期，在某国际绘画比赛中获奖的作品《我上月亮荡秋千》为例。画面是这样的：在星星闪烁的天空中，一轮弯弯的上弦月上吊着一副秋千，秋千上荡着一位天真的小女孩。月亮上面还站着另一位小女孩，正等待着轮到她。这幅儿童画，意象化的过程比较清晰：小作者先有荡秋千的感知经验，然后在脑中留有秋千的表象；在作画时先有立意，即有了把月亮当秋千荡的画题，再把立意表达出来就有了作品形象。而把一弯月亮当作秋千来荡，这一由想象力完成的形象就是意象。艺术作品让人无法抗拒，甚至痴迷沉醉的重要原因，就在于它有这种出人意料（充满想象力）的意象。

艺术教育是培养儿童感性思维的教育，它与培养逻辑思维的教育具有不同特性，这一特性就是思维的意象性。

（二）音乐意象的认知

1. 动作意象的原则

（1）把握音乐形式结构、事先画出句段图的原则。从意象的角度看，想要理解音乐的灵魂就要理解音乐的结构。动作意象是指把音乐的每一段、每一句用形象的动作表现出来，使乐曲更加通俗易懂、一目了然，因此将乐曲进行正确的分段，划分句子的结构，将帮助教育者进行更准确的动作表达。

（2）动作诠释遵循音乐重复、对比等音乐形式组织手法的原则。在教师用动作表达音乐时，遇到乐曲的段落和句子重复的地方，动作也应该尽量重复。因为儿童是通过动作来“听”音乐的。简而言之，就是动作诠释中最忌讳的是该重复时不重复，不相同时又相同的矛盾情况。

（3）动作与音乐句法与非句法形式吻合原则。音乐的表现形式体现了音乐意义的两个方面。首先是动力性质方面，也称为音乐的组织手法，具体体现在均衡、对比、重复、解决、期待、发展、紧张、不确定、变奏、偏离、变调、统一、变形等方面。人们只有在内化了这些动力的音乐形式时，才能逐渐体会到艺术的魅力。其次是关系性质方面，也称为音乐句法和非句法形式，体现为纵向的和声效果和横向的速度变化、旋律变化、节奏变化等。

第二条原则主要讨论了与幼儿园教学紧密相关的重复与对比的动力性质，第三条原则主要讨论除动力性质外的其他音乐表现形式。和幼儿园动作意象有关的音乐形式表现在旋律的高与低、旋律的上和下、节奏的密和疏、速度的快和慢等方面。当音乐的重复和变化被具象成动作并得到很好的诠释后，还要考虑音乐形式是否契合。比如，《动物狂欢节》中《大鸟笼》这首曲子，旋律在高音中迅速漂浮并不断上扬。显而易见，这是一首上行旋律、高音旋律、快速的曲子。因此，我们配合的动作应该也具有漂浮、上扬、颤动等特点。

（4）动作简单的原则。实际上，幼儿园音乐教学的重点是让儿童们理解音乐，而动作只是辅助他们理解的手段。当动作成为儿童理解学习的负担，那么教师的动作形式不但没成为儿童学习的桥梁，反而是阻碍。

2. 动作意象的方式

①根据作品的原意进行有一定情节性的动作意象；②离开作品情景，进入儿童能理解的生活情境进行动作意象；③带有舞蹈动作的意象；④集体舞（队列舞、圈舞）也是动作意象的一种方式。

二、学前音乐教育的教育原理

（一）音乐性与自我的和合

音乐教育教学中儿童能否充分发挥其主体性，即创造性和主动性，就体现了音乐性与自我的和合。

从儿童的角度出发，在参加音乐活动时能否充分发挥创造性有两个必要条件，既要在有条理的任务认知中，还需要一定的经验作为铺垫。因此，以儿童行为为主角且有目标的前提下，才能在音乐教育教学中充分发挥儿童的主体性，并且随着儿童经验积累行为会有所提升，同样的行为走向和目标也与音乐类型相关。

（二）音乐性与社会性的和合

处于特定的音乐背景中，合作性展示是浸入音乐性中的，倘若音乐性质的表现和合作性没有联系，则此音乐行为无法展示出合作性，一味展示合作能力就可能展示得较为勉强。可是，在未上学的儿童音乐培养行为中，社会性质表现是极为明显的，歌唱时的领队、对唱、合唱、和声，表演里的合作，跳舞部分的圈舞、队列舞、交谊舞、随性表演等，均和社会性有所关联。通过这类行为，教育儿童乐于接受别人的建议、乐于给出自己的意见、顾及别人的感受等社会性道德属于音乐培养的重要标准。

教育的最好方法是感染力：想要音乐性结果最好，不可以仅思考音乐性，还需要发现能够表现儿童表现能力的教育途径，儿童能够表现自己的能力，说明音乐性教育的标准做到了；倘若完全不顾及音乐性标准，单独要求儿童自觉行动时，这种自觉因为并非发自内心而没有意义。

三、学前音乐教育的价值取向

学前儿童音乐教育作为教育的组成部分之一，和另外的科目培养具备部分的特点和自身独有的性质，具体表现是儿童音乐通过音乐开展培养，根据这些我们不可以将学前培养看作单独知识、单独能力、单独艺术性的音乐培养，不可以脱离音乐艺术自己的独特准则和儿童音乐思维进步的逻辑开展音乐培养，只有将两部分合理地联系起来，才可以令儿童音乐培养是在音乐艺术前提下的、儿童自觉进行的音乐实践行为。

针对艺术培养的必要性，西方一直以来有两种看法。一种看法是自身论，持这个观点的较为出名的是艾斯纳（Eisner）及格利（Gurley），他们认为美术培养的关键价值属于美术为学习者资历的特殊帮助，觉得美术水平属于培养带来的，不是自行得到的；另一种看法认为其只是一个工具，持这个观点较为出名的学者是赫伯特·里德（Herbert Read）及维克多·罗恩菲尔德（Viktor Lewenfeld），他们提倡利用艺术培养帮助儿童道德全面发展，帮助儿童创新性地进步。即便指出此两种看法的人是美术培养领域的专业人士，这些人直接交流对于美术价值的看法，不过此类看法对全部的艺术培养领域都有着影响。

联系音乐培养的进步方向能够看出，因为大家关于“音乐培养”这个专业名词的了解不够全面，所以造成了人们对于“儿童音乐培养”的含义的认知有着很多错误。以往，关于音乐培养的看法及必要性等认知一般在两个看法间摆动：部分人更为看重音乐的内在价值，觉得音乐属于人类的天性，对于儿童进行音乐培养的最有利的支持观点是可以进行表演等行为，展示自己的愉悦感受，此类看法明显和自身论看法是相同的；部分人认为音乐可以创造财富，觉得音乐能够推动其他能力的进步，儿童进行音乐培养可以推动运动能力及节奏感的进步、写作及口语水平的提高，推动认识及思考的进步，获得社会性交流及合作的方式等，所以音乐培养可以为人类其他方面的进步带来推动作用，此看法明显是更为赞同工具理论。自此，在两个具有差异的看法中能够发现，前一个观点觉得艺术培养的结果是得到艺术；后一个观点觉得艺术培养的结果是帮助儿童更好地发展。所以，我们能够将儿童音乐培养看成将音乐当成价值倾向的儿童的培养，以及将教育当作价值倾向的儿童的音乐培养。

（一）重视追求审美价值

将审美当作价值倾向的儿童音乐培养，将音乐当作目标，把培养当作途径，对儿童进行基础的音乐教育、技能的传授，借此令儿童得到音乐艺术的培养。音乐是人类文化的主要构成结构，在人类社会进步的进程中表现出非常重要的作用。音乐不仅具备它自己的价值，而且被当作人类的一类文化状态和艺术手段，同样属于人类进步的不可或缺的结构。这样看，音乐和儿童的进步是紧密关联的，儿童本来就具备探索音乐的行为，音乐可以说是儿童最初了解社会的一种途径，是儿童生活的一个组成部分。

将审美当作价值倾向的儿童音乐培养，着重展示音乐自身具备的能力，将其当作宣传、继承及进步的人类音乐文化途径的最简单时期，其目的是将音乐的内涵价值和它自身的音乐能力的完成做好铺垫。

（二）重视达到净化效果

把净化当作价值的儿童音乐培养，属于将音乐当作教育的方式及途径，利用音乐教育，利用此过程的听、唱、跳、表演等行为帮助儿童身心良好地发展，培养儿童的审美观念，帮助儿童培养个性。

音乐培养及道德培养均属于社会观念方面，均有着相当的分层性质，两个方面彼此干扰，彼此促进。人们关于音乐培养道德能力的了解自古便有。苏联儿童音乐培养学者德米特里·鲍里索维奇·卡巴列夫斯基（Дми́трий Бори́сович Кабале́вский，以下简称“卡巴列夫斯基”）提出：“艺术教育以及技术教育本质的不同是每一个良好的艺术作品均具备道德标准以及符合审美。”音乐是一种感性的艺术，鲜活的音乐作品可以准确地表现并干扰人的情绪，对于儿童道德培养有巨大的影响，不通过说教的途径来开展道德培养，而是通过音乐巨大的影响力来改变儿童，渗入儿童的感情里，缓慢而持续地树立儿童热爱祖国、乐于合作、对他人友善等美好的道德素养。因此，音乐培养是对儿童进行道德培养的最好办法。

越来越多的事实及分析结果同样证明音乐培养的确能够帮助发展智能、培养创新思想等能力。大家了解，智力的组成有很多要素，如在心理学中解释为感受、观察、记忆、推力、逻辑等。可是智力培养的最终目标是加快智力的进步，在儿童的音乐培养步骤中也要采取此类部分的心理步骤。例如：利用听音乐、猜歌名的方法使儿童的听觉及推理水平加强；利用音乐鉴赏来加强儿童的想象力等。由于音乐培养及智力培养具备相似的教育心理原理，这就造成了音乐在培养并推动儿童智力提高方面有很大的作用。

不但如此，音乐培养属于艺术培养，是美育的主要组成部分之一，所以儿童音乐培养的美育能力更为重要。它是对儿童进行美育的最重要的一种方法，同时具有培养儿童的审美观念、丰富儿童的审美观念、提高儿童的审美观念、理解及创新意识的重要作用。例如，苏联初始阶段教育家卢那卡尔斯基说的“开展美育培养，不单单是培养儿童的手艺，还整体地培养接受能力和创作水平，使儿童善于发现身边的真善美，并可以创造这些美好。”

道德培养、智力培养、体质培养、美育及劳动培养成为组成整体进步教育的全部内容，这些因素是互相配合、相互推动的。音乐培养是美育的一个核心组成部分，即应最先进行的美育任务。不过，美育对德、智、体、美等培养均具有良好的参与意义及培养作用。所以，把教育当作价值倾向的儿童音乐培养，将“审美”当作不同于另外培养的独特能力，使音乐艺术的特殊美感融入全部的培养中，目的是利用音乐的审美意义来健全儿童人格、培养儿童的创新能力、推动儿童身心的健康发展。

下面两种看法对于儿童音乐培养的意义有着不同的理解：第一种看法通过培养来提升儿童的音乐水平；第二种看法将音乐培养当作一种方法，通过音乐，帮助儿童在身体、感受、情感、个性、社会性等方面进行综合提高。

为了可以完美把控、熟悉儿童的音乐教育内容，应当研究与吸收两类价值趋势不同的音乐教育的优点并融会贯通，儿童音乐教育对于其健康成长具有积极意义。但是，彻底发挥音乐教导的作用，使得儿童能够在合适的时机对于音乐所呈现的技能进行适度的掌控是十分必要的。因此，在一定程度上，第一种音乐教育的价值趋势弥补了第二种价值趋势的不足。另外，音乐文化也属于人类文化的核心构成元素，教育的本质就是对目标进行教导，以及对文化的传播。文化的传播使目标能够完善自我，同时用文化丰富目标的思想内涵。把教育作为价值核心的音乐教育，其目的在于造就本体，以音乐作为价值核心的音乐教育宗旨为传播与推动音乐文化的发展。事实上，两种价值趋势在进行教育时也具有一致性。针对儿童进行学前教育时，需要把教育价值核心当作重点，把音乐价值核心作为协助，两种价值趋势相互融合。

针对教育的范畴而言，专业教育的作用就是协助儿童完成合理成长目的的媒介，音乐教育也被涵盖在内。儿童学前音乐教育是学前教育的组成部分，不仅要恪守学前教育的宗旨与基本秩序，同时要展现出自己的特性，即通过音乐实施教育并教儿童音乐。

首先，儿童学前音乐课堂能够让儿童对于音乐的各类型标记方式有基本的了解，掌握基本的表演技能。其次，让儿童学会认识、领悟音乐，教育并发现儿童的音乐才华，是儿童学前音乐教导的核心工作。所以，站在这个角度讲，音乐教育所展现的是音乐本质性的教育宗旨。

除此之外，儿童对于音乐的学习，是让儿童慢慢开始了解音乐、掌握音乐，以及培养在音乐方面的优良习惯，同时又让儿童在体质、思想、特性等方面得到完善的方式。儿童音乐教育对儿童的精神品格进行培养，帮助儿童进行德智体美各方面的发展，这是对于儿童实施学前音乐教育的主要宗旨与目标。所以，从此方面来讲，音乐教育也是一种促进儿童整体性发展的教育方式。

把音乐作为平台，实施音乐教育的实质就是帮助儿童进行整体性的发展，其方式为传授给儿童某些基础的音乐理论、方法技巧，以及如何呈现音乐等一些基础的内容。另外，还需要对儿童的思想与观念等方面，发挥一定的促进作用。针对该部分，古往今来有无数的哲学家与教育家都发表了许多精深的意见。孔子所提出的“兴于诗，利于礼，成于乐”，其含义就是经由音乐艺术的感化能够帮助君子进行品性的培养，音乐能够融会贯通人的经历、智慧，帮助人类进行全面整体性的发展。古希腊著名的哲学家德谟克利特（Δημόκριτος）的想法也是艺术与音乐在一定程度上对人的品性生活等有一定的影响。他推崇在对儿童实施音乐教育时，不仅要重视天分，同时也必须重视勤能补拙，不仅要对儿童实施音乐技巧的教育，同时也要对其精神品质进行感化。20 世纪，日本著名的音乐教育学家铃木镇一所推崇的就是在进行音乐教育时，要侧重于对儿童的精神品格进行培养，矢志不移、艰苦奋斗、百折不挠等品质都是极其重要的。他觉得此类品性的培养对于这些儿童本身就是一笔宝贵的财富。

所以，在实施儿童学前音乐教育时，不仅要依照音乐教育法则在儿童音乐、精神等特性方面对儿童实施音乐基础理论、技巧等的指导与教化，同时要以整体性发展指导为重点，通过对音乐的学习，帮助儿童进行德、智、体、美等各方面整体性的发展。

第二节　学前儿童音乐教育的特性

一、学前音乐教育的自主性

就音乐教育整体而言，应该是生动自然的，其重点取决于音乐教育的实质与随意性。和别的年龄区间的音乐教育存在差异，儿童学前音乐教育的重点在于其在教导时对于学习的环境具有更高标准的要求，这些标准取决于其年龄区间的儿童具有独特的生理与心理特性。学前儿童音乐教育的教学氛围，不只需要通过高标准的形象特征与表达方式，同时以自然性为重点，就是指密切联系儿童的天分，使得他们可以根据自己的内心与音乐相处，把音乐作为自己生活的一部分。

（一）自主游戏性

活动，用鲜明简单的话来讲，即“玩乐”。小朋友的游戏常和“生动”“自然”这两个词有关，游戏与受教的最核心差异在于它的最终要求是从娱乐进程中得到满足和开心。所以，生动、自然地进行玩耍是幼儿园儿童最愉快的游戏活动。

幼儿园儿童音乐培养中的娱乐性，不只是表现在培养过程中具备“音乐项目”一类的特定部分，并且表现为它的所有项目模式、方式都较为自然、生动、变幻莫测，具备娱乐或者偏向娱乐性的特征，促使幼儿园儿童可以常常感受到“类似于玩耍”的心境，不由自主地、愉快并且孜孜不倦地融入游戏项目中。

培养过程的普遍经历告知我们：方向精准、策略完备、生动自然的娱乐性音乐培养历程，能够提高儿童不断学习的踊跃性、自主性，更高效、更便捷地对幼儿园儿童实施培养，其中也涵盖了思想品德和自我控制水平的教育。

在演唱、做音律游戏、敲打乐器、音乐活动等各类型的学前儿童音乐教育中，所有内容所发挥的作用都是同等重要的。

另外，在对演唱进行教育指导时，在其中掺杂游戏性的内容也是非常重要的。譬如，学前儿童选择歌曲进行演唱时，占据比率最大的大多集中在游戏歌曲与表达儿童游戏类型的歌曲。在中国的幼儿教育机构中，游戏歌曲的类型十分多样化，如猜谜语、跳皮筋等各类型的游戏歌曲，展现儿童游戏的歌曲数不胜数。通常来讲，不同形式的游戏活动，至少对应一种能够表达该类游戏的歌曲。其中大部分的游戏歌曲自身就是儿童游戏历史中极为重要的构成元素，譬如《城门城门几丈高》《编花篮》等都是典型的游戏歌曲。

游戏的重要特点之一，就是游戏者参与的自发性与随意性，学前儿童音乐教育的游戏内容重点通过下列三个部分得到表现。首先，教育的组合方式拥有高度的随意性与灵动性。在进行教育活动时，个人、团体、小组及自由组合等各类型的教育规划方式，能够依据需求轮流实施。其次，儿童在学习音乐时具备高度的自由选取的权利。例如：在进行音律等游戏时，儿童能够顺着自己心意选择适宜的位置；在儿童自发组合时，又能够根据自己的兴趣选择喜欢的朋友来进行组合；在回顾知识时，儿童能够依照自己的心意来确定表演方式、表演内容及组合模式等。最后，教师与儿童之间是灵动自然的师生关系。教师可以用各种不同的身份来指导、组织儿童活动；儿童也可以有机会以组织、领导的角色来指导别的儿童一起游戏。

上文中的游戏性通过各个方式在学前儿童音乐教育中得到展现，这是该教育中特点鲜明的组成部分。

例如：在进行演示时，为了引发儿童的好奇心，教师通常会使用提问、猜谜语与表演、玩具表现等形式来与儿童进行互动；在通过讲解对儿童进行教育时，教师所表达的语音、语气与面部表情拥有着浓厚的情感含义，又常常在原有基础上进行夸大；教师在使用语言表达指令对儿童的行为进行约束时，会更注重造就一种与游戏类似的假定氛围，进而使得儿童可以顺其心意、自发地依照教师的指令来控制自己的行为。在利用联合的方法时，教师会尽可能地使用灵动、随和的教育方法，从而提升儿童在学习过程中的乐趣。

（二）活动综合性

当代儿童音乐培养项目认定：整体性的音乐培养工作，是辅助儿童自主享受音乐生活的一个关键因素。幼儿园儿童音乐培养的项目整体性核心表征为以下内容。

大众最初的音乐项目主要是歌曲、舞蹈和音乐合三为一的。早期并未开始划分的统一体和现在经过高水平划分、高速拓展前提下合成的联合艺术模式存在着千差万别。儿童最初的音乐教育，较初期的音乐培养项目很是相似，呈现一种简单的、并未开始划分的整体性模式。所以，在教育初期的音乐培养项目中，并没有把歌曲、舞蹈和音乐分得很清。尤其是学前的小朋友更是热爱这种早期的整体性音乐项目活动，当内心获得极大的满足时，一定是手脚并用、载歌载舞的。幼儿园中班和大班也会依据成年人的喜好静静地聆听、欣赏他人的演出，也可以仅仅简单地哼唱、舞蹈、演奏乐器。如果可以听取他们的意见，他们还是会像小时候那样，听着音乐就又唱又跳、手舞足蹈，并且在这种愉快的统一性项目中表达出更热烈的感情。

在幼儿园的群体性音乐项目里，歌曲、舞蹈、音乐合三为一的统一性项目又能够划为三类状况：第一，全部小朋友一齐唱歌、跳舞，或是听着伴奏唱歌，听着伴奏跳舞；第二，将小朋友分组安排，有唱歌组、舞蹈组和伴奏组，各组联合出演节目；第三，在同一表演项目里，不断变换进行歌曲演唱、舞蹈表演或者是伴奏的项目。

幼儿园儿童音乐培养最关键的意义在于提高儿童对音乐的自主选择性。令其确切理解音乐是自身必不可少的价值来源，从小培养对音乐的理解能力，促使儿童在成年人精确的指导、辅助下，进行诉说，进行鉴赏，进行培养，且在这种进程中，慢慢体会音乐的魅力。若在儿童自身有了解的需求以前，经由成年人代劳，将会导致儿童对音乐不敏感，或者是根本不会理解音乐。所以，在较为完备的幼儿园儿童音乐培养教学系统和经历丰富的教师授课过程中，创造、演习、鉴赏的活动一直都是相互联系、相得益彰的。

最早人们实施音乐活动的宗旨不仅是娱乐别人，更是娱乐自己；并且最先考虑的是让自己快乐，然后才是让别人快乐。学前儿童也是这样，他们之所以开展音乐节目是因为能够得到愉悦。当然这样的活动也具有更多的游乐和嬉戏的实质。某些时候，学前儿童开展音乐节目是为了可以跟别人进行情感上的交流，然而这种活动的本质其实就是进行社交。在某些特定的时候，成年人也会要求学前儿童心甘情愿地当着别人的面表演音乐节目，这样的活动经常是有让人快乐和让人羡慕的真实原因。总而言之，为确切的目标而开展活动，不应该成为学前儿童开展音乐节目的主要目的。

总的来说，学前儿童对于音乐的学习应该是非常愉快、生动的。这样活跃、愉快的指导不但要依据学前儿童发育的规律，也要依据音乐教育特别规律的成效。为了使学前儿童可以更加全面、和谐地发展，我们应该发扬这种活跃、愉快的音乐教育。

（三）感受表现性

感受与表现是学前儿童音乐培养的重中之重。这主要是根据音乐的特异性与学前儿童的特别之处一起决定的。感受与表现是人们音乐社会行为的前提和中心。音乐反映了真实的生活，人们探索真实的生活，感受自己的想法与感情，并且把每种感觉和体会用有次序的音乐谱写出来，用音乐表达；人类聆听音乐，感受自己对音乐产生的反应，并且把每种感觉与经验通过不同音乐的方式表示出来，这样就是表现音乐。所有和音乐活动有联系的信息、知识、技术只能帮助人们了解、研究和发展音乐，并不能替代音乐的本质问题。此类生动的音乐及音乐的本质，其实质是重点和感觉与呈现等方面有关。

感受与表现也是学前儿童活动的前提和重心。其主要的原因是在这样的年龄层次中，儿童阅历的累积、上升，儿童思想的形成、实施，基本上都是由儿童通过亲自的体验和感觉与呈现的行为来表达的。所有与其有关的阅历、知识，虽然可以协助儿童更加高效地累积经验、发展思想，但是不可以替代生动的亲自体验本身。然而这种生动的亲自体验本身，与儿童自己本身的感觉和呈现内容有关。

近代中国学前儿童的体验指导实践显示，感受与表现向来就是最根本、最中心的内容。然而跟随着音乐概念、学前教师资格训练的指导与社会音乐指导工作的前进，思想、知识、学问、科技也渐渐地深入学前儿童的音乐进程中。

总而言之，不管是根据人们音乐体验活动的特性，还是立足于学前儿童的体验活动，最中心的问题都是感受与表现。所以，学前儿童音乐培养也应该把感受与表现当作重中之重。

二、学前音乐教育的促进性

（一）促进儿童的智力与身体发展

1. 促进大脑智力发展

（1）促进大脑两半球机能的发展

人类的大脑分为左右两个部分，由两亿多条神经纤维组成的胼胝体相连，数据彼此传达，帮助调整人类行动。当代大脑学者经由许多实验研究得知大脑两部分的作用存在差异，其对应的工作不同。通常来讲，左脑的工作重点为管控思维理解、含义组成、语言认知、时间感觉等剖析推理性活动；右脑的工作重点为掌控音乐、图案认知、面部辨别、位置感知、距离感觉等整体性的思想活动。即使大脑两部分的工作重心存在差别，然而它们并非为互相脱离的，大脑正常运行的前提是左右两脑可以一起高度合作运行，共同工作，如此大脑的作用才能完全发挥。然而，之前某些教育规划重点在于语言研习、宏观标记回忆、宏观推理水平培养，对于音乐、艺术等把影响认识、推理水平等作为重点的活动范围的内容重视不足，进而导致不能彻底地开发学前儿童右脑的潜能。

（2）促进大脑皮层重要中枢的发展

人类的大脑构造属于一个整体，在发展中会慢慢分离出某些作用确定的细胞群体，产生大量关键的构造，此类构造对于全部的机能体系产生自己的影响。人类工作的音乐类型存在差异，那么大脑的中枢构造所获得的感知也存在差异，因此得到的培养与进展也具有差异。譬如：在进行音乐表演时，运动与运动感知结构所从事的重点为掌控与调整的任务；在对音乐进行鉴赏与创造时，大部分构造的任务是将数据进行采集、整理与发送。因此，过于注重对运动技能培训的音乐指导，尤其针对那些情绪缺乏、思维繁复的表演技巧培训，事实上得到提升的大多都是运动构造与运动感觉构造，其他的中枢构造就会缺乏相应的提升练习。

上文只是依照脑领域专家当今研究的一些成果进行的某些推理。然而，大脑如果想得到更完美的训练，就必须实施多样化的活动与训练，如此一来才能提升大脑中枢各方面的发展。人脑一生发展速度最快的时期就是学前时期，在该时期内，大脑各中枢获取的活动越广，其得到全面提升的可能性越大。所以，学前儿童的思维进展的前提就是注重对大脑作用的整体性开发的音乐教育，如此才能够全面提升学前儿童的思维能力。

2. 促进记忆力的发展

记忆水平是人类实施认知行动过程中必不可少的基本前提之一。优秀的记忆能力为我们存储大量对事物的认识与丰富的实践经验，出色的记忆能力更因其准确性、稳定性与长久性，为人们的思维活动与实践活动提供了强有力的源泉。

音乐的表达是通过时间得到呈现的，所以音乐的记忆水平对于人类认知音乐本质的水平至关重要。人类在追求音乐的过程中，其前提是必须能够对音乐实施记忆，进而才能对音乐的表现实施认识评价。另外，音乐的创造与演出活动，都是与音乐影响的认知、记忆与重复密切联系的。

儿童在学习器乐演奏或视唱练耳的过程中，千变万化的音符与旋律刺激他们不断掌握与巩固听过的乐章，理解与记忆正在生成的乐音并加以发散联想，这一感受与学习的过程正是发挥了儿童的记忆能力。此外，乐器因其构造与演奏方式的不同，通常对于儿童双手共同使用的水平进行培养，进而对儿童的左右脑实施开发。例如：学习钢琴的儿童不但可以利用右手演奏正确与美妙的音律，同时可以使用左手进行辅助演奏，进而使得表演的音乐节目更加多彩；倘若学习类型为小提琴，不只要求儿童左手可以在一根弦上准确地发现把位并在不断重复中加深记忆，更要求儿童用右手拉奏出不同的弓法加以配合。音乐教育能够不断主导儿童的记忆运动，对儿童保存和增强知识的水平实施锻炼，激发儿童学前的智力开发。

此外，有研究表明音乐刺激还有利于挖掘一般记忆的潜力。能够确定，一些明确的音乐对于人类的生理情况起到积极的调整作用，此类调整的结果可以在某种程度上对于大脑的记忆体系产生作用，最大限度地提升工作效率。

3. 提高运动能力

生命在于运动，学前期是人的身体发展最快速的一个时期，运动相对于成长阶段的儿童来讲具有十分重要的意义。因此，和身体运动密切联系的音乐教育活动也就产生了一种特殊的价值。

学前期儿童的音乐学习一定会与身体运动密切联系。各种随着音乐而进行的动作表演活动及乐器演奏活动，可以使得儿童身体各个相对应的部位如大小肌肉、骨骼及韧带等得到锻炼，提升神经系统反应的速率及协调能力，增加心肺等器官耐受力。尤其是常常参与韵律活动的儿童，更有机会拥有健美的体型、端正的心态及健康的发育。即便是歌唱活动，也可以对发音器官、共鸣器官及呼吸器官的发育起到推动作用。因而，教育者能够有意地通过音乐教育活动来帮助学前儿童的身体发育，提升其身体运动能力。

4. 增进身体健康

不但身体活动与身体健康有着紧密的联系，而且心理活动与身体健康也有着不可分割的联系。现代生理学、心理学的研究结论已证明，“情绪”这个心理状态经常随着一系列生理变化而产生波动。譬如，肌肉、血管、内脏和内分泌器官的功能，都会伴随着情绪的波动而产生变化。伴随着科学的进步，人们已经可以利用仪器对音乐听者的生理反应展开定量分析研究，已论证什么类型的音乐可以具有什么类型的生理刺激作用。并且现在这部分研究成果已逐渐开始被运用在慢性病治疗、身心康复等领域。由此可见，利用音乐调整心情进而调整生理状态来达到促进或维护身体健康的目的不是妄想。

音乐教育活动和学前儿童身体健康的另一个联系是：科学的音乐活动会为学前儿童创造大量获取积极情绪体验的机会。譬如：学前儿童天生好动的要求很容易在音乐活动之中得到满足；音乐之中的节奏可以减少体能消耗，使得机体内部环境处于最佳状态，使生理上的自我要求极易得到满足；在音乐活动中易于形成更加紧密的人际关系，使心理上期望获取接纳的需求更易得到满足；音乐活动能够得到更多的自由想象、自由表现的机会，使得希望实现自我价值的要求得到满足。上述内容需求的满足是可以直接影响学前儿童心理健康的关键前提，同时也是保护、促进学前儿童心理健康的关键基础。因此，教育者应积极利用音乐的教育作用，更完美地促进学前儿童身心的健康发展，提升学前儿童的身体健康水平。

（二）促进儿童的语言与认知发展

1. 促进儿童的语言发展

音乐教育对于学前儿童语言学习有着显著的积极作用。一首优秀的歌曲一般等同于一支优秀的诗歌。学前儿童在接触大量好的歌曲及有节奏的诗歌朗诵的过程中，不但增加了音乐词汇，还增强了对文学语言的理解及运用能力。

语言学习也属于一种听辨、记忆、再现声音符号的学习。如果教师在教授儿童歌唱时，严格要求咬字吐字，就会有助于儿童形成口齿清晰的语言表达习惯。除此之外，音乐和口头语言一样，都拥有高低、强弱、快慢、音色变化等表情因素。在音乐活动之中，教师能够拥有许多机会帮助学前儿童了解这部分表情因素，这对提升学前儿童其口语表达能力有一定的帮助。

2. 促进儿童的感知发展

（1）促进感知能力的发展

因为音乐活动一般是依靠听觉器官来展开的，音乐认识活动首先构建在听觉感知的前提之下。人类的听觉器官是在长时间主动使用的过程中得到高度发展的。音乐就像是有声音的语言一样是促进人类听觉发展的原因之一。学前阶段是人的一生中听觉能力成长最为快速的阶段。苏联心理学家列昂列夫在一部分被认为似乎缺少音乐才能的儿童中使用了不同的训练手段，最后使其获得了最根本的音乐感知能力。通过以上案例可知，教育者如果可以向学前儿童提供更多的不同种类的参与音乐活动的机会，并且在活动中有目的地引导他们集中注意力展开听觉探究，学前儿童分辨听到声音的能力及自觉性是能够得到提升的。

（2）促进想象、联想能力的发展

现代科学的发展已经使人们慢慢认识到，丰富的想象力、联想能力是思维活跃的创造性人才所必需的一种能力。联想能力是人们进行思维活动与创造活动的重要基础，不论是艺术领域还是科学范畴，艺术作品与发明创造都离不开人们丰富的想象力。庄生梦蝶，不知是自己梦见了蝴蝶还是自己入了蝴蝶的梦，阿基米德在浴缸里泡澡时探究起了浮力，如果知识就是进步，那么想象力与联想能力就是推动知识进步的源泉，是激发有限认识、创造无限价值的强大助力。儿童的联想能力是惊人的，上穷碧落，下至黄泉，古今中外，无所不有，他们把观察到、触摸到、感受到的事物拟人，一花一叶都能引发他们奇幻而浪漫的想象。而音乐因其接受形式的主观性更成为刺激儿童不断联想的一大契机。对儿童进行早期的音乐教育，能够激发他们进行生动形象的联想与创造，迸发出灵感的火花。

现今，已有许多研究者承认：在良好的艺术教育活动中养成的想象力，对于科学理论的探究乃至展开科学研究、发明活动和其余社会实践活动都具有一定的正面作用。通常音乐活动和想象是无法分割的，而想象又是学前儿童从音乐活动中获得幸福感的重要方式之一。

（三）促进儿童的个性与情感发展

1. 促进儿童的个性发展

（1）促进个性意识倾向性的发展

个性意识倾向性是人展开活动的根本动力，也是个性组成中最关键的因素。它体现在对认知及活动对象的倾向及选择上，一般包括需要、动机、兴趣、理想、信念及世界观等。

在学前年龄时期，教育目标为重点培养儿童对生活及周边事物的积极态度及广泛兴趣，在这一方面音乐教育活动能够发挥一定的积极作用。兴趣是人积极探究某种事物的认识倾向。当一个人对某些事物产生浓厚且稳定的兴趣时，他就可以主动地思考、大胆地摸索探究它的本质，并使得自身整个心理活动都积极主动化，体现出积极的行动意向，对事物的观察变得更加敏锐，记忆、想象能力提高，情绪变得高涨，克服困难的意志力也会增强。学前阶段，儿童对事物或者活动的兴趣大部分都是由外部影响激发的，并且大部分是直接兴趣和暂时兴趣。如果教育得当，这部分直接兴趣和暂时兴趣通过逐步的积累、强化，就会一点点发展为间接兴趣及稳定兴趣，形成个人主动的个性趋势及人生态度中的关键构成部分。因此，优秀的音乐教育活动有利于促进学前儿童个性意识倾向性的成长。

（2）促进自我意识的发展

自我意识是使得人的个性各个部分整合、统一起来的关键力量。成熟的自我意识表现为：可以了解自身身体、身体特征及生理、心理状况；可以了解并感受到自己在社会及集体中的地位与影响。

音乐教育能够促进学前儿童成长的原因如下：第一，学前儿童在感知及表现音乐时应有目的地认识到自身身体的活动状态，并有目的地掌控和调节自身的身体活动，使自己的身体活动和音乐相协调，使身体每个部分的活动互相调节一致。第二，学前儿童在学习及享受音乐时也应逐步地反省通过音乐产生的想象、联想及情感体验。第三，学前儿童在集体音乐活动中能够得到来源于教师、同学的各种评价，而这部分评价都会对个人的自信心、自尊心、自我评价能力、自我态度的养成方面发挥十分关键的影响作用。

2. 促进儿童的情感发展

（1）促进情感的发展

音乐对人产生的影响力十分巨大，它可以直接使人们的情感产生强烈的影响作用，直至人们的内心深处。《论语》中有记载：孔子在齐国听到了一种叫作《韶》的音乐后，三个月都不知道肉是什么味道了。高尔基在其自传体小说《人间》中讲到欣赏音乐的感觉时说："美妙的音乐在内心深处所产生的强烈感情能够让人忘记所有。"列宁在倾听贝多芬的《热情奏鸣曲》后赞扬它是一个人间奇迹。音乐家伊戈尔·菲德洛维奇·斯特拉文斯基（Игорь Фёдорович Стравинский）说："音乐就是情感，没有情感就没有音乐"。心理学家 Б. М. 捷普洛夫（Б. М. Теплов）也讲过："用最直截了当的意思来说，感情及心绪是音乐的内容"。

学前阶段正处于个人情感从低谷向高潮渐渐发展的关键时期。在这一阶段中，儿童的社交圈会逐步扩展；情感体验日渐丰富与复杂；情感自我调节能力逐步提升；较为高级的社会情感，如道德感、理智感、美感逐步开始成长；各类基本情感体验的分化也逐步走向于精细化。在这个年龄阶段，充满情感性的音乐活动对儿童的情感发展更具有显著的推进作用。学前儿童接触不同类型的音乐作品越多，参与的各类音乐活动越多，其情感也就变得愈加丰富。他们会渐渐理解爱、温暖、同情、骄傲、集体精神，厌恶丑恶，追求美善。不断有研究证明，学前儿童情感体验的实质及程度对其认识活动及意志活动的产生具有显著影响。因此，利用音乐活动有目的地对学前儿童展开主动的情感教育应该成为教育者的主动行为。

（2）促进意志的发展

意志，是人依照一定的目的对自我行为进行启发、保持、抑制等调节行为的一类心理过程。优秀的意志品质是自我成功的关键非智力因素之一。音乐活动也存在促进学前儿童意志成长的作用。

音乐活动是一类具有目的性的人体实践活动。每当一首众所周知的音乐让婴儿产生愉快体验时，就可以激发他努力移动身体或者头部去找寻音乐的来源。这时停止音乐，婴儿甚至可以马上用哭声来进行"抗议"。这类行动就是音乐活动中最开始形成的一类随意行动，也就是意志的萌发。伴随年龄的增加及儿童所参与的音乐活动的渐渐复杂化，不论学习歌唱、学习做韵律动作，还是学习弹奏乐器，都成为一部分具有鲜明目的性的行为。特别是对于一些较为困难的音乐技能的学习来讲，没有努力认真练习更是没有办法实现明确的目标。在由铃木镇一组织的早期小提琴培训中，通过解决技术困难的大量艰苦练习来完成意志锻炼的最终目标，事实上铃木本人及很多日本家长更为重视教育价值。除此之外，在幼儿园或托儿所中，音乐活动大多为一类集体活动。而在集体活动中，个人不但要调节自己与音乐的关系，而且还需要调节自己和他人的关系。这就意味着个人需要花费更多的意志力，高度地集中注意力掌控自身的行为。

海内外有很多研究资料证明，接受过较好的音乐教育的儿童可以在学习及社会生活中表现得比其他那些没学过音乐的儿童更具有目的性、坚持力及自制力。因此，一般来讲学前阶段儿童的意志品质培养是需要并且可以利用音乐活动来展开的。

（四）促进儿童的社会交往发展

1. 促进交往、合作能力的发展

学前儿童的社会性是和周围人群的交际中形成起来的。学前期是个体社会性发展的关键时期之一。在这个阶段中，儿童和人交流机会的大小，还有交往的性质，都会对他们今后的社会性发展产生十分重要的影响。

2. 推进纪律性和责任感的发展

音乐活动是一类秩序井然的社会活动，它要求参加者要依照一定的准则来活动，与此同时也需要参加者明确认识并且主动负担起一部分社会责任。在学前儿童教育机构的集体音乐教育活动中，以上要求被具体化：学习遵守音乐活动的常规；初步培养对作品负责，对观众负责，对乐器、道具及其他相关设备负责，对活动场地负责的根本观念及行为习惯。

（五）促进儿童的创造性思维发展

创造是艺术乃至整个社会历史发展的根本动力，创造的基础就是在相同中找到不同，在不同中找到相同，是艺术教育影响及价值的重要表现。音乐创造因自身强烈且明确的个性特点而充满吸引力。在音乐活动之中，生动开朗的音乐欣赏、展现及创造活动，可以激发儿童的表现欲及创造冲动，使其积极主动地展示自身的特征及创造能力，使得儿童的想象力及创造性思维得以充分展现出来。

在创造过程中，不一定要强求出现一个好的结果或者音乐作品，关键在于整个创造的过程。在进行音乐教育的过程中，教师会使儿童倾听音乐。让儿童在倾听音乐的过程中了解到音乐的情感与美感，使得儿童内心产生共鸣。这类对音乐的倾听，不只是简单地播放音乐或纯粹地听音乐。教师在教学过程之中对症下药，把抽象的音乐转化为具体生动的教学，激起儿童的好奇心及想象力，积极摸索音乐世界的美妙。譬如，在鉴赏音乐的过程中，除了利用教学、沟通等手段，还可利用图片、演示、创设意境等多媒体手段，利用多样化方式把音乐的美感用客观的方式展现出来，更方便地帮助儿童由浅入深地走进音乐的殿堂、摸索音乐的世界。与此同时，利用多媒体方式把音乐的创作者、创作时代背景等内容向儿童进行详细的说明，拓展音乐背后的故事，这样可以更好地帮助儿童主动地欣赏音乐，把个人经验和艺术欣赏有机结合，提升对音乐的理解能力、想象能力和创造能力。

此外，教师会指导儿童去实际的体验音乐。用实实在在的音乐让儿童体验，让儿童能真实地感受到音乐特有的吸引力，特别是在音色、旋律、长短、和声、高低、强弱、音程、曲式与调式特别的地方，让儿童进入音乐的大门，指引儿童感受音乐独有的魅力。在儿童关于音乐的指导方面，让他们在玩乐中感受音乐。如根据乐器跳舞、表演、晃动等，让儿童在不经意间能够感受到声音的强弱、高低、长短的区别。可以指导儿童积极地探究音乐的思想、概念与音乐的表演和演唱的技巧。最终，教师可以指导儿童去思考音乐。儿童的创新能力主要是来自创新的想法。用音乐来提高儿童的创新能力的实质就是用音乐的方式去给予儿童思考的密码，然后开启创新能力的锁。

家长往往发现，儿童在三岁以前就能够在听到音乐时摇摆手臂或挥动双腿，大一些的儿童能够跟随音乐哼唱，并在旋律的伴奏下做出有规律性的、体操一般的动作。而在这一过程中，活动的不仅有儿童的身体，他们的大脑也同时进行着或抽象或具体的思维活动。儿童伴奏音乐或唱或跳的行为活动离不开视觉、听觉、触觉的交互与协调，更离不开记忆联想、感觉感悟等一系列相对复杂的心理活动。因此，对儿童进行早期的音乐教育，能够不断促进他们的大脑发育，使他们的抽象思维能力与形象思维能力得到平衡的发展，从而从小培养出良好的思维活动能力，形成深入而广阔、灵活而敏捷的思维方式，为日后的智力发展打下扎实的基础。

另外，形象的思考方式由辨别、分析、总结、分类、预计、推算等的技能组成，这些全部可以在音乐教育中得到促进。思考能力是一种高层次的认知行为，它的中心是事物与事物之间的联系。音乐思维主要是音乐和音乐之间、音乐的个体与整体之间、音乐的个体与个体之间、音乐和用它表现的东西之间、音乐和感受人之间的直接的实践联系。虽然音乐的思考能力在本质上是直观的、完全的、生动的、掌握的形式为中心的，但在指向性上还是针对事物的各种关系的，在这一点上，音乐思维与一般形象思维甚至与抽象思维都是基本一致的。音乐教育和别的专业在创新能力方面相比是有特别的优点的。音乐教育不但要教给儿童音乐原理方面的知识、表演的技能等，还要重点教育儿童的欣赏美的能力与儿童的创新思考方式。因此，音乐教育不仅能够有效地培养儿童的创新实践能力，还能激励儿童勇于想象、善于创造，推动儿童综合素质的全面提高。

例如，某农村音乐教师对该地留守儿童进行音乐教育活动的实验。调研者发现这所学校的留守儿童在心理方面都有一些或多或少的问题。例如：性格比较内向，没有自信心，心理上比较压抑；团队配合的思想意识薄弱；对于别人容易怀疑，没有安全感等。实验过程如下。

形式：小小合唱队

活动内容：合唱儿童歌曲

音乐教师活动经验总结：留守儿童不愿主动跟教师交流，但通过合唱队这个集体活动，对音乐教师有些亲和感。因为音乐教师给他们的是轻松愉快而不是学业和管教的压力。这些留守儿童在心中对音乐教师不设防，比较听音乐教师的话，也向音乐教师说一些内心的想法。因此，音乐教师不但没有副科教师的自卑，相反更多感受到的是学生的信任和教育者的责任。

通过这个实验我们可以清楚地看到，音乐最重要的一个作用就是给人们相互交流的机会，使人与人交流的想法得到满足。人们可以通过相互之间音乐的交流来增进感情。成年人和儿童，儿童与儿童之间的音乐的交流，能够增加儿童与人交流的机会。所以，做教育的人必须有意识地根据音乐教育的行动来提升学前儿童的社会力。

三、学前音乐教育的目的

（一）培养学前儿童对音乐的兴趣与爱好

学前儿童最好的教师就是兴趣。让儿童享受音乐的作用与音乐指导的基础就是要对音乐非常喜欢。学前儿童学习音乐的积极性几乎完全受兴趣支配，教师通过选择适合学前儿童年纪的特性与接受能力的课本，合理地运用学前儿童满意的玩具与教学工具，采用动静交替的活动模式和灵活多样的教学方法，引起学前儿童对音乐的兴趣，使他们积极主动地投入唱歌、跳舞等活动中，自觉接受音乐教育。培养学前儿童对音乐的热情，是学前儿童的音乐教育最为重要的使命。

（二）指导儿童掌握初步的音乐知识和技能

通过音乐教育，教儿童掌握初步的音乐知识和技能是学前儿童音乐教育的另一任务。通过掌握初步的音乐知识和技能，使学前儿童能够比较准确地感受和领会音乐所表达的情感和音乐的风格（如安静的、欢快的、雄壮的等），能用正确的方法演唱儿歌和用协调优美的动作去表现音乐作品所塑造的艺术形象，如学会用表情去演唱歌曲《世上只有妈妈好》中“有妈的孩子像块宝”“没妈的孩子像棵草”这两句歌词。

（三）发展学前儿童的音乐能力

开展学前儿童音乐教学的最重要的目的就是提高学前儿童的音乐素养。

在这当中，音乐技能的进步是音乐素养提升的非常重要的一个部分，它主要是由音乐的感知能力、表达能力与创新能力组成的，是各种各样的音乐技能的组合。音乐的技能每个人都有，很多儿童是先天拥有音乐技能的，但是他们现在非常容易因为缺乏听觉与感觉的练习，从而失去了先天的音乐技能。因此，学前儿童音乐教育的一个重中之重就是儿童音乐技能的学习。

教师应该教育儿童在通过唱歌节目、律动、鉴赏音乐、音乐游戏、节拍演奏等活动的过程中，能够感受到音乐的节奏、速率、强度、组成，而且可以把音乐作品表现与表演出来，从而在原有的基础上创新，这样能够高效地提升儿童的音乐技能，有助于他们产生基本的音乐思想，为他们将来更好的音乐教育做好铺垫。

（四）充分发挥音乐的教育作用

音乐以其积极、活泼的艺术形象发挥着极其重要的指导作用。在学前儿童的健康成长中，让儿童在这种情感的感受中慢慢产生对身边事物的正确认知，产生确定的亲子交往、群体交往、师生交往的能力，发展儿童的自我意识，形成健康的人格。教师在教育活动中要从宏观的角度着眼、从微观的角度入手，全面发挥音乐艺术的长处，探索它隐含的教育意义，增进儿童各方面的能力。

案例分析：

案例一：音乐活动“哈巴狗”教学案例分析（小班）

设计意图：

每当听到《哈巴狗》的音乐，儿童就会表现得非常兴奋，有的儿童甚至会跟着音乐手舞足蹈起来。《哈巴狗》的歌词非常简单，易于理解，具有极强的韵律感，而且每句歌词都可以直接用动作表现出来。这首歌适合作为一种载体，让儿童用动作表现歌词，以此设计游戏规则，巩固歌曲、律动，学习音乐游戏，理解游戏规则。这样既可以满足儿童的心理需求，又可以使儿童在能力上得到提高。

活动目标：

（1）初步学习音乐游戏“哈巴狗”。

（2）根据规则进行游戏。

（3）在唱唱玩玩中感受音乐游戏的快乐。

活动准备：

玩具大门、哈巴狗玩具、装有肉骨头图片的餐盘、小狗头饰、软垫、录音机、磁带。

儿童学会唱歌曲《哈巴狗》。

活动过程：

复习歌曲《哈巴狗》。

教师和儿童围绕在门前，开启项目内容。

教师：一条小狗，蹲在大门口，两眼黑黝黝，想吃肉骨头。

儿童跟教师完整演唱歌曲一遍。

教师边唱歌曲边做动作，引导儿童模仿。重点指导儿童跟随歌词的变化来变换动作。

音乐游戏“小狗抓肉骨头”教师演哈巴狗，示范游戏玩法。

（1）教师解说活动内容：一条小狗半蹲于门前，其他儿童扮作肉骨头，哈巴狗坐在蒲团上，其他儿童一边哼歌一边走近哈巴狗。在乐曲结束后，小狗大叫，从蒲团上跳着去抓肉骨头，肉骨头赶忙回到各自的地方，被逮到的肉骨头被哈巴狗吞掉。

（2）教师示范游戏玩法。重点强调：只有当歌曲唱完了，小狗才能“汪汪”叫，肉骨头赶紧跑回自己位置。

请一名儿童进行游戏演示。

请不同的儿童扮演哈巴狗，进行游戏。

项目完成后：

要求儿童来扮演小狗，大家想吃肉骨头吗？请到门口来寻我！

活动评析：

生活中，儿童经常能够接触到各种各样的小狗，对小狗十分喜爱。他们同时更喜欢唱歌、跳舞、模仿、游戏。根据这一特点，结合幼儿园儿童教育目标设计本次活动。班里大多是两岁多的儿童，刚踏进幼儿园的大门。在目标的制定和把握上，应考虑如何让儿童能够掌握，不超出儿童的能力范围。考虑到儿童的年龄特点和能力水平，教师挑选了儿童平时已经会唱的歌曲《哈巴狗》，以此为媒介，通过复习歌曲、模仿动作、新授游戏、巩固练习的形式开展整个活动。复习歌曲是整个活动的必要准备，儿童只有会唱歌曲才能够进行之后的活动。由于年龄小，单纯的演唱容易使儿童失去兴致，所以教师将歌曲和动作有机结合，让儿童在演唱的同时模仿动作，起到动静交替的作用，并为之后的游戏做好铺垫。学习游戏并遵守游戏规则是整个活动的重点。通过教师的示范，儿童对游戏的玩法有了直观的了解后，再重点强调游戏的规则。之后有个别儿童进行游戏，巩固游戏玩法及规则。几轮之后，儿童已经完全掌握活动的重点，并能够在教师的引导和组织下顺利开展游戏，活动目标达成效果很好。

第三节　学前儿童音乐教育的主要功能

一、学前音乐教育对儿童审美意识培养的途径

（一）歌唱

歌曲是由文学和音乐联合产生的，它拥有两个方面的鉴赏意义。歌曲能够让学前儿童表现出更加丰富多彩的真实世界与思想世界。歌曲不但能够指引学前儿童从各种各样的角度去认真考虑、感受他们熟知的事情，并且能够让学前儿童去认识他们所不知道的世界，甚而开始神游。想象能使儿童的内心世界更加丰富多彩，各种各样的歌曲可以让学前儿童见识到更多国际上的音乐文化，增长他们的见识。从各个形式的歌曲与节奏朗诵开始，能够让学前儿童展现出生动活泼的精气神，指导他们认真地思考与实践熟知的事物的道理和价值，如友好、共享与宽厚，英勇、勤奋与公平，等等。同时，唱歌

能够更好地提升学前儿童的记忆力。

（二）韵律活动

让儿童做律动能够提升儿童的身体素质，增进通过身体律动感知、表达音乐的才能，提升儿童的身体和内心相互融合的才能。激发与提升儿童的想象力、联想力，提升儿童对美的鉴赏才能。充足的想象能力与敏锐的感受能力在人生的任一时期都是举足轻重的。它既不是概念的累积与叠加，也不是仿照与盲从，它虽然不会用文字的方式来传达，但是它可以利用各式各样的音乐方式，特别是能够在韵律的活动中表现出来。

（三）音乐游戏

音乐游戏富有情趣，能够激发想象能力，适合学前儿童的身心发展的特性。学前儿童能够在让人愉悦的游戏中提升对音乐的感知力、表达能力与创造力，同时也能增强交际能力、团队能力与自律能力。学前儿童通过无忧无虑的游戏玩耍，可以得到较多的感情实践，这种真实感受的累积，对于学前儿童产生对音乐的兴趣有独一无二的意义。

（四）打击乐器演奏

学前儿童学习音乐、感受音乐的一个重要的因素就是学习打击乐器的表演。在儿童可以进行的音乐表演活动中，打击乐器是所有乐器中最容易学会的。学前儿童能够学习的打击乐器主要包括大鼓、铃鼓、串铃、碰铃、三角铁、钹、锣、木鱼、沙锤等。现在，在中国的大部分的家庭中，学前儿童没有很多的机会去学习打击乐器。但是在幼儿园的音乐教育活动中，打击乐器的表演活动和唱歌的活动是十分重要的。让幼儿园的儿童参加集体的打击乐器表演活动，能够增加学前儿童表演乐器的热情，让儿童可以通过乐器的演奏得到身心上的愉悦与满足；能够通过让儿童参加大的音乐节目的表演，扩大儿童的音乐语言，提升儿童对音乐理解的能力。进行整体的打击乐演奏活动，能够提高学前儿童辨别韵律与音色的才能，提升团队价值，培养协调能力。

（五）音乐欣赏

音乐鉴赏，平常是指根据音乐作品来鉴别、享受音乐节目。然而，学前儿童必须通过参与活动来感受音乐，分析音乐与在音乐在节目中对美的判断。所以，在学前儿童的音乐教育过程中，音乐鉴赏过程的中心内容就是怎样去听音乐。根据音乐鉴赏活动，能够让学前儿童学习非常优秀的音乐作品，提升他们的音乐眼光，增强他们的音乐见识，丰富他们的音乐阅历，在小的时候就开始发展儿童对周围的不同声音的倾听才能，充分地累积对声音不同感受的阅历。

二、学前音乐教育是儿童素质教育的有机组成部分

素质教育的实质是依照儿童的进展情况与社会进展需求，提升儿童的品格素养，敬重儿童的自我理念，把激发儿童的潜力与智慧当作最终目标，协助儿童完善自我的人本教育。心理素养教导、价值观素养教导、精神品质素养教导、文化素养教导等都属于素质教育的组成部分。通过心理素养教育，能够完善儿童的品格，帮助儿童提升自发调整、自我完善的水平；增强儿童的价值观素质教导，有助于提升儿童的审美水平，同时增强儿童对美的鉴赏水平；文化素养教育的实质是协助儿童储存基础文化理论，同时提升儿童的文化能力；精神品德素质教育的实质是确定准确的政治观念、伟大志愿理念与高尚的思想素质等。

素质教育的宗旨是提升人类整体的基础素养，把敬重人类的主体性与自发思维当作重点，全面开发人的思维潜力，重点造就人的完美品格。音乐教育作为实施素质教育过程中不可忽视的教育内容，它是以音乐构成的音乐作品为主要内容对人进行情感、情操和审美的音乐审美教育。由此可见，音乐教育与素质教育二者之间的关系密不可分、相得益彰。

（一）音乐教育促进儿童的素质教育

1. 将音乐教育与素质教育结合是实现人的全面发展的重要环节

彻底发扬素养教育和音乐教育的影响，对于两者的基础定义实施深入的

研究。素养教育的重点在于提升人类的品格素养，造就人类特性，促使人类得到更全面、更完善的发展，保证人类身心健康。

因此，我们必须参照人类与历史进展的真实需求，把提升所有学生的基础素养作为具体宗旨。重视价值观教育，着重激发人类的潜力、才智。另外，此阶段需要联系音乐教育，经由音乐教育来教化人心，改善人类的品格素养、思想品德与优良的社会沟通水平等。在实施音乐教育的过程中，我们必须拥有明确的目标，不能只注重音乐的形式化教育，却没有彻底发挥音乐教育的影响力。

2. 音乐教育是素质教育的重要组成部分

音乐所散发出的独特魅力在我们日常的点滴生活中都有展现。由于美妙的音乐可以调节人的情感，给予我们对美的感受与奋发图强的意志，因此我们认为音乐教育是素质教育中不可分割的一部分。譬如，我们在情绪非常悲观、消极的时候，去聆听一些轻松、愉悦的音律，就能够在不知不觉中调节自己消极的情绪，进而稳定下来。另外，我们情绪的稳定能够协助我们提升与人交际的能力，用踊跃的态度对待学习生活。与此同时，优秀的人际关系和蓬勃进取的学习态度又正是素质教育的核心部分与宗旨。另外，“红歌”也能够使学生耳濡目染地领悟到一些爱国主义情操，与僵硬的课堂教育不同，此类使用“红歌”的形式对学生实施的爱国主义思想教育，可以发挥十分明显的作用。彻底地展现出音乐教导是实施素质教育必不可少的组成部分。

3. 音乐教育与素质教育相互依赖、相互作用

相比于别的科目来讲，音乐教育在学生的品格素质、才智水平、情感阅历及身心健康等方面发挥十分重要的作用。从以往一些古老的教育思想中可以看出，大多发展水平相对低的区域并不注重音乐教育的作用，只重视儿童的理论效果，这样就漠视了素质教育和音乐教育之间彼此联系、彼此影响的关系。简而言之，我们都明确地认识到素质教育的重点在于品德教育，倘若在对学生实施教育的过程中，只关注其音乐成果，却不注重对其在道德方面的教育，这样虽然学生会在短时期内取得优秀的成绩，然而最终会因为缺乏品德方面的教育而导致在音乐领域内无法取得更大的成绩。同样，倘若只重

视素质教育中的智力教育，就会对学生的推理能力、价值重点、创造水平等情感类文化素养的提升造成消极影响。如此看出，倘若忽略两者的彼此影响与彼此依附的联系，就会对学生在德智体美等方面的进步产生消极影响。

（二）音乐教育促进儿童的全面发展

1. 将音乐教育渗透到素质教育的各个方面

让音乐教育与素质教育融会贯通，彻底发挥音乐教育和素质教育的作用，帮助学生获得整体性发展。人类的内心品性通过其思想层面的素养得到展现，对于儿童塑造优秀的思想品德有积极影响。所以，我们要让儿童接受音乐教育，把音乐教育当成学生净化心灵的主要基石。另外，需要把音乐教育完美地融入智力教育中。音乐教育在智力教育方面的作用是显而易见的。把多样化的音乐教育与活动及优良的音乐艺术融入智力教育中，对于开发儿童的思维能力与想象能力有着积极的影响，能够帮助儿童打通封闭的思路与理论的制约，从而得到思维的解放，使得学生的思想愈发灵敏，精神愈发集中，进而提升学习的效率与成绩。所以，全面了解音乐教育的巨大作用，让音乐教育与德智体美等素质教育融会贯通是十分关键的。

2. 重点突出音乐教育的审美教育功能

把音乐教育融入品质教育的多个部分，要求从自身、小家和大家三大部分着手。校方务必要为儿童获取音乐教育知识提供优良的基本条件。譬如，提供完备的音乐理论课本和其他乐器，并且配置优良的教师队伍，教师也会选择恰当高效的教育手段。将教师从固有教育理念和教育方式中解放出来。在传授音乐理论和相关能力的前提下，格外注重音乐素质在理论教育中的影响。

从小家方面而言，父亲和母亲务必要注重对子女的音乐素质教育，切不可仅仅注重专业课成绩而对子女施行知识层面的束缚，要给予子女多层次的音乐教育，如声音、形体及色彩等，来促使他们自然而然地获得音乐素质方面的能力。令儿童从小就多才多艺，获得源自音乐教育的深刻感情代入能力，造就儿童健全的性格和高尚的道德感。

3. 将音乐教育与素质教育有效紧密地结合起来

音乐培养是凭借悠扬的曲调和节拍，阐释个人的观念情感和实际生活的风采。因此，要激起儿童对音乐的向往，首先要把音乐教育和素质教育紧紧联系在一起。在两者紧密联系的前提下激励儿童对音乐的踊跃性和兴趣，不断开拓儿童的音乐眼界，开拓音乐之路。只有歌唱教育是远远不够的，很难令儿童受到更多的音乐教育，社会应该让唱歌、乐器、作曲作词、乐谱等基本理论相统一，这样才会促使儿童贴近音乐教育。我们需要以总体提升儿童修养为前提，施行音乐熏陶，运用各类差异化的教育手段，慢慢提升教育品质，令儿童也能够提升自我修养，获得美的感受、美的培养。

所以，针对现在普遍的教育越来越要求生动积极、灵动随和而且具备革新性和愉悦性的乐学乐教的趋势，我们务必重视把音乐修养教育代入素质教育中，且凭借它来成就儿童人性、素质、修养的提升。重视音乐培养和素质培养的结合，既是推动青少年综合品质提高、综合拓展的核心，又是达到教育当代化、培育专业化、人才能力化的核心。

（三）音乐教育在儿童素质教育中的特殊作用

音乐教育在儿童成长阶段的影响是多样化的，能够通过习惯、品性、思想、理念、兴趣等方面得到展现；音乐教育对于儿童品格素养的培养所发挥的作用是十分重要的；对于儿童品格素养教育而言，“音乐教育、美、品格素养”是至关重要的一部分，该部分的宗旨是给整个教育体系做贡献。古代大多名人雅士觉得，注重音乐教育能够促使全社会的风气向好的方向发展，改善民心，发挥教导性的作用，因此能够发现音乐教育于品格素养部分的影响是十分关键的。

从如今对人类大脑的研究来看，人类的左脑主要从事逻辑思维，右脑主要从事形象思维，是创造力的源泉，是艺术和经验学习的中枢，但目前的教育对右脑的开发并不重视。音乐教育对右脑性能的开发至关重要。音乐教育能够增强载体梳理技能需要的各类神经组织间的关联性，且可以构建神经通道；音乐具备关键的印象标准，要求把头脑印象、感情印象、体能印象和思维印象四类印象模式汇集起来，对记忆水平的整体性培养非常关键。有研究表明，能够提升人类知识水平的方向大体有三种，依次是数学、教育学和音乐。缺乏设想的生活是索然无味的生活，缺乏设想的国家是没有方向的国家。爱因斯坦曾经提出："因为音乐培养才造就了今天的我，缺了音乐，对后期的各种钻研我都将是劳而无功的。"他还认为，"像音乐一类的艺术提供给我的启发甚至超出了理论知识"，"从音乐艺术中得到的创造力也超出了理论教育，由于理论是局限化的，而创造力是无边无际的，而且还是理论延续的进化产原地"。所以，音乐教育对个体思维观念的扩充、人生境界的提高、设想性及革新性的培养至关重要。

音乐教育能使人们的心境放松，产生悲痛、愉快、想念等情绪，音乐增强人感情的多彩性，缓和人们的感情，然后使人们保持健全的人格。音乐教育也可以造就儿童的个性，他们的品质是后天养成的，社会和周围朋友也能够对其品质有一定影响。音乐的种类很多，教师根据儿童的差异性进行差异化的教育：针对外向的儿童，教师让他们倾听或者演唱舒缓、优美的歌，譬如《听妈妈的话》《军港之夜》《让我们荡起双桨》等；对于安静沉默的儿童，让他们倾听快乐、有气势的曲调，譬如《蜗牛与黄鹂鸟》等。

音乐作为一类情感演绎载体，它所呈现的方式、革新的对象及其抒发的情感，都带有显而易见的年代感，涵盖了浓厚的民族审美色彩。音乐教育和其他教育有一定差异，表现在音乐的曲调带有的情感最贴近于个人的内心声音，两者间始终保持着一种"一一对应"的联系。婉转的曲调、动听的歌词、诚挚的感情及其专业的表演能力等，令人们为之震撼，达到心与心沟通的目的，悠扬婉转的音乐还能够起到激荡人心的作用。所以，音乐教育的工作内容还有"提升大众在他们成长的各个时期的审美水平"。

文化素质教育不仅需要儿童具有人性、才艺和科学等各种理论基础，并且要求儿童具有相应的素质。音乐关系到很多科目的理论，并且具有了很高的艺术感，可以凭借浓厚的代入感、标准的声音及丰富的感情等抒发方法，把文明社会的各种风气、习性等表现出来。当儿童接受音乐教育时，可以接触到中华民族的文明历史，也可以相应地了解中国历史，进而还可以提高审美的领悟水平，然后不断增强个人的整体文化修养。

总而言之，音乐教育成为儿童素质教育的必要主题及方式，它对发展型个性的发掘，对儿童性格的优化及素质的养成，拥有不可磨灭的影响。现今的时代对人的个性及才华要求较高，人们都希望朝着积极向上、满怀热情的方向发展，而音乐教育可以促进儿童人生观、价值观的养成，展现出儿童真正的特性，让祖国的花朵成长为祖国的栋梁之材！

三、音乐教育的美育本质观

（一）学前儿童音乐教育的总目标

音乐教育的本质及根本目的是人的全面发展和社会的全面进步。学前音乐教育是音乐艺术和学前教育的融合，是采用音乐艺术的方式来开展儿童的基础水平教育，这是一类富有光彩与内涵的艺术科目，其目标并非将儿童教育成艺术家，而是在不同趣味的音乐展现中熏陶儿童的情操，培养儿童的艺术感知，这样对儿童各方面的进步具有关键作用。因此，对儿童进行音乐教育目的有以下叙述。

鼓励儿童参加歌唱、押韵等比赛，丰富幼儿园开展的不同艺术展现方式，激发儿童对艺术的兴趣和喜爱，在儿童参加比赛的过程中激发其艺术潜能，用音乐的方式来深入奠定及引起儿童对音乐艺术的关注及喜爱；传授给儿童感知及展现音乐魅力的形式、方式和渠道，让儿童利用客观的音乐理论及方式，也就是利用音乐自身拥有的特点，感知音乐的魅力，开发艺术潜能，而非只注重了解音乐的理论，熟悉音乐的表现形式；让儿童加强对自己的认可，培养拓展性思维，以积极的心态去感知音乐带来的美感，且用自己的嗓音、伴奏等方法去展现其感知的魅力；累积音乐资料，可以带有感情、充满表演力且个性地进行表演。

细致地说，儿童音乐教育的第一步就是培养儿童对音乐领域魅力的感知度，培养儿童对于声音的兴趣及敏锐度，可以辨识、了解存在于我们身边各类不同的奇妙声音，且维持对于各个声音的兴趣、敏锐度等，培养儿童对典雅的优秀音乐作品的兴趣及激情，培养正确的感受艺术、鉴赏艺术的方式；

慢慢习惯辨别各种声音，如二胡、琵琶、锣、鼓、钢琴、小提琴、大提琴等常用的民族乐器和西洋乐器的音色，懂得欣赏这些不同音色的美；学会听辨和感受音乐的高低、长短、强弱、音色的变化及其不同的表情作用，进而学会听辨和感受音乐中旋律、节奏、节拍、速度、力度、音色等音乐的基本表情手段及其表情作用，懂得欣赏这些音乐表情手段所表现的音乐美；能够从风格上初步感知进行曲、舞曲、摇篮曲性质的基本情绪表现形式，并能感知2/4、3/4、4/4等常用节拍的强弱循环规律及其内含的韵律美；同时，学会从听觉上感知和辨别音乐中的相同和不同，获得对音乐结构的初步感知。

音乐是表演的艺术。幼儿园音乐教育要培养儿童对音乐表演的兴趣和热情，要使儿童喜欢唱歌，并初步养成良好的唱歌习惯，能够用自然、好听的声音有表情地演唱音域和速度适中、结构短小、内容集中的儿童歌曲，做到姿势正确、呼吸恰当、吐字清楚、音高和节奏基本准确。尤其要让小朋友知道合理用嗓、保护嗓音，不大声喊唱，能够有表情地用歌声来表达歌曲的情绪、情感和鲜明的风格特征，抒发自己的情感；培养儿童喜欢演奏乐器，掌握木琴、钟琴、沙锤、三角铁、双响筒等5～6种简易乐器的正确演奏方法，能够用好听的音色，有表情地为学过的歌曲、律动、游戏伴奏，要求基本节奏准确、速度稳定、音响效果合理。培养儿童喜欢音乐演奏，可以很自信、声情并茂地单独在大众前面展现和表演，而且可以在合奏中与集体保持协调一致。教师应当为儿童提供充分的表演机会和条件。儿童每年至少应学会齐唱、独唱歌曲10～12首，学会用节奏乐器演奏5～6首乐曲。

艺术是最富创造性的领域。在幼儿园音乐教育活动中，要培养儿童在器乐练习中使用音波这个介质载体发展最基本的乐曲制作的技能，学习使用这一方法表现感情，学习使用不同的音色器材来模仿及展现不同的有意思的客观事实，用音乐去表达比较流畅的、有剧情的事件，继而试着给已知的相关歌曲和文章编乐演奏。在使用乐器演奏中，学会自己创编富有效果的节奏型和配器，可以先从教师独立编配、师生共同讨论开始，逐步过渡到儿童自己的独立编配。学会依据故事的情节、方式及情感表达，创造出具有张力的演示行为及创作展现方式，边唱边表演，丰富歌曲的表现内容。

在对儿童进行音乐感受能力、表现能力和创造能力培养的基础上，还可以通过艺术的、游戏的方式，使儿童获得最基本的、初步的、必要的，且必须是正确的、准确的、浅显的音乐文化知识和概念。了解音乐是借助声音这一物质手段，表达我们人类自身喜怒哀乐各种情感的一种艺术形式。通过音乐我们可以分享他人的喜悦和忧伤，也可以表达我们自己的快乐和希望；结合歌曲学唱、乐曲演奏和欣赏学习衔拍，并能感受、理解和分辨 2/4、3/4、4/4 拍的强弱循环规律，认识单纯的节奏符号（节奏谱），能够口读、识别、拍击、视奏。

（二）学前音乐教育的美育观

最初，音乐形象大多是通过听觉来感受，音乐形象理解及思维想法组成理解途径；和审美教育性质相同的文学教育、美术教育、欣赏教育等行为，大部分利用人的眼睛来引导人们来进行空间想象，以及符号具体化空间理论运算步骤。

音乐不具备具体形态、无法以语言表示，也不会因时间而发生改变，给听者更为宽阔自由的形象联想空间，同时将听者推向音乐展示的行为前沿。

音乐虽然并非直白表达感情，但可以利用音乐的演奏来模仿或者表示人的情感取向。因为音乐教育能够促进人的情景感悟、空间想象及价值取向，用于发展感知能力、提高理性，令人发现美的事物、提高道德素养和理智。在超过主客观的广泛想象里组成关于世界和人生的审美观念、道德观念及理性观念等价值坐标。音乐教育的审美教育价值，也展示在关于人类的文化体验及精神创造方面的推动力。爱因斯坦认为，科学领域和宇宙中和谐而自然的规律，能够“通过音乐的音符表示，同样能够利用数学模型表示”。

因此，音乐审美教育的特殊能力及重大价值，表现在它能够利用没有限制的和没有拘束的情意标志，直接将个性心灵引导至人类共性时空的纠缠里，而且令内心达到宽阔的超越性的境界，从而得到彻底的放松和美好的灵感。

1. 音乐教育以审美为核心

就本质而言，音乐教育是审美教育的一部分，音乐感受多是一类审美感受，它的价值是为人提供内心的感悟、情感的愉悦。笔者觉得音乐教育属于将美育当作主要的性质，把树立形象感受或推理认知当作再次开发能力，把塑造注意力和道德素养及健全人格模式当作影响未来的某类综合性品德培养。它多样化的引导结果，具备情感建立、知性建立及理性建立这三个种类。同时，此三类行为结果都表现出自觉灵活的感情认知、审美，以及友善友爱、道德—理智—感情融和的处事方法，借此令音乐教育变为一类广泛的、独特的、具有感情的精神启蒙及整体培养行为。

音乐教育作为教育措施的独特之处，是此方法在音乐审美的步骤里构架健全的人格的培养模式。在这个意义上可以说，音乐教育是审美教育的手段，审美教育又是素质教育的手段。审美教育有广义与狭义之分。广义审美教育又可从目标和手段两个不同角度出发来开展研究及解释。倘若就目的而言，一般广义审美教育被解释成某类建立和谐、友善、合作人格的教育。而狭义审美教育一般被解释成某类引导人发现美、了解美、创造美的水平及素质教育。换言之，狭义审美教育知识表示把培养人的审美观念当作结果的教育。倘若就途径而言，广义审美教育一般被描述为一种以自然美、社会美和艺术美为手段，对儿童施加教育影响的过程。在这个意义上，音乐仅是艺术美教育途径里的某类方法。在此方面的理解中，音乐对儿童造成的影响能够被分成两部分：其一利用音乐实践，帮助儿童进行美的发现和理解；其二利用音乐实践，帮助儿童对音乐自身的美进行了解和欣赏。狭义审美教育通常被解释成对某个艺术类别的学习，促进儿童了解熟悉这类艺术的审美方式，帮助儿童进行这类艺术的习惯的培养。

从音乐属于儿童教育的手段这一基本观念出发，笔者倾向于采用广义审美教育解释，也就是儿童音乐教育属于一类利用音乐活动中审美的步骤（认识美、体验理解美、创造美的过程）来对儿童施加影响的基本素质教育。这种陈述方式突出了音乐教育的过程首先是一种审美的过程；同时也强调了音乐是教育的手段，全面和谐发展是获得教育结果的基础。

具备音乐性教育最重要的目的是审美且教化人。王次昭提出："就社会进步而言，音乐需要达到构建社会精神文明的要求。"按照美学学者的分析，认为音乐的价值有很多，不过音乐最为基础的价值是可以达到人们感性审美的要求，也就是精神需求，此属于音乐的基础价值，同样指的是审美价值。这样说并非觉得音乐的其他价值就无所谓，能够放弃，是因为其他的价值需要在审美的条件下才有意义，同样指的是音乐必须展示它的道德价值、智力价值、实用意义，需要利用感受音乐、品味音乐、演奏音乐进行。

按照上文的解释，音乐教育的价值有若干个，如可以陶冶情操、提高思想认知、提高智力等，不过音乐教育的基础价值指的是审美价值。这样，音乐教育的基础结果，也就是具备音乐性的结果即为审美育人。音乐教育即便有提高智力、帮助品德培养的用处，但其采取的措施与智力培养及道德培养方式有所不同，无法把智力培养或者道德培养直接交给儿童，需要在音乐的审美基础上完成。音乐教育利用审美完成教育人的目的，这同样属于音乐教育区别于另外的学科形式的地方，倘若音乐教育无法把审美教育当作它的核心目标，音乐教育的价值能力无法展示在它最核心的部分，它的教育措施及教育形式就会发生变化，音乐教育就会转变为非音乐教育。

音乐性的教育结果的另一个方面是要传承音乐。教育属于一类教育人的行为，将文化知识教授给下一代的行为，自然、社会及人类对应的知识和规律等均属于基础教育的内容，此类知识和规律的教育同样有艺术部分的内容。教育有着非常强烈的文化传承能力，虽然重视教育必须开展改革优化，文化必须进步，不过优化改革同样必须在传承的前提下开展。音乐教育被当作教育核心结构的一种，其同样属于“培养文化人”的行为，艺术属于人类文化的凝聚体，属于人类文化的核心担负物，它自己同样属于人类文化组成的重要结构之一。

音乐被当作艺术的核心类别，同样是人类文化里必然存在的组成部分，并且是一类形象极为鲜明、能力极为显眼的、纯粹的人类思想文化。音乐属于人类制造的文化和认知，同时属于精神习俗，能够利用教育在人类社会里的继承，民俗文化能够借此被继承下来就是合理的证明。基础教育担负着传承文化的角色，这里面也就包括音乐文化，人类拥有的全部音乐技能大部分能够在教育后达到，学校担负着教授知识的责任，不管是对于民俗音乐的认知或者是对于全球音乐的认知，不管是对于古代音乐的认知还是对于如今音乐的认知，均能够在学校中被传授。由经验可知，各个音乐作品均和创作的背景、认知、习俗等有非常紧密的关系，所以音乐的被继承本质就是人类全部知识的被继承。从音乐里我们可以了解到大量的人类进步历程，还有思维、习俗等的变化。因此，音乐教育在继承音乐文化时，必须重视培养教师要具备和时代一致的认知和思想，引导学生具备符合时代的文化思想，更为敏感、更为迅速地开展音乐实践行为。

在对儿童的教育中，感情是推动儿童社会行为的初级动力，儿童仅在学会准确展示感情的前提下才能够具备优秀的情感进步，正确地对待身边的事物，使儿童在情感的背景里成长、进步，激发出更优秀的社会性情感。音乐是能良好展示情感的艺术，所有的音乐均由艺术家的感情发酵而来，利用音乐独特的途径来展示作者内心感情，令听者自音乐里得到艺术的陶冶，由此提高儿童音乐的认知水平非常有必要，同样是儿童审美培养里必须具备的。

儿童的音乐教育包含唱歌、韵律行为、音乐游戏、乐器表演及音乐鉴赏。这些均属于审美教育的部分，同样属于审美教育的核心措施。利用这些音乐行为，可以提高儿童对于音乐的喜爱与好奇，加强儿童对于音乐的鉴赏水平。而且在音乐的渗透中加强了儿童的审美水平，促进儿童发现美、创造美的行为，丰富儿童的审美历程，推动儿童对于美好事物的喜爱及对于美好事物的期待，构造正常的审美价值。

2. 音乐教育是对儿童进行美育的重要手段

音乐是美的一部分，音乐教育是审美教育的内容之一。审美教育是引导人形成关于自然、社会及文艺作品的良好审美品位，帮助人们提高发现美、欣赏美、创造美的能力的一种教育行为。音乐教育将审美作为基础，最大的作用是丰富儿童的内心世界。音乐活动的本质价值是利用听音乐、演奏音乐及音乐活动等方式，使儿童完全地认知并理解音乐中蕴含的美和情感，被音乐所表达的真善美理想境界所吸引并进行合理的展示，利于儿童树立健全、完整的审美观念及阳光向上的生活理念，为其终身热爱音乐、热爱艺术、热爱生活打下良好基础。

我国近代教育史上著名的教育家蔡元培曾积极倡导实施美育，在《以美育代宗教说》一文中指出：“人人都有感情，而并非都有伟大而高尚的行为，这由于感情推动力的薄弱。要转弱为强，转薄为厚。有待于陶养，陶养的工具为美的对象，陶养的作用叫作美育。”蔡先生看到了人的感情对行动的推动力，而美育正是增强这种推动力的有力手段。苏霍姆林斯基对儿童的美育也给予了高度的重视，他说：“童年时期未得到的东西，在少年时得到也弥补不了，那么成年时得到也就没了意义。此规律关系到儿童精神世界的所有方面，尤其是审美教育。”由于“儿童期对于美的认知及接受水平是所有时期里最高的”，我们需要“培养儿童对于美的认知，此认知于相当的水平上确定了儿童精神世界的构建”。苏霍姆林斯基阐明了美育在儿童成长发展中的重要作用。

对学前儿童进行音乐教育旨在培养他们的审美能力，这是一项通过音乐熏陶提升儿童发现美、理解美和创造美的活动。因为在儿童每唱一首歌曲、每弹一首乐曲、每跳一段舞蹈时，在每一次音乐活动中，都能使儿童得到美的感受和美的教育。例如：在教儿童《孔雀舞》时，儿童跟着教师一起做孔雀昂着头走路的动作，做孔雀开屏的动作，使儿童体验到身体线条带来的美感；在儿童欣赏《铃儿响叮当》时，儿童感受到用不同的乐器、不同的节奏、不同的旋律弹出优美动听的乐曲，带来美的感受。学前儿童音乐教育可以培养儿童正确的审美价值观，培养他们的品格和兴趣，激发他们分辨黑白、分辨美丑善恶的能力。音乐教育的情感激励作用，比直接说教更能打动儿童的心灵，唤起儿童的内在审美情感。

（三）音乐教育的多元影响机制

人类最初所创造的艺术文化之一就是音乐，并从此给人类的精神世界带来了方向性及长久的影响。就像前文所述，音乐艺术的美育价值就是其突出的价值之一。随着音乐美育带来的情感上的活跃和重整力量，又伴随着心理活动来激发想象认知的能力，后者达到灵感、美感、道德情操和理智理性的四位一体的认知意识的提高，形成一种微妙却又深刻的对人格行为和意、知、情产生影响的造化运动。

在音乐教育中，人的记忆力、注意力、价值判断力和音乐联想能力都能获得提升，同时促进大脑的协调能力和高效灵敏能力的提升。音乐的旋律和节奏与人的注意力之间是存在精妙的动力互补的，即音乐是一种很快消散的时间艺术，欣赏的人们要集中注意力，跟上音乐节奏的变化、速度和发展，才能全局性地领会曲子表达的情感和意象。此外，音乐欣赏还有利于使人的形象思维丰满起来，同时也使得情绪、心情等心理品质得到提升。

在欣赏音乐的过程中，由脑颞叶主控的以右脑为主的感觉神经中枢皮层，经由杏仁核和海马体进行感情模式的调配，从而作用于人的想象力、联想能力和判断力等智力因素，实现高效的听觉和视觉的互补并将其立体呈现；在前额叶的定向指导中，加工获取的具象符号语义，使听者感受到的情感和想象进入他们的主题意象，实现主体解放理性和感性，使其情意想象和人格发展得以自由地进入音乐世界的真善美中。因此，音乐文化可以进一步促进右脑的开发，显著提高大脑的运转速率。德国的音乐美学家 H. 里曼（H. Riemann）曾说，高低音的相交变换使人们得到空前的审美享受，而大小调既对立又统一形成的和声，则将带领人们在巨大的时间空间中进入更广阔的具象世界，成功地实现从表象到意象的转换，以及音乐对心灵的还原。贝多芬也曾说："音乐比一切哲学和智慧具有更高的启示，参透音乐的人就能超脱常人难以脱离的苦难，音乐使人类爆发出精神的火花！"

（四）学前音乐教育对其审美教育的重要意义

学前儿童教育不能脱离审美教育和音乐教育。而在所有类型的音乐教育中，审美教育是最突出和最直接的。艺术形式的教育本质决定着音乐教育的目标，其终极目标则是人在实践中实现自由而全面的发展。全国教育科学十五规划中的重点课题之一"音乐在因材施教中的作用"，课题组成员就零至六岁儿童的音乐教育现状进行了调查研究，在数据处理研究和分析中得到初步结论，认为音乐能提升儿童的语言能力、注意力、想象力和记忆力。

在音乐教学中，教师要通过艺术教育培养儿童德、智、体、美的全面发展，而美育则可通过让儿童体会到音乐中的美，从而产生对美感的认识，实现美育。在开展音乐美育的活动中，儿童的想象力、理解力和感知力能够得到培养和发展，儿童的精神世界更自由，得以开阔视野，思维更敏捷，同时树立儿童的自信心。音乐教育对儿童审美情趣的培养也有很重要的意义，培养儿童的高尚情操最简单的方式就是从音乐教育开始，这也是在儿童性格形成之前最佳的教育方式。有很多著名的诗歌作品或是简单的小曲会在生活中的家庭、学校、社会教育中作为儿童美育的范本。因此，留心生活中的小事，积极引导儿童发现美并培养他们的兴趣爱好，才能让他们从中感受到世界的美好。

儿童成长中音乐教育存在的重要性是毋庸置疑的，重要之处在于它能辅助儿童精神世界的茁壮成长，丰富他们的情感，是培养儿童审美感官的重要途径。同时，良好的音乐教育可以帮助儿童培育良好的品格并在人文环境中为儿童创造和谐的氛围。帮助儿童学会融入集体，在学校组织的集体活动如合唱、乐队中学会协调与配合。尤其是在学业繁重时，音乐可以给儿童的心灵带来放松和慰藉，或是通过音乐更好地释放压力。值得强调的是，音乐教育是学校教育的必修课，那些过度重视应试教育的学校更应注重调整。

音乐教育是儿童成长路上不可缺少的一个重要部分，这一点是无可厚非的。那些只受到应试教育的学生在学习层面是存在遗憾的，甚至于可以说是有缺陷的。我国著名科学家钱学森提出，科学技术工作者也要有一定的文学艺术修养；爱因斯坦也曾说，他的很多科学成就灵感来源于艺术的启发。曾经有人说，艺术给人的想象力插上了翅膀，而目前的应试教育则给学生的全面发展带来了严重的障碍，从更高的层面上看，这个影响将上升到国家和民族发展的层面，其后果不容忽视。要想解决这个问题，那么综前所述音乐教育的重要性，我们更应该注重音乐教育的发展及其在当今教育教学中的比重。音乐教育在提高智力和学习层面上其实是有推动作用的，正因为音乐教育不够被重视，所以人们忽略了音乐教育不可替代的价值作用，而这个作用从长远来看，关系着国家和民族的未来和发展。

第三章　学前儿童音乐教育的目标与活动设计

第一节　学前儿童音乐教育目标的结构

教育是人类一种自觉的、有目的、有计划的社会实践活动。它的自觉性、目的性和计划性首先表现在教育实施之前就对其结果有了一种期望，这种预先期望就是教育目标。教育目标是在教育实施之前对教育结果的预先期望，教育目标的制定为教学过程指明方向，并影响教师的教育态度和教学方法。

一、学前儿童音乐教育的目标

学前儿童音乐教育的目标就是对学前儿童音乐教育所预期达到标准的一种期望，它不仅制约着音乐教育的整个实施过程，也是一切音乐教育行为的出发点和归宿。学前儿童音乐教育目标是依据儿童音乐能力发展特点、学前儿童音乐教育学科本身的特点而制定的。

《纲要》中艺术领域教育目标：能初步感受并喜爱环境、生活和艺术中的美；喜欢参加艺术活动，并能大胆地表现自己的情感和体验；能用自己喜欢的方式进行艺术表现。教学要求是艺术领域教学过程中应丰富儿童的情感，培养初步的感受美、表现美的情趣和能力。

深度解读《纲要》中关于艺术领域的教学目标与教学要求后不难看出，艺术教育由以往重视知识技能的传授，变为重视儿童在音乐中的感受、体验和表现；由以往重视整齐划一，变为重视儿童的自我表达；由以往重视教师对艺术活动的结果评价，变为注重过程的体验与引导。

依据《纲要》提出的要求，在音乐活动中要避免强迫儿童接受音乐教育的填鸭式教学方法，应创造轻松愉快的教育环境，让儿童自主地参与、感受、体验音乐，应给予儿童充分的创造机会、表现机会，发挥儿童的自主能力。当然也要避免从一个极端走向另一个极端，从过去的大包大揽一下子跳到袖手旁观，在活动过程中完全放任儿童，游离于活动之外。教师应在活动过程中启发、引导儿童表现艺术，并提供必要的知识和技术帮助。此外，在关注儿童感受、体验音乐的同时，也要适时加入音乐的知识技能的学习，让儿童在把握艺术作品的过程中自然而然地习得知识技能。

二、学前儿童音乐教育目标的结构分析

学前儿童音乐教育目标从层次来分，可以分为学前音乐教育总目标、年龄阶段目标、单元目标和活动目标四个层次。学前儿童音乐教育总目标是学前阶段音乐教育总的内容和要求。学前儿童音乐教育年龄目标是指某一年龄阶段的音乐教育目标。学前音乐教育单元目标一般有两种：一种是“时间单元”，是指某一时间段内所要达到的音乐教育目标；另一种是“主题单元”，是指在一组有关联的主题活动中所要达到的音乐总目标。学前儿童音乐教育活动目标是指某一具体的音乐活动所要达到的目标。

学前儿童音乐教育目标从领域来分，可以分为认知目标、情感与态度目标、操作技能目标三个方面。认知目标是指学前儿童音乐教育中有关音乐知识的掌握及认识能力的发展要求。情感与态度目标是指学前儿童音乐教育中儿童情感的体验和表达能力的发展，以及对音乐活动的兴趣和爱好的发展。操作技能目标是指学前儿童音乐教育中儿童运用身体动作进行音乐体验和表达的技能。

第二节　学前儿童音乐教育目标的内容

一、学前儿童音乐教育总目标

教育目标在学前儿童教育活动实施过程中对教育教学活动具有规定性的指导作用，它是选择教育内容、确定教育组织形式、设计教育方法、评价教育效果的重要依据。同样，学前儿童音乐教育目标是学前儿童音乐教育工作的重要指南，是学前儿童音乐教育中各项教育要素选择或确定的依据。

教育目标具有不同的层次。在我国，最高层次的教育目标是通过《中华人民共和国教育法》规定的教育方针提出来的，最高层次的教育目标就是教育目的，也就是全面指导幼儿园教育工作的总目标；第二层次是幼儿园各年龄班儿童身心发展等各方面的教育目标，是具体指导一个幼儿园的目标；第三层次是学期安排，是指导一个班的目标，是幼儿园年龄阶段目标结合本班儿童具体情况的产物；第四层次是幼儿园的月计划或周计划的教育目标，是指导一个主题活动或教材的某单元活动的目标；第五个层次也是最后一个层次，是幼儿园一日生活或一个活动或一节课的教育目标，是具体指导一个教育活动或一节课的目标。

我国现阶段的教育目的是“培养德、智、体等方面全面发展的社会主义事业的建设者和接班人”。在学前阶段，这一目的表现为“对幼儿实施体、智、德、美诸方面全面发展的教育，促进其身心和谐发展”。落实到美育，《幼儿园工作规程》将其表述为“萌发幼儿初步的感受美和表现美的情趣”。

《纲要》将幼儿园艺术领域的教育目标定为以下三个方面。

（1）能初步感受并喜爱环境、生活和艺术中的美。

（2）喜欢参加艺术活动，并能大胆地表现自己的情感和体验。

（3）能用自己喜欢的方式进行艺术表现活动。

再具体到学前儿童音乐教育，能够体现音乐教育学科特点，便于分解转化为操作层次的学前儿童音乐教育总目标的确定，还需要依据一定的教育观、课程观、儿童观等教育理论基础，需要首先对音乐教育目标进行归类，确定音乐教育的归属问题。

目前，在学前教育界比较有影响的目标分类法是美国当代著名的心理学家、教育家本杰明·布鲁姆（Benjamin Bloom，以下简称“布鲁姆”）的教育目标分类学，它是“用一种对教育过程的目的进行分类的体系”，把教育目标分成认知、情感、动作技能三个领域，每一领域的目标又依据能力的复杂程度或品格的内化程度，分成由低到高的层次，形成一个完整的目标体系。例如，认知领域的目标包括知识、领会、运用、分析、综合、评价六个层次；而知识这一层次又分成三小类，如具体的知识、处理具体事物的方式方法的知识、学科领域中的普遍原理和抽象概念的知识。这种分类的特点是“一种对学生行为的分类，而这些行为代表了教育过程所要达到的结果”。

这一理论为我们观察学前儿童音乐教育过程、分析教育活动、评价教育效果提供了可触可辨的具体框架，它赋予学前儿童音乐教育目标以可操作的具体内容。

但是正如有的学者对布鲁姆的目标分类学所提出的意见那样，学习可以说是不同领域的融合，并不可以将其人为地分割成三个领域；即使领域的概念能确立，认知、情感、动作技能这三个领域是否足够反映心理结构的成分和学习的性质还有待讨论；况且每一层次的目标都含有理解的成分。那么，尤其对于像音乐这样充满智慧和灵性的艺术学科，对于以萌发儿童对音乐美的感受和表现为己任的学前儿童音乐教育，如何在认知、情感、动作技能这三个维度上凸显感受和表现的教育内涵，如何突出音乐教育作为艺术教育、审美教育、情感教育与科学教育、知识技能教育的显著区别与优势，如何显明音乐艺术自身的学科特点与规律，如何在体现操作性的同时克服烦琐与简单化的倾向，就值得进一步研究与推敲。

对教育目标进行分类可以使我们在教育过程中有更清晰、更明确的指向性，同时也可以引导我们去注意教育过程可能对儿童产生的多方面的教育影响。但是，没有一种十全十美的理论框架能够囊括所有的教育因素和心理因素，所以我们只能依据我们所持有的教育价值与教育信念来进行取舍和扬弃。

学前教育常用的目标分类法还有以儿童发展方面分类的，把“身心健康和谐发展”的教育目的分解成能力培养的三个方面，将艺术纳入认知经验和操作经验的范畴。

从音乐教育作为艺术教育、审美教育、情感教育所应有的特殊性和具有的特殊功能来看，我们比较倾向于以教育内容领域的分类方法，把学前教育划分为自然、健康、社会、语言和艺术五个领域。这种分类方法使音乐作为艺术学科的地位和特性得到了充分的肯定。只有在充分体现与尊重音乐艺术特殊性的基础上，音乐教育才有可能在整个学前教育体系中发挥其不可替代的、独特的、应有的作用。当我们讨论任何有关学前儿童音乐教育的问题时，我们都必须清醒地认识到，我们在谈论的是学前儿童音乐教育而不是一般的学前教育或语言教育及其他教育；当然，我们也必须同时意识到，我们是在学前教育的大前提下谈论学前儿童音乐教育，而不仅仅是在谈论音乐或音乐教育。

在这一思想原则指导下，根据《幼儿园工作规程》对学前儿童美育目标的规定——“萌发幼儿初步感受美和表现美的情趣”，根据现代学前教育理论对教育主体——儿童学习经验的重视与关注，基于这样的教育理念，即儿童是在主动地与环境中各种因素相互作用的过程中学习和发展的，尤其是学前儿童的学习主要以行动为向导，而不是以文字符号为向导。因此，直接参与的经验是学前儿童学习的必备要素，学前教育应该以真实的经验和真实的事件为基础，尽可能给予儿童动手操作、直接观察和亲身体验的机会，让他们获得亲身的经历和体会，并能用自己的话说出事情发生的过程，这样的学习对儿童才是最有意义的。重要的是让儿童去做，所有学前儿童的学习活动都必须建立在物体操作的主动性经验的基础上。

我们将学前儿童音乐教育目标表述如下。

（1）培养儿童参与歌唱、韵律活动、倾听等幼儿园各种音乐活动形式的兴趣和热情，使儿童在亲身参与的音乐实践活动中获得音乐能力，以音乐能力的发展来进一步巩固和激发儿童对音乐活动的兴趣与热情。

（2）教给儿童感受和表现音乐美的方法、手段与途径，使儿童通过必要的音乐知识与技能，即通过音乐本身所特有的路径走向对音乐美的感受和表现，而不仅仅停留或结束在音乐的知识与技能上。

（3）使儿童获得一种自我肯定的、创造性的态度去对待音乐的感受与表现，并有能力以声音、节奏为手段去表现其感受到的音乐和情感。

（4）积累一定数量的音乐作品，能够富有热情、富有表现力和创造性地进行表演。具体说来，学前儿童音乐教育首先要培养儿童对音乐艺术美的感受能力，培养儿童对声音的敏感和喜爱，能够分辨、认识自然界和现实生活中各种美妙有趣的声音，并保持对各种声音的好奇、敏感和喜爱，培养儿童对优秀的经典音乐小品的兴趣和热情，养成良好的倾听音乐、欣赏音乐的习惯，逐渐学会听辨童声、男女声等人声的不同音色，以及笛子、二胡、琵琶、锣、鼓、钢琴、小提琴、大提琴等常用的民族乐器和西洋乐器的音色，懂得欣赏这些不同音色的美，学会听辨和感受乐音的高低、长短、强弱、音色的变化及其不同的表情作用，进而学会听辨和感受音乐中旋律、节奏、节拍、速度、力度、音色等音乐的基本表情手段及其表情作用，懂得欣赏这些音乐表情手段所表现的音乐美，能够从风格上初步感知进行曲、舞曲、摇篮曲性质的音乐的基本情绪表现，并能感知 2/4、3/4、4/4 等常用节拍的强弱循环规律及其内含的韵律美；同时，学会从听觉上感知和辨别音乐中的相同和不同，从感性听觉上获得对音乐结构的初步感知。

音乐是表演的艺术。幼儿园音乐教育要培养儿童对音乐表演的兴趣和热情，要使儿童喜欢唱歌，并初步养成良好的歌唱习惯，能够用自然、好听的声音有表情地演唱音域和速度适中、结构短小、内容集中的儿童歌曲，做到姿势正确、呼吸恰当、吐字清楚、音高和节奏基本准确。尤其要让儿童知道合理用嗓、保护嗓音、不大声喊唱，能够有表情地用歌声来表现歌曲的情绪、情感和鲜明的风格特征，抒发自己的情感；培养儿童喜欢演奏乐器，掌握木琴、钟琴、沙锤、三角铁、双响筒等 5 ～ 6 种简易节奏乐器的正确演奏方法，能够用好听的音色，有表情地为学过的歌曲、律动、游戏伴奏，要求基本节奏准确、速度稳定、音响效果合理。培养儿童喜欢音乐表演，能够有勇气、有表情地独自在众人面前演唱或演奏，并能在齐唱或齐奏、合奏中与集体保持协调一致。教师应当为儿童提供充分的表演机会和条件。儿童每年至少应学会齐唱、独唱歌曲 10 ～ 12 首，学会用节奏乐器演奏 5 ～ 6 首乐曲。

艺术是最富创造性的领域。在幼儿园音乐教育活动中要培养儿童学习利用声音这一物质手段进行最初步的音乐创造的能力，学会运用声音手段表达情感，学会用各种声音材料去模拟和表现各种有意义的自然现象、人物或事件，用声音去编创较为完整的带有情节的声音故事，进而尝试为所学的有关儿歌或故事进行配乐表演。在器乐演奏中，学会自己创编富有效果的节奏型和配器，可以先从教师独立编配、师生共同讨论，逐步过渡到儿童自己的独立编配。学会根据歌曲的内容、形式和情绪表现，创编出有表现力的表演动作或新的表演形式，边唱边表演，丰富歌曲的表现内容。

在对儿童进行音乐感受能力、表现能力和创造能力培养的基础上，还可以通过艺术的、游戏的方式，使儿童获得最基本的、初步的、必要的，且必须是正确的、准确的、浅显的音乐文化知识和概念。了解音乐是借助声音这一物质手段，表达我们人类自身喜怒哀乐各种情感的一种艺术形式，通过音乐我们可以分享他人的喜悦和忧伤，也可以表达我们自己的快乐和希望；结合歌曲学唱、乐曲演奏和欣赏学习节拍，并能感受、理解和分辨 2/4、3/4、4/4 拍的强弱循环规律，认识单纯的节奏符号（节奏谱），能够口读、识别、拍击、视奏。

二、学前儿童音乐教育年龄目标

目前对学前儿童音乐教育年龄阶段教育目标的确认，基本上有如下几类。

（一）小班（3 ～ 4 岁）

1. 歌唱

（1）学会 15 ～ 20 首儿童歌曲，在有伴奏的情况下能独立演唱。

（2）学习用正确的姿势、自然的声音歌唱，音域在 c1 ～ g1，吐字节奏基本正确，音准大致准确，并能注意歌声的协调一致。

（3）能够初步理解和表现歌曲的形象、内容和情感。

（4）在教师的帮助下能够为歌曲创编表演动作、增编新的歌词。

2. 韵律活动

（1）喜欢韵律活动，积累一些简单的模仿动作和基本动作。

（2）基本上能按照音乐的节奏、节拍做上肢或下肢的简单模仿动作和基本动作，并能基本上做到随音乐的变化及时改变动作。

（3）学习几种节奏乐器的基本奏法，在齐奏中基本合拍，并能基本整齐地开始和结束。

（4）学习一些由二分音符、四分音符、八分音符构成的简单节奏型，并能够进行一定程度的创造性表现。

3. 音乐欣赏

（1）喜欢倾听周围环境中各种丰富的声音形态并加以模仿和表现，喜欢欣赏音乐，积累一定数量的欣赏曲目。

（2）能够初步感受形象鲜明集中、结构短小的歌曲或有标题的器乐曲，并能在感受的过程中产生一定的积极的外部行为反应。在有对比的情况下，能分辨其中差别明显的高低、快慢、强弱的变化及其音乐表现力。

（3）初步了解进行曲、摇篮曲、舞曲的音乐特征，并能通过动作、绘画等适当的方式表达他们对这些不同风格作品的感受。

（二）中班（4～5岁）

1. 歌唱

（1）学会15～20首儿童歌曲，喜欢并能够独立地在众人面前表演。

（2）能用正确的姿势、自然的声音歌唱，音域在c1～a1，吐字清楚、节奏正确，在有伴奏时演唱音调准确，学习各种不同的演唱形式，学习协调一致地在集体中歌唱，学会倾听歌曲的前奏、间奏等。

（3）学习用不同的速度、力度、音色的变化来表现歌曲的形象、内容和情感。

（4）在教师的帮助下，能够为歌曲创编表演动作、增编歌词、变换演唱形式、编配伴奏。

2. 韵律活动

（1）进一步积累稍复杂的模仿动作，学会一些基本的舞蹈动作和集体舞。

（2）能按音乐的节奏、节拍做简单上下肢联合的基本动作、模仿动作和舞蹈动作，能随音乐力度、速度、音区、节拍等的变化而变换动作，学会用动作表现音乐的情绪、情感。

（3）进一步学习节奏乐器的奏法，能主动探索乐器音色的不同表现力，有兴趣在教师的指导下学习节奏乐曲的配器。

（4）学习根据音乐创造性地用动作的方式表现音乐。

3. 音乐欣赏

（1）喜欢欣赏音乐，并对欣赏过的作品有自己的态度倾向。

（2）能够感受形象鲜明集中、结构短小的歌曲和器乐曲，并能在感受过程中产生一定的想象、联想和积极的外部行为反应。在有对比的情况下，能分辨差别较明显的高低、快慢、强弱的变化及其音乐表现力。

（3）进一步了解进行曲、摇篮曲、舞曲的音乐特征，并学会通过动作、绘画、语言等各种方式表达自己对于作品的感受和理解。

（三）大班（5～6岁）

1. 歌唱

（1）学会15～20首儿童歌曲，能够用各种不同的演唱形式在人前表演。

（2）能用正确的姿势、自然好听的声音歌唱，音域在c1～c2，吐字、节奏、音准正确，在各种演唱形式中歌声整齐、和谐、统一。

（3）能用不同的速度、力度、音色变化来表现歌曲的形象、内容和情感。

（4）能够自己为歌曲创编表演动作、增编歌词、变换演唱形式、编配伴奏。

2. 韵律活动

（1）进一步丰富舞蹈动作语汇，学会稍复杂的集体舞和表演舞。

（2）能够比较准确地按照音乐的节奏、节拍做出各种稍复杂的基本动作、模仿动作和舞蹈动作组合，能用富有表现力的动作来反映音乐的情绪和变化。

（3）进一步学习更多的节奏乐器奏法，学会独立地设计演奏方案。

（4）学会根据音乐自编各种韵律活动形式。

3. 音乐欣赏

（1）喜欢欣赏音乐，有欣赏音乐的自觉爱好，有自己喜欢的音乐作品。

（2）能够较准确地感受形象鲜明、集中的歌曲或器乐曲，并能在感受过程中产生较丰富的想象、联想和积极而富有个性的外部反应，能够辨别音乐的音区、速度、力度等变化及其音乐表现力。

（3）进一步深化对进行曲、摇篮曲、舞曲音乐特征的认识和把握，能够富有个性地通过语言、绘画、动作等各种方式表达自己对作品的感受和理解。

一般来说，目标的表述方法与目标的层次是相联系的，长远目标表述比较概括和抽象，所指范围较广，所期望的教育成果是不易观察到或测量到的。但是它对教师的教育行为或学前儿童的学习行为在价值或方向上起重要的指导作用，我们可以从中领悟到它对内容选取和教育过程重点所内含的质的规律性。中期目标从方向或价值取向来看，应与长远目标保持一致，但它应更具体一些，还应该说明在一定时期内所期望的教育成果可以达到的程度。

教育目标的层级越接近于教育实践，其表述的内容越具体可操作。每一个具体音乐教育活动目标的表述就必须非常具体，它所期望的音乐教育成果基本上应当是可以观察到或测量到的。这种目标表述的方法，通常称为“行为目标”，在学前教育教学活动中运用得最为普遍，是每名教师在设计音乐教育活动时，都必须考虑并学会自己用文字来加以准确表述的，是每名儿童教师必备的教育技能之一。

行为目标是一种可以由学前儿童的具体行为来评估的目标，也就是把教师认为重要的某项行为加以清楚的确定，它的最根本的特点就是目标中所表述的行为是教师能够观察到和测量到的。行为目标的叙写基本上要包含三个要素。

（1）表现：这是期望儿童能够做到的行为表现，可以描述儿童做的结果或产物。

（2）条件：这是行为表现所需要的条件或背景，比如处理问题的环境

（在家中、活动室、活动区，书写或口述），或处理问题的方法。

（3）标准：这是指衡量儿童行为表现可接受的程度，如儿童能成功地处理问题的数目、百分比，或是规定行为产生的时间范围。

行为目标的表述方法以其具体、明确、易操作的特点在课程和教育活动的设计与实施中占有十分重要的地位；它可以把从理论中确立的教育目的，最终系统地通过教学实践来实现，鼓励教育者把以往隐藏的教育价值明显地表达出来，为教学手段的选择提供指引，为评价提供合理的基础。适当地应用行为目标，可以帮助教师慎重地、深入具体地思考哪些教学目标是最有价值的，从而做出有效的取舍。

但是由于行为目标是针对儿童行为变化的教育效果的角度来叙写的，容易忽略一些反映儿童内在品质变化的教育期望和一些不可预测的教育效果，它容易引起设计者和教师仅对儿童外显的具体细微的行为的关注，而忽视了一些真正重要的教育成果。这种预先界定的外显目标还有可能妨碍教师利用教室中偶发的教育机会，容易引导教师单纯地追求教学结果，而忽略了教学过程。还有一些科目辨别可测量的儿童行为较为困难。音乐就是这样，有时候音乐带给人们情感上的体验和感动不是很容易通过外显的行为特征所能观察和测量的，而这种内心深处的情感打动又恰恰是最具教育价值的。因此，我们在运用行为目标的叙写方式确定学前儿童音乐教育的具体活动目标时，对儿童在音乐行为方面的表现与期待不能太机械、太刻板，而是应当理解得更为宽泛一些、灵活一些，不要把活的音乐、把充满活力的儿童的“活”的音乐活动给限制“死”。

三、学前儿童音乐教育内容

教育内容的确定应以教育目标的实现为原则，学前儿童音乐教育也不例外。现代教育对教育内容的理解已不再是单纯的学科知识与技能，不再仅仅是传统的几门学科，而是要给学习者提供更为综合与广泛的知识经验，还应包括建构知识的方法，包括儿童在学习过程中所形成的态度、价值观和学习能力等相应的行为方式，以适应学习者个性全面发展的需要。学前教育的课程内容必须为儿童提供广泛接触生活、自然与社会的机会，以满足儿童身体、认知、语言、情感、社会性各方面发展的需要，培养健康的个性和健全的人格。因此，学前教育课程内容的选择不能以传授学科知识与技能为出发点，而应该立足于满足儿童全面发展的需要，有助于儿童与生俱来的潜能得到充分的展现，有助于儿童良好个性品质的形成，有助于儿童健康人格的发展。

《纲要》规定，幼儿园艺术领域的教育内容与要求应从以下几个方面入手。

（1）引导儿童接触周围环境和生活中美好的人、事、物，丰富他们的感性经验和审美情趣，激发他们表现美、创造美的情趣。

（2）在艺术活动中面向全体儿童，要针对他们的不同特点和需要，让每个儿童都得到美的熏陶和培养。对有艺术天赋的儿童要注意发展他们的艺术潜能。

（3）提供自由表现的机会，鼓励儿童用不同的艺术形式大胆地表达自己的情感、理解和想象，尊重每个儿童的想法和创造，肯定和接纳他们独特的审美感受和表现方式，分享他们创造的快乐。

（4）在支持、鼓励儿童积极参加各种艺术活动并大胆表现的同时，帮助他们提高表现的技能和能力。

（5）指导儿童利用身边的物品或废旧材料制作玩具、手工艺品等来美化自己的生活或开展其他活动。

（6）为儿童创设展示自己作品的条件，引导儿童相互交流、相互欣赏、共同提高。

落实到学前儿童音乐教育活动，课程内容的选择既要适合儿童的现有音乐能力水平，又要具有一定的挑战性；既要符合儿童的现实需要，又要有利于其长远发展；既要贴近儿童的生活来选择儿童感兴趣的事物和问题，又要有助于拓展儿童的经验和视野。幼儿园音乐教育活动内容的组织还应该充分考虑儿童的学习特点和认知规律，要将各领域的教育内容有机联系起来，相互渗透，注重综合性、趣味性、活动性，寓教育于生活和游戏之中。

学前儿童音乐教育的内容从总体上看，包括歌唱、韵律活动、倾听声音和音乐欣赏这三大部分。至于具体到每一年、每一学期、每一次的音乐教育活动，为贯彻各个层次的教育目标，不仅要选择唱什么歌、做什么韵律活动、听什么，还必须落实到每一个内容所涉及的音乐教材。在学前儿童音乐教育活动中，教育的基本途径是由教师通过音乐作品（教材）的艺术形象去激发儿童的情感，使他们产生情感共鸣，获得审美感受，从而领悟其内涵，并受到教育。因此，音乐教育教材的选择与建设是一个十分重要的问题，历来受到音乐教育家的高度重视，甚至身体力行。教材是教育思想、教育观念的一种外显形式，是教育内容的具体体现，是每一个具体教育教学活动的基础。苏联作曲家卡巴列夫斯基曾以七十岁高龄投身于小学音乐教育实验，亲自担任 1 ～ 8 年级的音乐课教师并编写教材；卡尔·奥尔夫（Carl Orff，以下简称“奥尔夫”）身为 20 世纪的重要作曲家之一，亲自为他创立的教学法编写了五卷本的学校音乐教材，就是为了实践他的教育思想，并为其教学法打下一个坚实的基础。我国音乐家黄自等人也都曾亲自为中小学编写音乐教材。匈牙利作曲家、音乐教育家科达伊·佐尔坦（Kodály Zoltán，以下简称“科达伊”）尤其重视教材的选择，他提出的选择教材的原则成为科达伊教学法中颇具特色的一个重要内容。他坚持认为，儿童音乐教育所用的教材只能来自三个方面。

（1）真正的儿童游戏和儿歌。

（2）真正的民间音乐。

（3）优秀的创作音乐，即由名作曲家创作的音乐。

科达伊认为，儿歌及民间音乐的语言往往比较简单，脱胎于儿童在入学前就熟悉的语言模式，它那朴素的表现形式对儿童更适宜，因为它们是活的音乐。

当然，科达伊的标准不是唯一的标准，但它毕竟为我们提供了有益的借鉴。我们认为，好的儿童音乐教材必须能够充分体现音乐艺术的形象特征、审美特征和情感特征，这三个特征是紧密联系在一起的，密不可分、缺一不可。如果形象离开了审美和情感就不能成为艺术的形象；同时，作品如果没有审美意义，也就失去了艺术的价值。从大体上看，一首优秀的儿童音乐教材至少必须能够满足以下几个方面的要求。

（1）作品必须富有情趣和艺术表现力，能够引起儿童强烈的兴趣和学习的需要，并能为儿童的感受提供生动、感性、形象的基础。如果作品本身平平淡淡，没有表现力，那么儿童的感受也将无从获得。因此，音乐教材在音乐上必须符合音乐艺术的一般美学标准，音乐形象鲜明、旋律动听、节奏生动，具有一定的风格特点；在内容上应该是广泛而有意义的，能使儿童在社会、情感、认知和身体等方面得到发展，与儿童已有的知识经验相适应，能为儿童理解、喜爱和接受，是儿童喜闻乐见、富有情趣的作品。

（2）作品的技巧应该切近儿童的表现能力，是大多数儿童都可以学会的、切合实际的，是符合儿童音乐能力最近发展区的，而不是那些无意义的，或者说更适合于以后学习的内容。如果作品难度太大，儿童难以掌握相关的技巧去表现其对音乐的感受，即使作品本身的表现力再丰富也无济于事。儿童音乐教材对作品技巧的要求具体表现在以下几个方面：歌曲需要考虑音域、旋律、节奏、速度、力度、乐句长短、词曲结合等因素；律动和舞蹈需要考虑动作是否符合儿童的生理发展规律；节奏乐需要考虑配器是否简单、生动、有效；欣赏曲需要考虑音乐形象是否鲜明、准确、集中、生动，是否符合儿童的音乐听觉能力发展水平。

（3）在选择音乐教材时，还需要考虑儿童智力与情感上的整体性，同时尊重音乐学科自身的基本体系，将浅显的，然而又是必要的、科学的、准确的、生动的、简约的、内赋情感内涵和发展动机的音乐知识教给儿童。对知识点的安排要注意循序渐进、由浅入深，注意内容的延续性和风格的多样性。需要尊重儿童个体的、文化的和语言上的多样化，应当有一个较开阔的、包容多元文化的音乐视野，能够从世界各民族丰富的民间音乐和古今中外的优秀创作曲目中为儿童提供具有多种不同风格的作品，而不仅仅局限于某一民族、某一时期的作品。只有让儿童从小浸润在古今中外、风格各异，而又具有持久生命力的音乐作品之中，才能使其在发展音乐审美能力的同时，学会鉴别音乐，逐渐获得欣赏、接受、包容各种不同音乐风格的眼光与胸怀，真正享受音乐这一全人类智慧创造的共同财富。

（4）儿童音乐教材还必须体现儿童教育应以游戏为基本活动的总体教育原则，选材注重游戏性和趣味性。此外，教材本身的弹性、伸缩性和灵活性也是值得考虑的重要因素，每首作品都不是僵死的、固定不变的东西，而是可以从多方面、多角度去理解和发展，可以不断地重复使用，以增加难度、变换形式，即可以充分发挥教师的积极主动性。根据教师自己的独特感受、理解和自己的特长去设计“这一个”教育活动，去满足不同程度儿童的不同需要，同时也可以充分展现各园、各班、各位执教教师的不同特色。

具体说来，学前儿童音乐教材所反映的年龄特点既要体现在题材的内容上，也要体现在音乐艺术表现手法的运用上。既要充分发挥音乐作品的艺术表现力，又要考虑儿童的理解认识能力、感受表达能力，才能为儿童所接受，取得良好的教育效果。一般来说，富有描写性的、有具体情节的音乐作品往往容易被儿童所接受。因为具体形象性是儿童思维的主要特点，他们更多地依赖鲜明生动的形象去认识、理解事物。旋律动听、节奏鲜明、形象生动、特点突出的音乐作品，能够唤起儿童学习的兴趣，激发儿童的内心情感，易于从激励情感入手，影响并教育儿童。儿童音乐作品内含的教育意义、美的情操都应当从鲜明生动的艺术形象中、愉快活泼的情绪中自然地流露出来，让儿童在音乐实践活动中去感受、去领会，而不是以说教的形式把教育要求直说出来。

歌唱教材首先要考虑儿童的音域。小班的音域常常控制在 $c^1 \sim a^1$；中班为 $c^1 \sim b^1$；大班为 $c^1 \sim c^2$，或上下再扩展一个音，即 $b \sim c^1$ 或 $c^1 \sim d^2$。儿童歌曲的节奏宜简不宜繁，速度以中速为多，或中速稍快、稍慢。因为儿童的肺活量小，呼吸的支持力较弱，要把嗓音这个言语的器官变成歌唱的乐器还需要有一个学习和练习的过程。况且儿童的语言能力也处在学习和发展的过程中，歌唱中语言的发音、吐字也要有学习和练习的过程。因此，儿童歌唱教材应从儿童的歌唱呼吸、发声、吐字等方面的实际能力出发来考虑歌曲的音域、定调、节奏、速度、句读划分、篇幅长短、词曲结合等。

韵律活动教材在音乐上应该具有旋律动听、活泼、易学易记、节奏鲜明等特点，以便于儿童合拍地做动作，还要考虑音乐的节奏、情绪、速度、力度等都要与动作的节奏、内容、情绪相吻合，音乐的情绪与活动中的角色情绪相一致，这样便于儿童记忆音乐，能够配合音乐的节奏合拍地做动作，配合音乐行进中的起止而起止动作和变换动作，配合音乐的情绪做动作，用动作表达感情。

儿童音乐欣赏曲的内容最好是儿童能够理解、认识的，音乐所表达的情绪、情感应当是儿童能够体验、感受的，使儿童欣赏到比自己唱的、跳的音乐内容，情绪情感、演奏乐器、演唱声部、形式等更为广泛而深刻的音乐作品，得到更为广泛、优美而深刻的音乐艺术熏陶，拓宽他们的音乐视野。

除了上述音乐领域的分科教育模式，在幼儿园的综合主题教育活动或整合课程模式中，涉及音乐教育的内容，也都必须精心选择有代表性的音乐作品。

例如，关于“爱”的主题是幼儿园常用的一个人文主题。教师自己首先必须明确“爱”的主题在音乐中是如何表现的，音乐又是怎样运用声音的手段来表现“爱”的，最能表现“爱”的主题、最能为儿童所感受和理解、最能与教师自己对“爱”的体验和理解相吻合的音乐作品是什么。

教师必须根据综合主题内容教学的需要，在音乐领域内为儿童精心选择适当的教材。所谓“适当”是指符合“爱”的主旨，感性生动，富有审美情趣和艺术性，既能满足音乐学科本身知识和技能训练的要求，又适合儿童年龄特点，能满足不同儿童的不同需要，蕴含着丰富而又深刻的教育价值，可以为儿童提供自我表现机会的开放性的音乐作品。只有那些在艺术上经得起推敲、真正富有艺术表现力的作品才有可能为儿童的感知、情感与想象活动提供真实、丰富的基础。

总之，学前儿童音乐教育教材的选择是教育教学工作极其重要的基础。学前儿童音乐教材的选择，必须最大限度地体现音乐作品自身的独特魅力与优势，即选择那些感性生动、寓意含蓄、结构完整、形式优美、幽默风趣的音乐作品。这样的作品既是人类创造力的结晶、音乐宝库的珍品，也是陶冶儿童情操、愉悦儿童身心、促进儿童全面和谐发展的最佳选择。一个美的、开放式的、符合儿童年龄发展特征的音乐活动教材可以为教和学的双方，为教师和儿童提供充分的暗示性、主动性、积极性和创造性，可以为教学方法的设计和运用提供较大的灵活性和较多的可能性。教学方法的设计和运用在很大程度上取决于教材本身提供的暗示性和可能性。当然，它同时也取决于教师自身的教育观念和对教材的理解、掌握和挖掘程度。

在本书的相关章节里，我们将配合学前儿童歌唱活动、韵律活动、音乐欣赏这三个具体教育内容，为大家提供相应的、丰富的、有教育价值的音乐教材。

第三节　学前儿童音乐教育的活动设计

一、学前儿童音乐教育活动设计的原则

学前儿童音乐教育活动的含义是以儿童为主体，以适合儿童的音乐为客体，通过教师设计和组织的多种形式的音乐活动使主、客体相互作用，以培养和发展儿童的音乐能力，促进儿童身心全面发展为过程的教育活动。“学前儿童音乐教育与活动设计”是指在科学、系统、全面地指导学前教育专业的学生在学习学前基础教育理论、音乐基本理论和音乐技能的基础上，结合国家对儿童教师的培养目标，掌握构思、设计、实施、评价幼儿园音乐教学活动的教育思维和能力，以及灵活运用于实践教学的教育手段和方法，有效地整合幼儿园的活动课程和资源，实现儿童早期教育成为真正的素质教育的目标。

常规性音乐教育活动是幼儿园音乐教育活动最具传统、最为常见的一种组织形式，是充分体现音乐艺术特点、有效地发挥音乐活动审美教育功能必不可少的一种组织形式。音乐教育活动设计的原则是指音乐教育活动应遵循的基本准则。它既是某种音乐教育理论观点的体现，也是音乐教育活动规律的反映。对于教师而言，在组织幼儿园的音乐教育活动之前，设计音乐教育活动是教师必须做的一项重要工作，为保证教师设计的音乐教

育活动能够符合儿童音乐学习的规律和特点，我们有必要从发展性原则、互动性原则、整合性原则、差异性原则、审美性原则五个方面来设计音乐教育活动。

（一）发展性原则

发展性原则是指在设计幼儿园音乐教育活动时，教师必须准确地把握好儿童原有的基础和能力水平，并以此为依据着眼于促进儿童身心的全面发展。设计儿童音乐教育活动必须以儿童的原有基础和能力水平为依据，着眼于促进儿童身心的全面发展。“原有基础”在此特指儿童需要在新的学习情境和发展已经获得的经验，不仅包括音乐的经验，而且也包括非音乐的经验。在儿童原有基础上促进发展的原则包含两层意思：一是在设计活动时，应将活动的内容、方式与儿童发展的目标紧密地联系起来；二是在设计活动时，应将儿童的原有基础与新活动提出的发展目标联系起来考虑。

首先，贯彻发展性原则表现在音乐活动要适应儿童的发展水平，将儿童原有的基础和发展目标联系起来进行思考。在设计活动中，教师的作用是在了解儿童的阶段水平的基础上，引导并推进儿童向前发展。例如，中班开展韵律活动“美丽的花园”，要求儿童用创造性的身体动作表现各种不同类型和姿态的花。在活动设计前，教师首先应了解中班儿童的认知特点，如他们有没有相关的知识经验、是否具备创编的经验或能力等，以此来确定活动的目标和具体要求。在活动设计中，教师的作用是在了解儿童的阶段水平的基础上，引导并推进儿童向前发展，也就是在儿童现有发展水平的基础上，找到如心理学家维果茨基（Vygotsky）所指出的“最近发展区”而施以教育的影响。具体来说，就是要保证音乐活动目标的制定、活动内容的设计、活动方法的选择，与儿童的发展阶段相符合。教材的结构和顺序要适应儿童发展的先后次序，通过逐步递进的方式真正推进每个儿童在原有的基础和水平上获得发展。

其次，贯彻发展性原则还必须坚持以促进儿童的发展为音乐教育活动的出发点和落脚点。设计活动时，应考虑活动对儿童的发展有何作用和价值，以及如何通过活动促进儿童的发展。

最后，贯彻发展性原则还表现在音乐活动应促进儿童全面的发展，既包括音乐的素质和能力，也包括非音乐的素质和能力。对于一个音乐活动的目标来说，来自三个方面的目标是并重的，不存在孰轻孰重，更不是注重一方面而忽视另一方面，应该是合理而有机结合地整体体现在活动的设计之中。

（二）互动性原则

互动性原则是指在教育活动的过程中，从儿童这一方面来讲，他们是学习的主体，儿童的发展是儿童主动与活动对象相互作用的结果。“教师是主导，儿童是主体”，这种描述十发精辟地概括了教育活动应有的正确的师生关系。也就是说，教师向着既定教育目标对儿童施加教育影响，但教师不能代替儿童实践，也不能代替儿童发展。在设计音乐教育活动时，教师还需要考虑学前儿童主动活动与教师参与、指导活动的比例关系，只有当教师的教育影响能够促使儿童真正成为自己学习和发展的主体时，教育的既定目标才有可能得以更好实现，教育的理想效益和最优化才有可能达成。实际上这是学前儿童在活动中的主体地位和教师在活动中的主导作用的具体化的问题。学前儿童和教师在活动中的关系，应根据具体的活动内容、活动要求的不同而不同。教师与儿童的互动方式分为三类：一是指导性互动方式，即那些教师参与成分比较多、指导作用比较明显的互动关系。在这种互动方式中，教师往往通过直接的指导来刺激儿童接受教育信息。二是引导性互动方式，即教师参与活动的成分相对减少，给儿童以较多的自由活动和探索机会的互动关系。三是中介性互动方式，即教师与儿童不直接发生交互作用，而是通过一个中介因素（如某个辅助性的教具或玩具等）来传递教育信息，指导和影响儿童的活动。以上三种不同的互动方式必然会产生完全不同的活动结构、组织方式和具体过程，也必然会导致不同的活动结果。儿童是音乐活动的主体，作为教师，要善于把握、调节好儿童与教师之间关系的尺度，注意“参与”和“指导”的适度性，并根据活动的形式、要求及儿童的需要灵活而随机地增加或减少。在音乐活动设计中要注重采用合理而恰当的师幼互动的方式。教师在以音乐教育促进儿童主体性发展的过程中，要合理地根据音乐活动的内容和形式综合地考虑引导儿童进入音乐学习的方法和具体形式，将各种方法视为一个相互渗透、相互补充的有机而统一的整体，以更好地促进音乐教育的最优化。

（三）整合性原则

整合性原则是指在音乐教育的活动设计中自然地将音乐领域的内容与其他学科领域的内容相互交融和渗透，同时也是将各种不同领域的音乐内容、不同的音乐学习方法等作为一个互相联系的完整体系来看待。

《幼儿园工作规程》中提出幼儿园教育的任务之一是使“体、智、德、美各方面的教育相互渗透，有机结合”，而且提出要“充分发挥各种教育手段的交互作用”等。可见，音乐教育活动不仅在于提高儿童的音乐素质和能力，更应融全面发展和完整人格的建构为一体，促使儿童得到整体、和谐的发展。

遵循整合性原则，主要体现在三个方面：①音乐教育活动内容的整合。一方面，这是指把音乐教自各个领域的内容，如歌唱、韵律活动、打击乐演奏、音乐欣赏等，以一定的合理方式加以有机整合。在每一个音乐活动的设计中不仅仅反映某一方面的音乐内容的要求，而是围绕着一个具体的音乐材料有机地结合各种不同音乐领域的特点落实内容和要求。另一方面，是指把各种不同教育领域的内容通过一个主题活动加以适当整合。例如，在“春天”的主体活动中，可以结合音乐欣赏曲“大树和小鸟”，通过边欣赏音乐边创造性地进行想象意愿画等形式，将音乐活动、语言活动和美术活动有机整合在一起。②音乐教育活动形式的整合。一方面，是指将专门的音乐教育活动与渗透的音乐教育活动形式相互整合，将音乐教育渗透到各个不同发展领域中；另一方面，是指在音乐活动的设计中，将集体活动与个别活动及相互合作的活动形式相整合。③音乐教育活动过程的整合。一方面，是指在每一个具体的音乐活动设计中，将认知、情感、行为、能力等的培养结合、统一在活动过程中；另一方面，是指将欣赏、表演、创作等不同的音乐活动表现形式结合、统一在一个音乐活动的过程之中。音乐教育活动的设计，始终要从音乐的角度进行思考，其他发展领域活动的参与，应从音乐教育的需要出发，最终仍旧要落实到儿童的音乐发展这一根本点上，既不宜“平分秋色”，更不宜“喧宾夺主”。

（四）差异性原则

差异性原则是指在音乐教育的活动设计中，教师应坚持正确的儿童观和教育观，为音乐教育活动所设计的活动既能满足全体儿童的一般发展需要，又能满足个别儿童的特殊发展需要。重视个别差异，要求教师要从参加活动的每个儿童的个别特点出发，对那些有可能要超出一般活动要求的儿童，以及那些对一般活动感到有困难的儿童，给予特殊的活动设计，充分尊重儿童的个体差异性，促进儿童在原有基础上良好的发展。

教师既要面向全体儿童，又要重视个体差异。教师应注意在活动中针对不同儿童表现出的不同问题给予不同的指导，如让过于自信的儿童看到新的努力方向，让过于缺乏自信心的儿童看到自己的成功，让总喜欢争强好胜的儿童学会谦让、等待，理解公平的原则，让过于软弱、总是退缩的儿童学会把握和争取机会等。

为了使教育活动更好地遵循音乐教育的特殊规律，教师在设计活动时，还应特别注意以下几点。

第一，教师应注意向儿童提供直接获得感性经验的机会，特别是通过倾听获得听觉经验的机会。

第二，教师应注意向儿童提供运用多种感知通道的机会，除了听觉，身体的大肌肉动作是帮助儿童感受和理解音乐的重要媒介。

第三，教师应注意向儿童提供更多的情感体验和情感表达的机会。因为，音乐作为一种情感艺术，失去情感也就失去其最重要的价值。而儿童作为最容易受到情绪感染的个体，也更需要从亲身的情绪体验和表达中去认识音乐的价值。

第四，教师应注意向儿童提供具有完整审美意义的艺术形象。

（五）审美性原则

所谓审美性原则，是指在音乐教育活动设计中把握好儿童的审美特点，以审美感知的培养、审美情感的激发为出发点，遵循将审美的特殊性质贯串于音乐的欣赏、表演和创造等活动形式之中。

对于儿童来说，在音乐的学习活动中除了获得一定的知识技能、发展一定的能力，还被引领进入一个美的世界。审美是音乐的基本特征，是音乐教育活动必不可少的特殊性质。这种性质是确保音乐教育目标有效达成的必要条件，也是音乐教育在全部教育中的独特之处。富有审美性的音乐教育活动不仅能使儿童的情感世界变得更加丰富，而且能增强儿童的独创性，发展儿童创造美的能力。

音乐教育活动中的审美性原则，具体来说，是通过教师启发引导下的音乐美的感受、体验活动，逐渐培养儿童获得认识美、爱好美和造美的能力。为此，教师在活动设计过程中可从以下几个方面入手。

（1）寓美于形，即寓审美性于生动形象的音乐活动内容和形式之中。首先，教师必须为儿童选择富有审美趣味和意境的音乐作品和材料，从音乐听觉能力的培养开始，通过对音乐作品中具体可感的音乐形象的分析和比较使儿童接受美的熏陶。其次，应注意从音乐本身的审美特性出发，使内容与形式相适应，这种适应是指两者之间是否协调，是否能够很好地唤起儿童的审美情感和体验。如在欣赏舒曼的《梦幻曲》时，由于音乐的性质宁静、优美、舒缓、绵长，不宜用动作来感受和表现，教师就可以采用欣赏配乐散文和随乐朗诵的方式来帮助 4 ～ 5 岁儿童体验和理解音乐的情感。欣赏《狮王进行曲》时，由于乐曲表现的是拟人化的形象，乐曲中又用了形象化的创作手法，如号角声、狮子的吼叫声等，易于激起儿童对某种童话情节的想象、联想，所以教师便可采用角色表演游戏的方式，以帮助 5 ～ 6 岁的儿童感知音乐的形象、内容和结构。把审美性原则贯串于幼儿园的音乐教育活动中，不仅有利于把审美作为目标，推动儿童与音乐相互作用、启发儿童的想象力和创造力，而且能使儿童在不断体验美和创造美的过程中增强和提高审美趣味，把握儿童的审美特点，以审美感知的培养、审美情感的激发为出发点，将审美的特殊性质贯串于音乐活动的形式之中。

（2）寓美于情，即寓审美教育于儿童的情感体验之中。在音乐活动各个环节、程序的安排及教师引导方法的设计中牢牢地把握住这一点，通过音乐作品唤起儿童的情感体验，激励儿童的积极情感，在一定的联想和想象中产生情感的共鸣。

（3）寓美于乐，即将审美性寓于轻松有趣、活泼快乐的音乐活动形式之中。儿童的审美教育和熏陶不仅要有美的作品，还要有合适的环境。审美教育的影响对儿童来说，既不是一种说教，也不可能有立竿见影的效果。因此，在儿童的音乐活动及日常生活中，自然地、自如地、随机地、潜移默化地渗透，才是儿童易于接受和乐于接受的。

二、学前儿童音乐教育活动的设计

（一）学前儿童音乐教育活动过程的设计

学前儿童音乐教育活动过程的设计是对每一个教育活动的基本组成部分及各部分间的顺序分配和关系的具体处理，它不仅受活动目标、活动内容和活动方法等因素的制约，也受教师、儿童、材料、环境等因素的影响。在设计和考虑活动的结构时，首先，从活动目标着手考虑活动的结构，在活动组织结构的设计与安排中突出和体现重点；其次，从活动的方法和模式着手设计活动的结构；最后，从活动的具体执行进程中着手调节活动的结构。如从活动内容本身的性质来划分的话，可以分为导入活动、新授活动和复习活动；又如在处理动和静的活动形式和结构时，以动静交错的原则，有节律地搭配进行。

幼儿园的音乐教育活动一般可分为“三段式”和“单段式”两种组织结构。“三段式”音乐教育活动结构是幼儿园音乐教育活动最具传统、最为常见的一种组织形式，是充分体现音乐艺术特点，是有效地发挥音乐活动审美教育功能必不可少的一种组织形式。常规性音乐活动一般明确地分为三个部分。

1. 开始部分

（1）听音乐、做动作、进活动室。

通常在音乐的伴奏下进入活动室，并按照本次音乐活动内容情绪的需要，或在进行曲伴奏下儿童精神抖擞地走步，或听律动曲和舞曲做律动和舞步愉快地进入活动室，如跑跳步、垫步、踵趾小跑步、进退步、小鸟飞、小兔跳、小鸭走等。

（2）做节奏、发声、听音等方面的基本训练。

节奏训练可以是“节奏模仿”“节奏应答”“人名节奏”，也可以是“人名接龙”，它的玩法是在熟悉掌握人名节奏的基础上进行的。

发声练习是为了有计划、有目的地培养儿童的歌唱能力，使儿童能够更加准确、细腻、自如地控制自己的声音、表情，通过有表情的声音来表现歌曲的情感内涵，能够声情并茂地演唱歌曲。

听音练习的目的，是培养儿童较为精细、准确的音乐听觉分辨能力。它的方法主要是教师在键盘上弹出单音、双音、和弦、旋律音程或乐句，请儿童听辨并跟唱。听音练习对于提高儿童敏锐、精细、准确的音乐听觉和歌唱的音准、乐感的形成都有很大的帮助。

2. 基本部分

这是音乐活动完成教育要求和任务的主要部分。这一部分通常安排2～3项内容，如唱歌、欣赏、舞蹈，或倾听声音、唱歌、练习节奏乐等。总之，内容的安排要丰富多样，每次音乐活动还要考虑教材的新旧搭配，注意难易适当。教材的内容和情绪类型既有变化又有统一，如柔和抒情的教材可以和活泼欢快的教材搭配。活动形式的安排要注意动静配合，从而使教育活动能够突出重点、生动活泼，保持儿童学习的主动性。

3. 结束部分

应当尽可能使活动结束在兴致勃勃、井然有序的气氛中，使儿童意犹未尽，引起再次上音乐课的愿望。结束部分一般可以利用基本部分的最后一项内容，自然过渡到结束，离开活动室，也可以专门选择律动或舞蹈动作来结束。

“单段式”结构是围绕一个活动内容和材料而设计的多层次、多系列的活动过程，每一个层次和步骤都注意利用儿童已有的经验和刚刚形成的经验。其结构没有明显的三部分界线，以一个材料为基础而设计的层层递进、环环相扣，主要围绕着基本部分中新授的活动内容来安排活动结构；导入活动——分层次、递进式地进入新作品，以促进儿童全面发展为目标的教学活动系列。

（二）学前儿童音乐教育活动的设计方案

1. 音乐教育活动设计范例《狮王进行曲》

（1）作品分析。

《狮王进行曲》是法国作曲家夏尔·卡米尔·圣-桑（Charles Camille Saint-Saëns，以下简称“圣-桑”）的管弦乐与钢琴组曲《动物狂欢节》的第一段。（其中包括了整个组曲的引子，因此一般别称为《引子与狮王进行曲》。）

圣-桑是一位幽默、风趣，擅长以“漫画”式的风格来写作的作曲家。在整个作品《动物狂欢节》中，他对许多动物所做的性格化的描写，形象十分逗人爱。在《狮王进行曲》的引子中，由弱转强的和弦颤奏，使狮王出场前的气氛令人紧张不安，我们还没看到狮王的身影，就已听到隐约传来的一阵强过一阵的咆哮声。接着，随着一组快速下行的音阶，出现了军号的嘀嗒声，这是王公贵族出场的信号。随后，狮王在威武的进行曲声中出现了。狮王的出巡由主题的反复进行来表现，它的仪仗队（军号合奏声）经常伴随着狮王威风凛凛的吼叫声（钢琴和低音弦乐器的半音进行乐句），直至全曲在狮王的一声大吼声中结束。

故事发生在一座很大很大的森林里，大树小树长得很密很密，把天都挡住了，大森林里总是很黑很黑的，让人感到害怕。这一天，狮王的吼声又远远地传来了，小动物们聚在一起商量怎样才能不被狮王当点心吃掉。突然，猴子从树上飞快地滑下来大声喊道：“狮王来了！”（全曲的引子）

仪仗队吹起号角，迎接狮王驾到。（引子）狮王神气活现，趾高气扬地走来了。（A）

狮王得意地大声吼叫，向小动物们示威。仪仗队随着狮王的吼叫声为它伴奏。（B）

狡猾的狐狸带领小动物向狮王献殷勤。但狮王的肚子饿了，它大吼一声，一把抓住狐狸把它吃了。（A'）

（故事是设计者为了帮助学前儿童更好地理解音乐作品而专门设计的。它在结构上突出了全曲的引子、第一段的引子、第一段的ABA'的结构。它在形象上突出了危机四伏的黑森林、仪仗队的号角声、狮王与小动物走路时的不同声音、狮王的吼叫声。该作品形象生动鲜明，但结构复杂，因此较适合于在幼儿园大班进行教学。）

（2）活动设计。

第一层次：初步感知作品。

【主要内容】音乐欣赏。

【活动准备】自制教学挂图一张（挂图主要表现作品的结构和主要音乐形象）。

【活动目标】

①要求儿童通过聆听和观看初步感知和理解作品的内容、形象和结构。

②通过想象、讨论和操作活动，锻炼儿童类比联想的能力。

③让儿童体验感知、联想和参与的愉快。

（设计分析：在这些目标中，目标①对于第一次接触该作品的儿童来说，是比较适宜的。想象、讨论和操作，体现了儿童的创造性参与过程，其中的讨论活动，特别适宜锻炼大班儿童自我表达和相互学习的能力。）

【活动步骤】

①教师讲述故事。

②请儿童用自己的动作和嗓音来表现故事中的主要形象：吹号、狮王、小动物走路、狮王的吼叫等。

③教师请儿童倾听音乐中的故事情节，鼓励儿童边听边自由地做有关的表演动作。

④教师出示教学挂图，请儿童讨论图中各种符号都表现何种有关形象。

⑤教师请儿童边看挂图，边倾听音乐中的故事。在播放音乐的过程中，教师用手（或教鞭）随着音乐在图上移动，指示出音乐与图的匹配关系。

⑥请 2 ～ 3 名儿童轮流站在教师的位置上，在教师的帮助下随音乐向大家展示结构图。其他儿童随音乐做动作表演。

第二层次：进一步体验作品。

【主要内容】韵律活动。

【活动准备】狮王头一个，狐狸头一个，各种动物头若干，各种彩色纸和纸条若干，挂历纸卷成的纸棍若干。除狮王和狐狸头饰，其他动物头饰和纸道具分发在儿童的椅子下面，每人一件。

【活动目标】

①要求儿童学习用富有个性和表现力的动作来表现作品的内容和动物形象。

②教儿童学习在没有结构图提示的情况下，正确地按音乐的结构进行动作表演。

③让儿童体验想象、创造和发表的愉快。

（在这些目标中，目标①对于已初步了解音乐内容和动物形象的儿童来说是比较适宜的。通过第二层次的活动，儿童对于音乐的结构已有了初步的了解，而离开结构图独立表演的要求，有助于儿童集中精力倾听和展开想象。）

【活动步骤】

①教师引导儿童回忆作品中的主要形象，如吹号、狮王走路、狮王吼叫等。

②教师请儿童用与他人不同的动作来跟音乐（教师弹奏有关的旋律）表演。教师组织儿童相互观摩，并评价那些富有个性和表现力的表演方案。

③教师引导儿童表现狡猾的狐狸带领小动物向狮王献殷勤的场面。教师可提通过开放性的示范，向儿童展示各种表现狐狸狡猾形象的动作的方案，并可通过提问或提示等方法引导儿童想象和表现：小动物是怎样的心情？你是什么动物？你打算为狮王做什么事情？

④播放作品的 A' 部分，请儿童自选角色跟随音乐表演要求在音乐结束时摆出造型（不动）。连续表演 2 ～ 3 遍，每遍结束时，教师用反馈的方法小结，提出问题并对好的表演方案给予鼓励。

⑤教师戴上狮王的头饰，组织儿童分配其他角色，跟随音乐完整表演。

⑥教师戴上狐狸的头饰，组织儿童分配其他角色，跟随音乐完整表演。

⑦教师请儿童推举两名合适的儿童分别扮演狮王和狐狸。教师自己拿出一件纸道具，向儿童说明自己想扮演一个什么动物，并打算怎样运用这件纸

道具。例如，打算扮演猴子，后来又将叶子当盘子，给狮王送桃子，后来又将叶子当扇子给狮王扇风。然后，请儿童自己设计准备怎样表演。

⑧教师组织扮演狮王、狐狸、仪仗队和小动物的儿童各自在规定的位置上准备好。教师自己扮演从树上滑下来报信的猴子。播放音乐，完整地跟随音乐表演。必要时，教师可以改变角色，临时帮助那些有困难的儿童。

该活动过程的设计，主要采用了的游戏活动设计模式中的模式二——引导、探索、创编的模式。

该作品音乐形象较多，结构也较复杂。因此，在设计时，将活动分成三个阶段。前两个阶段用的是同一模式。

第一阶段（步骤①、步骤②）的形象表现要求相对单纯，不作为重点，也不必花太多时间。

第二阶段（步骤③、步骤④）是该层次的重点和难点。因为儿童对表现狐狸的狡猾缺乏经验，而且森林中有各种各样的动物，它们的活动方式也各不相同，儿童在表现时难以相互借鉴。因此，教师的组织、指导在这一阶段中显得更加重要。

第三阶段是一个完整表现和体验的阶段。这时，儿童对作品中的形象已有了初步的创造性表现的经验，对作品的结构也较熟悉了。在这基础上，通过步骤⑤、步骤⑥中教师以角色身份出现的参与指导，儿童已能比较熟练地按角色表演的方式进行完整表演。这时，道具和头饰的加入，才能起到扩大延伸儿童的想象和丰富儿童表现的作用。否则，过早地使用头饰和道具，反而会分散儿童对形象和音乐的注意力，造成儿童的过度兴奋和活动秩序的混乱。

第三层次：享受作品带来的快乐。

【主要内容】音乐游戏。

【活动准备】4～5个狮王头饰。将座椅排成4～5个半圆形，或将活动室分隔成4～5个相对独立的空间。

【活动目标】

①要求儿童学习按小组协商的方式分配角色和游戏。

⑥教儿童学习几个小组同时活动时能合理地分配空间，在表演中能相互交流配合。

③让儿童体会有秩序的游戏和体验合作的愉快。

（在这些目标中，合作的目标是重点。这些目标对发展大班儿童的良好社会性品质是很有价值的。而且，这些要求也是大班儿童所能做到的。）

【活动步骤】

①教师从故事的结尾情节中引出：狮王最后抓住并吃掉的是狡猾的狐狸，并引导儿童讨论得出：狮王最后一声吼叫结束后，小动物要立即跑到座位坐好。谁没有找到座位，被狮王捉住，谁就是狡猾的狐狸。

②将儿童分成 4 ～ 5 组，每组儿童同时开始协商角色并进行游戏。教师要求儿童协商角色时速度要快，声音要轻；表演时不要进入其他小组的活动范围；表演时要相互交流、配合。

③教师请在步骤②中能较好地按要求活动的小组单独游戏，并让其他小组仔细观察，相互取长补短。

④重复步骤②、步骤③。

⑤各小组成员自由交换，重复步骤②、步骤③。

⑥请全体儿童将椅子排成一个大圆，教师当狮王，其他角色由儿童自由选择，完整地玩一次游戏。

⑦请 4 ～ 5 位儿童同时当狮王，教师和其余儿童自由选择其他角色，再完整地玩一次游戏。

该活动过程的设计，主要采用了游戏活动设计模式中的第二种模式——先分解后累加的模式。

步骤②至步骤⑤是合作练习的重点，教师组织的反馈和观摩活动是为了不断强化儿童的合作观念和技术。因此，角色的界限应明确，谁担任何种角色，就要始终坚持同一角色，并以角色的身份去与他人合作。

步骤⑥、步骤⑦实际上应看成一个放松的活动。因此，设计将全体儿童集中在一起玩游戏。这时，儿童可以自由选择和随意变换角色，因而在表演时可以完全放松。而在最后的追捉环节中，由于是教师或许多儿童参加追捉，儿童更可体验到紧张、兴奋所带来的快乐。

第四层次：创造性地表现作品。

【主要内容】打击乐器演奏。

【活动准备】音乐结构挂图一张；大鼓、吊钹各一；铃鼓、串铃各若干；碰铃、木鱼各若干。铃鼓、串铃、碰铃、木鱼分成 4 组放在儿童的座椅下面。

【活动目标】

①在教师的引导、帮助下，儿童用集体讨论的方法设计打击乐器演奏方案和“图形总谱”。

②要求儿童在教师指导下学习看“总谱”随音乐演奏。

③教儿童进一步学习看指挥演奏，轮流学习当指挥。

④让儿童体验创造和演奏的愉快。

（在这些目标中，设计乐器配器方案和“图形总谱”是重点。根据音乐形象设计打击乐器的配器方案，再根据配器方案所造成的音响形象设计图形总谱，这两种活动都可以锻炼儿童的类比联想能力。这些活动是在教师具体引导、帮助下，通过集体讨论进行的，不要求儿童独立设计，因而大班儿童是可能做到的。）

【活动步骤】

①教师出示音乐结构挂图，并请儿童观察教师提供的 6 种乐器。然后教师用提问的方式引导儿童一部分一部分地讨论：用什么样的节奏，用什么样的乐器和乐器的演奏法来分别表现每个部分的音乐形象，用什么样的符号来表示乐器、演奏法和节奏，等等。

如儿童认为，号角的声音很响，可以用 6 种乐器一起演奏，这种很响的声音可用“×”表示。

狮王走路的声音很重，可以用大鼓一下一下地慢奏，这种很沉重的声音可用“*”表示。

狮子吼叫的声音很粗糙、刺耳，可以用吊钹、铃鼓和串铃一起演奏：三样乐器一起强奏一下，然后铃鼓和串铃猛然地持续摇动，这种声音可用“/——”表示。小动物走路的声音轻，可用木鱼或碰铃一下一下地快奏，这种声音可用“•”来表示。

②教师哼唱旋律。全体儿童手拿乐器看着“乐谱”，用慢速度轻轻演奏1～2遍。教师用右手在图上指示音乐的进行，用左手指挥儿童演奏。

③教师将图中表示音乐结构的部分盖上，只剩下表示演奏方案的符号。播放音乐，用步骤②的方法指挥儿童演奏。

教师盖上结构图，是为了让演奏方案的结构更加清晰。

④教师拿走教学挂图，用双手指挥儿童演奏。

教师拿走教学挂图，是为了让儿童能更好地看指挥和听音乐。

⑤儿童轮流学习指挥。在更换“小指挥”时，可同时更换演奏大鼓和吊钹的儿童，其他儿童也可以自由交换乐器。

在这里，教师采用了退出的方法，以便儿童能够有机会学习指挥和获得新的角色体验。

第四章　学前儿童音乐教育的活动内容

第一节　歌唱活动

一、学前儿童歌唱能力的发展

匈牙利音乐教育家科达伊曾说过，通过歌唱最容易接近音乐，歌唱也是最容易表达思想情感的音乐形式。有了歌唱的基础，更高层次的音乐教育才能得以发展。学前儿童通过他们甜美、清脆的童声来表达自己欢快、喜悦等各种各样的心情。可见，唱歌是儿童音乐启蒙的重要手段，是学前儿童音乐教育的核心内容。歌唱是带领学前儿童进入音乐天堂最简单、最自然的途径。

（一）0～3岁儿童歌唱能力的发展

1. 歌词

该阶段的儿童已经能够部分地再现一些歌曲的片段，但他们对歌词含义的理解十分有限，只是把歌词当作一种声音来加以重复。3岁前儿童听辨和发出语音的能力也较弱，发音错误的情况十分普遍，3岁儿童的语言发展已有了一些进步，他们已经能够较完整地再现一些短小的或歌曲中的比较完整的片段。3岁前的儿童在其学习歌曲的过程中常常会出现这样的现象，一首新的歌曲听了几天后，就慢慢地变成记忆，输入大脑，有一天会突然开始唱歌。可见，3岁前儿童的歌唱能力的发展是与儿童的音乐感受、听辨能力的发展紧密相关的。因此，在对这一年龄段儿童的歌唱教学中，必须从歌曲的欣赏感知入手。

2. 音域

该阶段儿童的发声器官，在整个学前期处于生长发育状态。他们的喉头体积大小不及成人的一半，声带短小而且柔嫩。2 岁前的儿童还处于嗓音游戏阶段，歌唱和说话正在慢慢从嗓音游戏中分化出来。2 岁前的婴儿能在自己最大限度的音域内发展音高。2 岁以后，儿童开始逐步学会较完整地唱一些短小的歌曲或歌曲的片段。随着年龄的增长，儿童会努力地改变自己的发音，去模仿标准的音高，能察觉出旋律轮廓的变化。因此，唱的大多是一个简单的句子，节奏没有什么变化，常常出现同音反复，形成音高上的徘徊，一个句子被不止一次地重复。一般情况下这一阶段的儿童可以唱出 3 ～ 4 个音，在 d^1 ～ g^1 的音。

3. 节奏

该阶段儿童的歌唱已经初步显现出了节奏的意识。但这种意识很模糊，而且大多都与歌词中的节奏有关，即使到了 3 岁阶段，儿童所掌握的歌曲节奏也还十分有限。如果歌曲的节奏能够与儿童的自身的生理活动，如心跳、呼吸、脉搏的节奏等相适应，或儿童的身体，如走路、跑步等的节奏相协调，儿童掌握起来也比较轻松。因此，一般由二分音符、四分音符、八分音符所构成的歌曲节奏是比较容易为 3 岁儿童所接受的。一般来说，在良好的教育影响下，儿童节奏的组织不断完善，能以较准确的节奏唱出一些简单的歌词。

4. 音准

该阶段儿童对音准的掌握是有一定难度的，要唱准音的高低，3 岁前儿童的歌唱一般被称为“近似歌唱”。因此，3 岁前儿童歌唱的音准很差，所唱出的旋律只能是大致地接近于原曲调的旋律。在没有乐器伴奏的情况下，独立歌唱时“走音”的现象相当严重。有的儿童在第一个乐句中都有唱不准的音；有的儿童虽然在一个乐句中能基本唱准曲调，但在歌曲乐句与乐句之间却经常“走调”。

5. 呼吸

该阶段的儿童，肺活量很小，呼吸也很浅，他们对气息的控制能力未能很好地发展起来，因此往往一句歌词没有唱完就要换气，有的儿童甚至会一字一顿地歌唱。

3 岁前儿童的歌唱活动更多的是一种声音游戏，儿童缺乏歌唱的表现意识，表现技能也会获得一定的发展。3 岁末期，儿童在唱他们所熟悉和理解的歌曲时，可能做到用速度、力度、音色的明显变化来表现歌曲中的不同形象、情绪。

（二）3 ～ 4 岁儿童歌唱能力的发展

1. 歌词

该阶段儿童的语言发展有了一些进步，但他们对歌词含义的理解还存在一定的困难，听辨和发音能力还比较弱。所以他们在歌唱时遇到不理解的词就故意略掉，往往伴随着吐字不清。但他们已经能够较完整地再现一些短小的歌曲或歌曲中的比较完整的片段。

2. 音域

该阶段的儿童，一般可以唱出 5 ～ 6 个音（c^1 ～ a^1），其中听起来最舒服的是在 d^1 ～ g^1，音域较窄。

3. 节奏

该阶段的学前儿童所掌握的歌曲节奏也还十分有限。基本上能做到比较合拍的歌唱，尤其是对走路、走步、跑步等相对应协调的节奏，四分音符、八分音符所构成的歌曲节奏更易感受和掌握。当然对于有些 3 岁儿童来说，即使是这种简单的节奏，他们也不能唱得非常准确。在良好的教育影响下，到了小班末期，90 % 左右的儿童都能比较合拍地歌唱。但如果歌唱的速度过慢或者过快，也会使儿童在歌唱时表现出节奏方面的困难。

4. 音准

该阶段的儿童歌唱的音准，在没有乐器伴奏的情况下，独立歌唱时的“走音”现象相当严重，有的儿童在每一个乐句中都有唱不准的音，若在乐器和歌声伴随下，其音准会得到很好的改善。此外，如果所唱歌曲的音域过宽，定调过高或过低，旋律中难以掌握的音程较多也很容易出现走音现象。

5. 呼吸

该阶段的儿童，由于肺活量较小，呼吸较浅，对气息的控制能力还没有很好的发展，歌唱时要使声音能够延续，就必须用较长的气息有控制地均匀地持续冲击声带。有的儿童会一字一换气，一字一顿地歌唱；有的一句歌词没唱完就换气，因为换气而中断句子、中断词意的情况时有发生。

6. 其他方面

该阶段的儿童，能够在成人的引导下，特别是在良好的幼儿园教育下，对已经熟悉或了解的歌曲，以速度、力度、音色等较明显的变化来表现歌曲。在集体歌唱时的合作协调性方面，3 ～ 4 岁的儿童还不会相互配合，常常你超前我拖后，个别的儿童声音会特别响。但在进入幼儿园一段时间后，能够通过改变声音的强弱、快慢等来表现歌曲。初步体验到集体歌唱中协调一致的快乐。

（三）4 ～ 6 岁学前儿童歌唱能力的发展

1. 歌词

该阶段的儿童的语言发展已有了许多进步，歌词掌握的能力有了一定的提高，已经能够较完整地再现一些短小的和较长歌曲中的比较完整的片段。由于他们对歌词的听辨、理解、记忆的能力已有了较大的提高，因此唱错字、发错音的情况会减少。当然，他们在歌词含义的理解方面还是经常会遇到困难，面对不理解的词意时，唱错歌词的情况还是会经常发生的。

2. 音域

该阶段儿童的音域会稍有扩展，向上一般可以达到 b^1 或者 c^2，向下一般可以达到 b 或者 a。音域较以前有了扩展，但音域发展的个别差异仍然存在。有个别儿童特别是女童能唱出很高的音，如 d^2 甚至 e^2、f^2，但也有个别儿童连唱 a^1 都有点勉强。所以，在幼儿园的集体音乐教育活动中，应着重注意帮助儿童唱好 c^1 ～ c^2 这个音域范围内的音。

3. 节奏

该阶段的儿童对歌曲节奏的把握表现能力已得到了较大的发展，歌唱已经初步显现出了节奏的意识，但这种意识还很模糊，而且大多与歌词中的节奏有关。随着儿童听觉分化能力的提高，他们对歌曲中的二分、四分、八分音符的节奏已掌握得较好，甚至也能够较好地掌握带附点的节奏和切分节奏。

三拍子歌曲的节奏、弱起乐句的节奏，虽然对儿童来说比较困难，但在正确方法的指导下，儿童也是能够在大班阶段逐步掌握的。

一般来说，在良好的教育影响下，到了大班末期，大多数儿童都能比较自如地把握常见的儿童歌曲的节奏，歌唱的速度稍快或者稍慢是不会影响他们表现节奏准确性的。

4. 音准

该阶段的儿童的音准把握能力有了一定的进步，如有琴声伴奏，加上歌曲难度适宜的话，一般儿童都能基本唱准音高，但在无人伴奏，独立唱歌时，尚有部分儿童不能较好地把握音准。有研究表明，在适宜的音域范围内，比较容易掌握的音程，首先是小三度、大二度其次是大三度、纯四度、纯五度，另外下行音程一般来说比上行音程更容易掌握。

5. 呼吸

该阶段的儿童控制能力有了进一步的提高，能够学会使用较长的气息，在良好的教育影响下一般都能够学会；呼吸时自然而迅速，不耸肩，不发出很响的吸气声，能够有节制地消耗气息，能按照音乐的意思来换气，不中断音乐的句子，但是即使到了6岁，儿童的肺活量和控制气息的能力还是有限的。

6. 其他方面

4～6岁的儿童已发展起了一定的表现意识，能够较熟练地应用一些简单的表现技能。同时，他们对歌曲的形象、内容、情感的体验理解能力也在一定程度上增强了。因此，这个年龄阶段的儿童不仅更加积极主动地在歌唱中运用声音变化来表达感情，而且他们也有可能表现比较细致和复杂的音乐形象。

4～6岁的儿童，在良好的教育影响下，已发展起了一定的表现意识，已能较熟练地应用一些简单的表现技能。同时，他们对歌曲的形象、内容、情感的体验理解能力也在一定程度上增强了。因此，在这一年龄阶段中，儿童不仅更加积极主动地在歌唱中运用声音变化来表达感情，而且他们也有可能表现比较细致和复杂的音乐形象。例如：他们能较好地唱出速度、力度的逐渐变化；能较好地唱出中等的速度、力度（如中强、中弱、稍快、稍慢）；能较好地唱出跳音、顿音、保持音和连音。

二、学前儿童歌唱活动的教育内容

歌唱是人类自然的愿望，是人类表达自己喜、怒、哀、乐各种复杂感情的有力手段。歌唱在儿童生活中也同样有着极其重要的意义，也是儿童表达自己感情的一种方法。在幼儿园里经常看见他们在搭积木、滑滑梯、玩过家家的时候嘴里不时地哼哼唱唱，在放学回家时，一坐上校车他们就情不自禁地歌唱。歌唱是儿童表达喜悦、兴奋、激动感情的一种手段，是他们流露能力的心理状态的反应，可以说歌声是儿童的亲密伙伴。有儿童的地方总能听到欢快、天真、清脆的歌声。

学前儿童歌唱领域的教育内容主要有歌曲（含节奏朗诵）、歌唱的表演形式、歌唱的姿势、歌唱的基础和基本技能等。

（一）歌曲

歌曲是由歌词、旋律相结合，能用声音表现出来的一种音乐艺术形式。歌曲的创作一般有两种：一是先有文辞后据以谱写的歌曲；二是先曲后词，根据旋律填词。可以由一个人独唱，也可以多人齐唱，或多人多声部重唱、对唱、齐唱或合唱。歌曲是音乐艺术中规模最小、篇幅最短、形成最早和影响最大的音乐艺术形式，歌曲在学前儿童音乐教育中占的比重最大。

歌曲所具有的极高的审美价值，完全可以起到修复人类心灵的作用。歌曲带给人们的是全方位的艺术享受，优美的旋律使人能够产生高尚的想法，丰富人类的感情，促进他们理解人类情感的深邃内涵，达到心灵的和谐及与自然的契合。适合学前儿童演唱的歌曲很多，一是传统的童谣，以及由儿童自己创作或即兴创作的歌谣，二是词曲作者专门为儿童创作的歌曲。当然，一些国外有名的儿童歌曲也应在其列。

（二）歌唱的表演形式

歌唱的表演形式是指歌唱活动中参加者的人数、全体参加者的合作方式，以及歌唱时所伴随的表演方式（如动作表演、乐器演奏等）的总和。在学前阶段，儿童可以掌握的歌唱表演形式（包括节奏朗诵形式）主要有独唱、齐唱、接唱、对唱、领唱齐唱、轮唱、合唱和歌表演等。

1. 独唱

独唱是由一个人演唱的形式。

2. 齐唱

齐唱是两个或两个以上的人在一起演唱相同曲调的演唱形式，也就是单声部的群唱。齐唱人数不限。

3. 重唱

重唱是指每个声部均由一个（或几个）人演唱的多声部演唱形式。

4. 接唱

接唱包括个人对个人的接唱、个人对小组的接唱，以及小组对小组的接唱。常见的形式是半句半句的接唱或一句一句的接唱。

5. 对唱

对唱的形式上与接唱类似，内容上更强调问答式的呼应，是指两个人或两组人作对答式的演唱形式。对唱大多是单声部歌曲，气氛热烈而欢快。

6. 领唱齐（合）唱

领唱齐（合）唱是一个人或几个人演唱歌曲的一个乐段或一些乐句，集体演唱歌曲中配合的部分。

7. 轮唱

轮唱是两个声部一先一后，按一定间隔开始演唱同一首歌曲的演唱形式。

8. 合唱

合唱是指多声部的群唱形式。人数较少的多声部群唱称作小合唱，人数众多的多声部群唱叫大合唱。

9. 歌表演

歌表演是指一边歌唱一边做表演动作的演唱形式。这些动作的表演根据歌唱或旋律，可以有明确节奏，也可以没有明确节奏表演；可以表现歌词内容，也可以表现歌曲情绪；可以是有空间移动的，也可以在原地站或坐着表演；可以用上肢、下肢配合或全身配合表演，也可以用身体的某个部位单一表演。

（三）歌唱的简单知识和基本技能

歌唱，是一种需要学习才能掌握的技能，需要儿童用自己的嗓音来唱，用自己的歌声把歌曲的思想感情表达出来。在学前儿童歌唱活动中，逐步使儿童掌握以下最基本、最简单的歌唱知识技能。

1. 正确的歌唱姿势

全身肌肉放松，不僵硬，精神饱满。身体姿势正确与否直接影响呼吸与发声，唱歌时若能有正确的姿势，就能给人以愉快的感觉和良好的印象。站姿要求身体重心在两个脚上，稍稍前移，身体和头部正直，头部不要过分左右摇晃，两眼平视，两肩放松不紧张；两臂自然下垂或自然放在腿上。坐着歌唱时不将椅子坐满，不靠在椅背上，应坐在椅子的三分之二处。

口的形状直接影响发声，应呈垂直的长圆形，避免嘴角成扁圆形。歌唱时嘴的动作要自然，有些女童容易做作，要及时纠正。

2. 正确的呼吸方法

歌唱呼吸是建立在日常生活呼吸的生理基础上的，但是它又与日常生活中的呼吸方法有不同之处。日常生活中的呼吸是下意识的呼吸，然而歌唱时的呼吸必须根据歌唱发声和艺术表现的要求进行。在发声上，呼吸应随音的高、低、强、弱、快、慢的变化而变化；在音乐上，呼吸应按照音的长短进行调节；要自然呼吸；均匀用气；呼吸时不抬头、不耸肩；不发出吸气声；一般不在句子中间换气等。在表现上，呼吸必须服从情绪变化的要求。

用口、鼻同时自然地吸气，将气息吸到肺的底部，胸腔扩展，横膈膜下降，腹部感到膨胀隆起，后背挺立伸展，后腰站定保持住并缓缓将气吐出。用“闻花”的方法来体会吸气的感觉。想象自己处于一个美丽的花园之中，因为花的香使人的心情变得特别愉悦，然而辨别花香时又要特别地认真和用心，所以说这是一种既放松又兴奋的感觉。

在歌唱活动中，呼吸应该根据歌曲内容的需要，有的时候需要汹涌澎湃，有的时候却需要细若游丝。呼吸时，要保持吸气状态，使横膈膜和胸腔吸气肌肉群微微保持住，以免气息一下泄出。

总之，良好的歌唱呼吸技巧是个全面调节的问题，在技术上和艺术上，正确的呼吸是为良好的歌唱打下基础的。歌唱呼吸作为一种艺术手段，有它自身特有的一套规律，每个歌唱者都必须学会如何呼吸，每个歌唱者都应学习、掌握这套规律。

3. 正确的发声方法

正确的发声是歌唱的基本要求，歌唱发声的气息由肺部经支气管、气管呼出，振动喉头的声带，发出声音，然后通过各共鸣腔体得到共鸣，使声音扩大，变成优美、悦耳的歌声。声音的高低是由声带振动的频率决定的，声音的强弱则取决于振幅的大小。音色的变化主要是由共鸣腔的不同调节而产生的，在歌唱时根据情感表达的需要，通过共鸣腔的调节产生丰富多彩的音色。正确的发声要求下巴自然放松，嘴巴自然张开，自然地向前发音，既不肆意喊叫，也不刻意控制音量。

培养儿童用自然的声音歌唱，一定要防止大声喊叫，也不可过分轻声。大声喊叫容易使儿童的声带损伤，过分轻声会造成儿童拘谨。两种毛病都不能自然地表达歌曲的音乐形象和自己的感情。

不同体裁、题材和类型的儿歌，演唱时用的声音也不同。《学做解放军》这种进行曲体裁的歌曲，演唱时就要用雄壮、有力的声音；《小雨沙沙》这类抒情性较强的歌曲，可用轻柔的声音演唱；《小胖猪》这种小快板速度的歌曲，可用欢快、活泼的声音演唱。

4. 歌唱的吐字咬字

歌唱是以音乐和歌词相结合表达思想感情的一种艺术形式，歌词则是表现作品思想内容的重要方面。歌唱和说话一样，需要咬字吐字清晰才能表情达意，在歌唱时把歌词唱清楚是很重要的。歌唱时若能清楚并富有感情地吐字，就能使听者听清歌词，从而更好地领会歌曲的内容和思想感情，感受歌曲的美。所以，作为一名歌唱者在歌唱中做到咬字准确、吐字清晰、理解歌曲内容、把握歌曲情绪是非常重要的。

歌唱时由于受到歌曲旋律和节奏的影响，特别是学前儿童要吐字清楚会比说话更加困难。怎样才能把歌词唱清楚呢？通过以下方法对儿童进行歌唱咬字、吐字的基本训练。首先，加强口腔活动机能的训练。培养吐字器官如唇、齿、舌、上下腭的相互配合动作，动作不要过大，要松弛灵活；注意翘舌音、平舌音、前鼻音、后鼻音等的发音部位；也可以用绕口令和朗读歌词的方法来练习。其次，加强歌唱咬字的训练。歌唱的咬字指的是字头，即每个字的声母要咬准，声母的发音除部位正确、敏捷、喷吐有力外，更要注意在发声母时，口腔内部要先形成该韵母的形态，然后发音。再次，加强韵母引长发音训练。引长发声训练是出声之后的延续动作，它所发的音是语言中的主要部分韵母，韵母是依靠口型来发声的，并且可以延续发音。所以，歌唱时应注意口型，气息有控制地将韵母引长唱清楚，注意呼吸平稳，气息有控制地练唱。

歌唱吐字咬字的训练方法，只是一般规律，为了更好、更完美地表达作品的内容和音乐思想，在演唱不同的内容、风格、速度、力度的歌曲时，吐字咬字应当灵活运用。

5. 歌唱的音准

歌曲的旋律是由长短不同、高低不同的音构成的，是表达感情的重要因素。学前儿童掌握歌曲的节奏比较容易，但准确地唱出每个音却很难，所以音准的训练是学前儿童歌唱活动的一个重要环节。

音准是学前儿童学习音乐的基础，也是学好歌唱的基本素质。从儿童发展的角度来讲，不同年龄段的儿童歌唱水平各有不同，学前儿童学习歌唱，最难掌握的就是音准。首先，从发音的角度，小字一组的 e 和小字一组的 g 是最好发音的，小字一组的 c 和小字一组的 a 是最好辨别的。在学前儿童能够辨别和发出三度以内单音的基础上，可再加入纯四和纯五度单音的练习，也可加入大小二度和六度的单音练习，循序渐进的练习方式更容易被学前儿童接受。其次，由于学前儿童的声带处于生长发育状态，声带短小、细薄，所以在音准的训练中，要让他们形成自然的发音习惯，发音时口腔、咽腔打开，声音向前。在歌唱过程中，教师应让学前儿童养成轻声歌唱的习惯，要尽可能地提供伴奏，在无伴奏的情况下，学前儿童不能独立地把握歌唱的音准。歌唱时还要注意学前儿童的身体和精神状态，身体不适、精神状态不佳、注意力不集中也容易出现音唱不准的现象。

6. 正确的演唱技能

在歌唱活动中，自然舒适地歌唱；有理解、有感情地歌唱；自然、恰当地运用声音表情、面部表情及身体动作表情，不故意做作。一个人的歌声是否具有一定的表情，首先是歌唱者内心是否具有某种感情体验和歌唱者是否有愿望表达这种感情体验；其次是歌唱者是否掌握了用歌声表达感情的有关知识和技能，即能否运用咬字、吐字、气息的变化，以及速度、力度变化等演唱技巧进行歌唱。对于学前儿童来说，运用这些技巧的程度是十分肤浅的。

学前儿童具有正确、默契的合作技能。注意倾听自己和其他小朋友的歌声，不抢拍、不拖拍，共同歌唱时不突出自己的歌声，应与小朋友整齐一致；轮唱时准确地与小朋友自然衔接，保持声音的均衡，表演动作整齐划一。不要长时间大喊大叫，歌唱时努力保持身体、心情、表情、嗓音的自然、放松和舒适的状态。

三、学前儿童歌唱活动材料的选择

歌唱活动的材料主要是歌曲。为学前儿童歌唱活动选择歌曲，应符合音乐艺术审美的基本要求；歌曲的歌词琅琅上口、具有韵味，幽默诙谐、富有情趣；旋律要优美动听，能激发儿童歌唱的兴趣，既符合学前儿童年龄特点，又有利于促进学前儿童身心发展，给听者和演唱者以美的享受。

歌曲是由词、曲结合的艺术作品，在选择歌唱材料时，必须同时兼顾歌词和曲调两个方面。

（一）歌词的选择

为学前儿童选择的歌曲，其歌词一般应具有以下特点。

1. 内容与文字要有趣、易于理解

学前儿童的年龄小、生活经验尚不丰富，理解事物和理解语言的能力很有限，这一年龄段的儿童好动、好奇、好玩，因此在歌词内容和文字表述的选择上应注意以下几个方面：第一，歌词内容与歌曲使用的文字应生动形象，浅显易懂，为儿童所理解，否则就很难引起学前儿童的兴趣和情感共鸣，儿童的歌唱一旦缺乏了心灵上的感动，也就严重减弱了歌唱时的自发性乐趣。第二，歌词的内容、形象应是学前儿童比较熟悉和喜爱的。从世界各国儿童喜爱的歌曲的内容看，动植物、自然现象、交通工具、身体的各个部分、儿童自己的生活和活动等，都是儿童日常能接触到且感兴趣的内容。第三，歌词的文字是生动、有趣的。如使用押韵、重复；使用象声词、衬词、感叹词、无意义的音节，使用夸张、诙谐的创作手法等，歌词篇幅短小易记，儿童学得快、记得快，同时也要为学前儿童提供更多的编唱机会。第四，歌词应具有潜在的情感价值。如《螃蟹歌》中的美好生活体验，《泥娃娃》中的爱的熏染，《我的好妈妈》中的美德赞扬，等等。

2. 歌词内容应适于用动作表现

学前儿童天性好动，感情外露，因此唱唱跳跳是他们最喜爱的一种音乐表现活动。他们的活动总体上是不分化的，无论是说话还是歌唱，都常常以动作相伴随。如果歌词本身适宜用动作表现，则歌曲便更容易为儿童所喜爱和接受。而且学前儿童尚处在语言学习的早期阶段，以动作来辅助语言的理解和表达，是该阶段儿童学习语言的心理需要。另外，这种边唱边做动作的方法不仅有利于儿童记忆歌词、发展节奏和动作的协调性，而且也能更好地帮助儿童表达情感。以歌曲《数鸭子》为例，歌词内容："门前大桥下游过一群鸭，快来快来数一数二四六七八。"简单的两句歌词，儿童能很快地加入肢体的律动歌唱，并能够快速记住歌词。

3. 歌词结构应简单、多含重复

歌词的结构应是简单、多含重复的，结构简单主要是指句子中所含的词汇较少，语法结构较简单；多含重复主要是指句子在长度、语言朗读节奏结构等方面多含相同或相近处，甚至在旋律、节奏和歌词方面有较多完全相同的地方。学前儿童在编唱时，可以随意编唱任何不合常理的事情，作为儿童教师或家长一定要给予积极的肯定和赞扬。此外，简单而多次重复的歌词，儿童也更易于理解和记忆。

（二）曲调的选择

为学前儿童选择的歌曲，其曲调一般应具有以下特点。

1. 音域较狭窄

音域是指一首歌曲中最低到最高音的范围。选择歌曲的音域不可过宽，要顺应儿童的生理特点。学龄前儿童不适宜唱过高或过低的音，以保护儿童的声带。只有在适合的音域内歌唱时，儿童才比较容易唱出自然优美的声音，也只有在适合的音域歌唱时，儿童才不容易“走音”。

一般来讲，各年龄阶段的合适音域为：

2～3 岁：c^1～e^1；

3～4 岁：d^1～a^1；

4～5 岁：c^1～b^1；

5～6 岁：c^1～c^2。

偶尔有音高超出以上范围，但此高音不是多次出现且不在此音高上长时间停留都是容许的。

2. 节奏比较简单

学前儿童一般不适合唱过于复杂的节奏。所选歌曲主要由二分音符、四分音符、八分音符等节奏组成，也可选择含有少量十六分音符、附点四分音符、附点八分音符、休止符甚至切分音节奏的歌曲。

4 岁前的儿童选择歌曲时，应以二分音符、四分音符、八分音符构成的节奏为主，偶尔也可以出现含有附点音符和休止符的节奏。4～6 岁的儿童选择歌曲时，可选择含有少量十六分音符的节奏，附点节奏出现的次数也可以稍微多一点，还可以出现少量含有切分音的节奏。3 岁前的儿童所选歌曲的节拍，最好以 2/4 拍和 4/4 拍为主。3～4 岁的儿童，偶尔也可以选择一些 3/4 拍的歌曲。4～6 岁的儿童选择歌曲时，除了一般仍然以二拍子和四拍子的歌曲为主，可以开始较多地选择三拍子和六拍子的歌曲。另外，4～6 岁的儿童，还可以适当选择弱起的歌曲。

用较快的速度或较慢的速度歌唱，对 4 岁前的儿童来讲都是比较困难的。因为，4 岁前的儿童呼吸比较浅也比较短，而快速度和慢速度的演唱却要求具有较深的呼吸和较长的气息支持。所以，在为 4 岁前的儿童选择歌曲时，一般选用中速比较合适。4 ～ 5 岁的儿童比较容易兴奋，可以适当选择比较轻快活泼、速度稍快的歌曲以满足他们的需要，还应多选择一些安静柔美、速度稍慢的歌曲以陶冶他们的性情。5 ～ 6 岁的儿童已经开始有了一定的情感自控能力，控制发音器官、呼吸器官的能力也有了一定的进步。所以，可以为他们选择速度稍快或稍慢的歌曲。还可以为他们选择含有速度变化的歌曲。以适应这个年龄段儿童歌唱表现能力成长的需要。

3. 旋律较平稳

学前儿童一般不适合唱旋律起伏太大的歌曲，宜选较为平缓的旋律。一般来讲，他们比较容易掌握的是三度和三度以内的音程，同度音重复也包括在内。3 岁前的儿童演唱歌曲的音程跳进多为三度以内的音程，小二度不适合他们演唱。3 ～ 4 岁儿童所选歌曲应注意多选以五声音阶为骨干的旋律。4 ～ 6 岁的儿童可以演唱四度、五度、八度的音程。在四度以及四度以上的大音程中，学前儿童比较容易掌握的是四度、五度和八度音程。对六度和七度音程，即使是 6 岁甚至 6 岁以上的儿童也是不太容易唱准的。因此，在为学前儿童选择歌曲时，宜多选旋律比较平稳的歌曲。三度以上的跳进可以使旋律更加生动活泼，有一点跳进也可以使儿童逐步适应音程的跳进。总的原则是跳进不宜过多，跳进的跨度不宜过大，更不能有连续的大音程跳进，应注意多选以五声音阶为骨干的旋律。

4. 曲调结构短小工整

学前儿童一般不宜唱结构过于长大的歌曲。4 岁前的儿童选择歌曲，以含 2 ～ 4 个乐句为宜，总长度一般在 8 小节。4 ～ 6 岁的儿童选择歌曲，可含 6 ～ 8 个乐句，总长度可增加至 16 ～ 20 小节。为学前儿童所选歌曲的乐句也不宜过长，在演唱中速的歌曲时，二拍子或四拍子的歌曲一般以每句四拍为宜，三拍子的歌曲一般以每句六拍为宜。5 ～ 6 岁的儿童在演唱速度较快的歌曲时，偶尔可以演唱含稍长句子的歌曲。总的来讲，为学前儿童所选歌曲的结构以短小为宜。

5. 词曲结合较单纯

学前儿童一般不宜唱词曲关系过于复杂的歌曲。4 岁前的儿童所唱的歌曲大多数应该是一个字对一个音的。4 ～ 6 岁的儿童可以逐步掌握一个字对两个音的词曲关系。但总的说来，为学前儿童所选的歌曲在词曲关系方面还是应该相对单纯为好，一字一音的关系为主。

（三）歌曲的内容、形式、情绪与风格的多样性

（1）为学前儿童选择歌曲，题材应广泛，既有反映儿童喜爱的动物、植物和自然界变化的歌曲，也有反映儿童日常生活、游戏、学习等题材的歌曲，还有反映社会、节日、儿童熟悉的成人劳动生活等题材的歌曲。

（2）为学前儿童选择歌曲，形式要多样化，独唱、齐唱、对唱、接唱、轮唱、二声部合唱等多种演唱形式，都应让学前儿童有所感受。

（3）为学前儿童选择歌曲，情绪也应丰富多样，每一年龄段的儿童都应有感受和表现活泼欢快、优美抒情、安静甜美、雄壮有力等各种情绪的歌曲，从而丰富儿童的艺术体验，增强儿童歌唱表现能力。

（四）歌曲的总体选择

为学前儿童选择的歌曲尽管比较短小、简单，但总体上应该具有纯真性、艺术性和教育性，而且要注意避免单一化，应体现内容、形式、风格等方面的丰富性和多样性。除了选择我国的儿童歌曲，还要适当选择国外有名的儿童歌曲，对提高学前儿童歌唱的兴趣，领会不同风格的歌曲，都有一定的作用。幼儿园歌唱活动应注意发展儿童的歌唱能力，帮助儿童体验正确的共鸣位置和美好自然的声音；帮助儿童获得咬字、吐字的正确方法，处理好气息与歌唱的情感表达。

总之，为学前儿童选择合适的歌曲，不是一个简单的问题，以上说到的各种因素组合在一首歌曲中，千变万化。因此选材时要考虑到诸多因素，不能机械地、孤立地逐项评价、衡量一首歌曲。歌唱是对学前儿童进行教育的有力手段，所选的歌曲不应违背教育目的，应有利于促进儿童的全面发展。

四、学前儿童歌唱活动的设计与组织指导

幼儿园歌唱教学不仅是对儿童进行美育的重要手段，还可有效促进儿童的注意力、记忆力、想象力、创造力、表达力及社会交往等多种能力的发展。

设计并组织好一节歌唱活动绝非易事，如何设计学前儿童的歌唱活动？

（一）由动作开始的活动设计

由动作开始导入新歌教学的歌曲，词曲简单多重复、歌词内容是直接描述动作过程或是比较富于动作性的。其典型特点：从动作开始，动作在前。

（二）由歌词创编开始的活动设计

由歌词创编开始导入新歌教学的歌曲，词曲内容简单、多重复，歌词内容语法结构单纯、清晰，具有某些语言游戏性质的歌曲。其典型特点：从歌词创编开始，歌词创编在前。

（三）由情境表演开始的活动设计

由情境表演开始导入新歌教学的歌曲，歌曲内容所反映的是一些简单的，儿童可以一目了然的情境或事件。其典型特点：从情境表演开始，情境表演在前。

（四）由故事讲述开始的活动设计

由故事讲述开始导入新歌教学的歌曲，歌词含有相对完整的故事情节，表述的内容和语言结构也较复杂些。其典型特点：从讲故事开始，故事在前。

（五）由歌词朗诵开始的活动设计

由歌词朗诵开始导入新歌教学的歌曲，歌曲中歌词的语言逻辑更加复杂，但情境性、故事性却又比较弱。其典型特点：学习歌词朗诵开始，歌词朗诵在前。

（六）由游戏开始的活动设计

由游戏开始导入新歌教学的歌曲，伴随着歌曲边玩边唱，在学玩游戏和玩游戏的过程中自然而然地学会歌唱。其典型特点：从游戏开始，游戏在前。

（七）由填充参与开始的活动设计

由填充参与开始导入新歌教学的歌曲，歌曲含有不断重复出现的简单的词曲动机。其典型特点：用朗诵或歌唱的方式参与。

（八）由“副歌曲前置”开始的活动设计

由副歌前置开始导入新歌，教学的歌曲里带有副歌的、比较大型的歌曲。其典型特点：从副歌开始，副歌在前。

（九）由“无意义音节玩唱”开始的活动设计

由“无意义音节玩唱”开始导入新歌教学的歌曲，儿童用各种各样的奇怪的声音来玩唱歌曲。其典型特点：按音节玩唱自己喜欢的声音，任何程序可用。

（十）由直观形象开始的活动设计

由直观形象开始导入新歌教学的歌曲，歌词含义对儿童来说不够明确，歌词的先后顺序比较容易混淆。其典型特点：突出形象，解决儿童学习中的困难。

组织指导歌唱教学活动时，必须注意学前儿童是年龄特点和心理特点，才能在教学活动中取得良好的效果。歌唱活动是分阶段进行的，教师首先要熟悉教材，并按大纲要求提出阶段中所要解决的问题，使儿童的学习循序渐进。教学步骤是围绕教学目的来确定的，在歌唱活动安排上尽量做到环环相扣。根据儿童的特点教师必须采用灵活多样的教学方法，才能培养儿童的学习兴趣。怎样组织指导学前儿童歌唱活动？

1. 教唱新歌

（1）介绍新歌。

讲故事、儿歌、猜谜语、谈话设问、实物、图片。

（2）导入新歌。

①歌词导入；②节奏导入；③动作导入；④旋律导入；⑤情境表演导入。

（3）熟悉新歌。

①填充提问法，如《小鼓响咚咚》；

②逻辑提问法，如《小动物怎样过冬》；

③节奏朗诵法，如《国旗多美丽》；

④直观教具法，如《两只小象》。

（4）教唱新歌。

①整体教唱法：教师完整地教唱新歌，儿童完整地学唱。选材：结构短小，内容紧凑，形象集中，音乐表现手法单一。

②分句教唱法：特点是教师唱一句，儿童唱一句。

③具体指导：a. 整体 + 分句灵活运用；b. 教唱次数不宜过多，每次方法不一；c. 歌唱形式多样化；d. 给儿童留创造空间。

2. 复习歌曲

（1）边唱边表演。

（2）边用教具边歌唱。

（3）在玩游戏中歌唱。

（4）用接唱的方法。

（5）为歌曲增加伴奏。

（6）听音乐绘画。

3. 创造性的歌唱活动

（1）创编歌词。

（2）创编动作。

（3）创编曲调。

（4）变换演唱形式。

第二节　韵律活动

一、学前儿童韵律活动能力的发展

儿童在进行韵律活动时，不仅需要一定的体能、一定的动作技能和一定的对音乐的感知及理解能力，而且也需要有一定的运用动作进行创造性表现的意识和能力。

（一）0～3岁儿童韵律活动能力的发展

1. 动作

第一，随意身体动作可以分成非移位动作和移位动作两种。非移位动作是指那些在不移动身体位置的情况下做出的动作，非移位动作对身体平衡和重心保持的要求很低。移位动作是指那些在移动身体位置的过程中做出的动作。第二，随意的身体动作还可以分成单纯动作和复合动作。单纯动作是指那些只由身体的某一部位参与而做出的动作。

复合动作是指那些由身体的两个或两个以上的部位联合所做出的动作。学前儿童最先发展的动作是非移位动作，该阶段学前儿童发展趋势一般是从大的整体动作到小的和精细的动作，即从躯干的和上下肢的大动作逐步发展到手腕的和手指的小动作。

从出生到6个月期间，婴儿就能用动作寻找声源。虽然6个月左右的婴儿能对音乐做出主动的反应，晃动身体或是转头，但这些身体运动还不是由节奏性的音乐而引起的，只是对纯音响做出的反应。1岁半左右的儿童会对比较鲜明的节奏做出相应的动作反应，并且会试图使自己的动作与音乐节奏相协调，有与成人一起舞蹈的意向。2岁左右的儿童能自如地行走、爬、滑、滚、拍、推、拉等，在此基础上还能做一些较细小的动作，如敲小鼓的动作、用嘴吹的动作等。到3岁时，大多数儿童已经掌握了拍手摇动或摆动手臂、用手指点或拍击身体部位、点头或摇头、小幅度慢速度地运动躯干等最简单的非移位动作。

2. 随乐能力

随乐能力在此是指在进行韵律活动的过程中使动作与音乐协调一致的能力，随乐能力是建立在自由地运动身体和敏锐地感知音乐的基础之上的。3岁儿童用动作跟随节奏的能力一般会经历以下三个阶段：第一阶段，儿童不注意音乐的进行，只是把音乐作为一种做动作的信号或者背景。在这一阶段中，大多数儿童拍手的节奏与音乐的节奏不一致，拍手的速率不均匀，各个儿童拍手的速率也不相同。第二阶段，儿童初步懂得注意音乐的进行，并能努力地使自己的动作与音乐的节奏相一致。在这一阶段中，大多数儿童拍手的速率逐步变得比较均匀，也逐步能够与音乐的节奏相一致。但这种均匀性和与音乐的一致性往往不能长时间保持。第三阶段，儿童逐步从注意力高度集中的情况中解脱出来，动作逐步变得更合拍、轻松、自然，节奏的均匀性、稳定性也慢慢提高。

该阶段学前儿童在婴儿时期就能够对声音做出反应，比如听到欢快的音乐就扭动身体，用动作寻找声源。2～3岁的儿童都喜欢跟着成人边哼唱边做游戏性的动作。这就是初步产生的随乐意识。但总的来说，3岁前的儿童还没有形成要使自己的动作与音乐一致起来的明确愿望。

3. 合作协调

韵律活动中的合作协调主要是指运用动作与人配合、沟通。构成韵律活动中合作协调能力的基础主要包括：动作关系的判断、调节能力；情感关系的判断、调节能力；空间关系的判断、调节能力。

该阶段学前儿童的合作协调能力的发展只能说是一颗尚未发芽的种子，儿童只是在日常交往中发展起了最初的交往欲望和交往能力。对于与韵律活动直接相关的合作协调能力的发展，是通过有意识的教育培养获得的。

4. 创造性表现

创造性表现在此是指在进行韵律活动的过程中运用动作创造性地表现自己的看法、想法的活动。创造性表现的能力是建立在以下基础之上的：对客观事物和主观情感的敏锐感知能力，运用动作进行联想和想象的能力，比较丰富的动作语汇和动作表达经验。尽管学前儿童在这方面的发展仅能达到一个很初步的水平，但在良好的教育影响下，他们还是能从创造性动作表现活动过程中获得有益经验的。

3 岁以前，儿童已经有了许多运用动作进行表达交流的经验，但这种经验的获得在很大程度上与儿童语言表达的活动有关，是一种辅助语言表达的表达方式。该阶段学前儿童在进行韵律活动的过程中运用动作创造性地表现自己的想法和看法的能力仅达到一个很初步的水平，也就是说创造性的表现意识还没有形成。

（二）3 ～ 4 岁儿童韵律活动能力的发展

1. 动作

3 ～ 4 岁的儿童由于神经系统协调能力的发展，儿童还能学会一些简单的联合动作，在进入幼儿园后经过学习，能逐步学会更加自由地运用手、臂和躯干来做各种单纯动作，并能逐步地学会用稍快的速度做动作。由于平衡能力的发展，儿童可以逐步学会做幅度较大的动作。随着平衡和保持重心能力的发展，儿童还可做一些联合动作和连续移动动作。如“一边拍手一边点头”“小跑步”“小碎步”。但是，由于该阶段儿童体力和平衡能力的限制，一些跳跃动作和上下肢联合简单复合动作也在这阶段出现，但掌握起来还有一定的困难。

2. 随乐能力

这一年龄阶段的儿童在进入幼儿园后经过学习，利用动作来表现音乐的体验更丰富了，他们基本学会了流畅、准确地随音乐做动作，会合拍地用动作做出由四分音符、二分音符、八分音符构成的简单的节奏。当儿童听到音乐速度快则动作快，音乐舒缓则动作缓慢。当儿童听到自己喜爱或熟悉的音乐时，往往会自发地跟着音乐踏脚、拍手。在教师的指导下儿童还能模仿小兔竖着耳朵跳、大象甩鼻子等动作。随着儿童音乐活动机会的增多，特别是经过幼儿园良好的教育，儿童会逐步发展到根据音乐的特点，努力使自己的动作与音乐节奏相一致，使动作的速率逐步变得均匀，但这种均匀性往往又表现出不稳定的特点，很难在长时间保持。

3. 合作协调

该阶段学前儿童在进入幼儿园后，在良好的教育影响下，3 岁儿童能够很快学会“找个伙伴一起来跳舞”。他们一般都会通过观察对方的脸部表情和体态表情，判断对方是否可以成为共舞的伙伴，他们还会运用和调整自己的脸部表情和体态表情，邀请对方与自己共舞。儿童已经能够在音乐活动中与同伴配合完成与音乐对应的动作，能在活动中与同伴交流自己的音乐感受。3 岁末期，儿童还能学会两个甚至更多人之间的合作表演方式。

4. 创造性的表现

该阶段学前儿童在进入幼儿园后经过学习，在韵律活动中的表现一般是以自我为中心的，不善于与同伴进行动作上的配合。大部分儿童能够学会用自己想出的动作表现自己的日常活动和自己所熟悉成人的日常活动，能够学会用与他人不相同的动作表现熟悉的动物、植物、用具、玩具、交通工具，能够学会创造性地运用动作表现音乐所引起的想象和联想。他们根据相应的动作来表达自己的感觉。例如：音乐动作快，则动作快；音乐连贯平衡，则动作缓慢平稳。

（三）4 ～ 6 岁学前儿童韵律活动能力的发展

1. 动作

4 ～ 6 岁的儿童能够更有效地控制肌肉活动，韵律活动的随乐性水平也有了明显的提高。这一年龄阶段的儿童身体大动作及手臂动作得到了更好的发展，且走、跑、跳等下肢动作也得到了较大提高，而且平衡能力及动作的控制力有所增强，动作进一步分化且更加精细，动作的自控能力也更强。他们可以自由变化上、下肢动作的速度及幅度，并且能够做更复杂的上、下肢配合的联合动作。可以掌握更为复杂的连续移动动作，也可以做有腾空过程的简单动作，保持重心及平衡的能力也有了进一步的提高。

该阶段儿童在良好的教育影响下，获得较大的进步，可以随心所欲地根据需要变化上肢和躯干的动作速度和幅度，如在做摘果子的动作时，腰部、胸部、头部和眼睛都能协调地配合臂和手的动作，可以学会较多稍复杂的连续移动动作，如垫步、进退步、交替步、溜冰步、秧歌十字步等，在做各种含有腾空过程的动作时，平衡性及保持重心的能力也提高了。特别是女童还会主动注意和追求姿态和动作美，并能做出对自身动作的更精致的调节。

2. 随乐能力

这一阶段的儿童对音乐节奏的特点有较多的关注，在韵律活动中，儿童的动作已经完全能和音乐保持一致，韵律活动的随乐水平有了显著的提高。大部分儿童都能感觉到音乐的基本节拍，他们不但能够敏锐地用动作反映音乐速度和力度的变化，而且还能对音乐的结构及复杂的节奏做出较细致的反应。比如，3/8、6/8 拍的节奏特点，以及切分音、弱起小节等节奏型，儿童都能够感知并用动作去反映出来。

此外，儿童不但能用较灵敏的动作反映音乐速度的力度和变化，而且能对音乐结构做出较细致的反应，如乐段和乐句的开始与结束、乐段与乐段、乐句与乐句之间的重复或变化关系等，他们都能用动作的重复或变化来表示。

3. 合作协调

这一年龄阶段的儿童在韵律活动中的合作协调意识越来越明确，合作协调的技能也越来越强，并开始主动追求与同伴一起参与韵律活动的快乐。能够完全不借助语言而迅速找到伙伴，还能够用动作、表情和眼神与同伴交流、合作。特别是 5 ～ 6 岁的儿童在良好的教育环境中能获得更多的创造性地表演经验。

他们可以用丰富的肢体动作和较有结构性的表现方式来创造性地表现音乐的内容。比如，他们能表现出小木偶的行动姿态，还能表现出妈妈回到家给妈妈捶背、倒茶等一系列的动作。他们能够完全不借助语言而迅速地找到共舞的伙伴，能够用一种宽容的态度对人，一般不挑剔和拒绝邀请。他们能够主动追求和同伴一起参与韵律活动的快乐。他们能够在许多小组共同活动的情况下，不仅照顾到与组内同伴共享空间，而且也照顾到小组与小组之间的空间和谐。

4. 创造性表现

4～6岁的儿童在教师有效的引导下能根据音乐的变化用相应的动作变化去表达对音乐的感受，也能注意运用动作与同伴进行合作、交流。这是最萌芽阶段的创编，虽然这种创编需要教师进行较大程度的提醒和整理，但是儿童主动创编的意识和运用已有经验的能力是可以给予肯定的。

该阶段儿童在良好的教育影响下，不仅能够获得更多的创造性表现手法，而且还能学会一些最基本的舞蹈语汇和创编舞蹈的基本方法。随着儿童对音乐、对周围事物的感知经验日益扩大，感知能力逐步增强，理解体验能力逐步提高，他们运用动作进行创造性表现的积极性也越来越高，表现力越来越强。同样是走步，他们能用动作区分出小朋友还是老爷爷；同样是跳舞，他们能用动作区分出是汉族舞蹈还是新疆舞蹈；等等。他们能够更多地发挥出自身用创造性表现的音乐的积极性，使用较丰富的动作语汇，努力用已有的创造性表现的经验创造动作。

二、学前儿童韵律活动的教育内容

学前儿童韵律活动一般包含律动动作、律动动作组合、舞蹈三个方面的内容。

（一）律动动作

学前儿童音乐教育活动中采用的韵律动作一般可分为基本动作、模仿动作和舞蹈动作。这些动作都是在日常生活中学习和发展起来的。

基本动作是指儿童在反射动作基础上发展起来的生活动作，是伴随音乐进行并与音乐相协调的身体动作表现的活动。学前儿童最先发展的是抓握、拍手、点头、弯腰、屈膝、走、跑、跳等基本动作。

模仿动作是指儿童在表现特定事物的外在形态和运动状况时所用的身体动作。如模仿植物、动物、交通工具、日常行为等动作。儿童模仿日常活动的动作（如洗脸、刷牙、拍球、打气等）、模仿成人活动的动作（如骑马、打枪、缝衣服、做饭等），通常也都属于这一类，这两种动作是3～5岁的儿童韵律活动的主要学习内容。

舞蹈动作是指经过多年的演化和进步，已经程式化的艺术表演动作。这类动作多数比较适合于 5 ～ 6 岁的儿童学习。幼儿园各年龄班儿童学习的舞蹈动作主要是一些基本舞步，3 ～ 4 岁学习小碎步、小跑步；4 ～ 5 岁学习蹦跳步、垫步、踵趾小跑步、侧点步；5 ～ 6 岁学习进退步、溜冰步、交替步、跑马步、秧歌十字步等。

在学前阶段，臂和手的舞蹈动作很少进行专门的学习。常见的臂的动作是摆动和画圈，常见的臂的姿势是平举、上举、下垂和曲肘。一般幼儿园通常在中班安排学习“手腕转动”（翻手腕花），在大班安排学习“提压腕”（硬腕）。

对于小班的儿童来说，他们可以合拍地用动作（节奏练习、舞蹈、模仿动作）做出简单的节奏。因此，在律动动作方面主要培养儿童的节奏感和动作表现能力。

对于中班的儿童来说，他们在音乐的伴随下能够合拍、协调地做动作，在此基础上还应该培养儿童会随音乐的起止而开始或结束动作，会随音乐的变化而变化动作，用动作表达感情等能力。

对于大班的儿童来说，他们能记忆音乐，感受音乐的基本情绪和情绪的发展变化，能合拍地、有韵律感地随乐运动，并能及时地随音乐的变化而变换动作。因此，针对大班的儿童，律动方面的教育内容主要体现在用动作表现感情，培养节奏感、音乐记忆能力，以及音乐与动作的表达能力。

（二）律动动作组合

律动动作组合指按一首完整音乐的结构组织起来的一组韵律活动。学前儿童的律动组合一般可分为身体节奏动作组合、律动模仿动作组合、表演舞、集体舞、自娱舞等。

身体节奏动作组合中的动作均为简单的击打、顿踏动作，通过这些能够发出声音的动作，让儿童注意动作和音色变化的组织结构，如击掌、拍击身体的某个部位、捻指、踏脚等。这种动作组合没有什么含义，但是对于儿童节奏感、身体的协调性等有一定的训练意义。

律动模仿动作组合中的动作多为模仿动作。这种组合比较注重对模仿对象的表现，如小猫睡觉、小猫走路、小猫洗脸，小姑娘采蘑菇、小姑娘提着蘑菇去赶集、小姑娘打着蘑菇伞跳舞，等等。

表演舞组合中的动作以舞蹈动作为主。这种组合比较讲究动作的组织结构，其中有的含有一定的简单情节，如《小卓玛上学》；有的仅表现一种情绪，如《哈达献给解放军》《欢乐舞》等。

集体舞（含邀请舞）组合中的动作以舞蹈动作为主。这种组合也讲究动作的组织结构，但其更重要的特点是队形变化和舞伴之间的配合、交流。因此，这种组合中的动作一般比较简单，也比较少，同一动作的反复进行是常见的结构手法。

自娱舞组合在结构类型和结构方式上都十分自由。可以一个人跳，也可以几个人一起跳舞，舞伴之间交流配合的方式也很自由。

以上各种组合舞蹈，除“表演舞”较适宜大班儿童学习外，其余各种组合及舞蹈各年龄班儿童都可学习。

（三）舞蹈

学前儿童要学习和掌握一些基本的舞步。3 ～ 4 岁儿童要掌握小碎步、小跑步；4 ～ 5 岁儿童要掌握蹦跳步、垫步、踵趾小跑步、跑马步、侧点步等；5 ～ 6 岁儿童要学习进退步、溜冰步、交替步、跑跳步、跑马步、秧歌十字步等动作。学前儿童很少进行专门的上肢动作训练。常见的臂的动作是摆动、画圈、平举、上举、下垂和曲肘。常见的手腕的动作是手腕转动和提压腕。一般 4 ～ 6 岁的儿童也可以学习手指、脚腕、眼睛、肩膀、膝盖等部位的比较精细的动作。

学前儿童舞蹈的表现形式主要有集体舞、邀请舞、表演舞、双人舞、独舞及自编舞等。集体舞是指许多人按比较严格的队形和动作规定一起跳舞。

邀请舞是儿童比较喜欢的一种舞蹈形式。通常儿童会被分为两部分：一部分作为邀请者，一部分作为被邀请者，跳完一遍后再互换角色。表演舞是一种带有表演性质的舞蹈形式，舞蹈者根据歌曲伴奏的内容加以适当的舞蹈动作、道具等编演而成。这种形式通常在文艺演出中被采用。

双人舞和独舞都是有人数限制的舞蹈形式。双人舞是指两个人相互配合地做韵律动作，其中包括三个人或三个人以上的组合形式。在这种活动中，舞伴之间的配合关系一般是相互的，偶尔出现的主导、辅助关系是自然产生的。独舞是指一个人独立地做韵律动作，其中包括独自一个人表演，也包括许多人一起表演，但各自独立活动，相互间不发生交流或配合关系。

自编舞是在儿童掌握了基本的舞步和动作的基础上，根据音乐的情绪和内容自编自演的一种舞蹈形式，这种形式比较有利于发挥儿童的想象力与创造力。

三、韵律活动的常规

（一）学前儿童可以掌握的韵律活动知识和技能

1. 掌握动作的知识和技能的主要内容

（1）身体部位运动的方式，如手臂挥动时的运动路线是直线、曲线还是弧线。

（2）身体部位运动的方向，如头部运动时是向上、向下、向前、向后、向左、向右。

（3）重心控制，如无论静止或移动时，臂部都尽量向里、向上收，而不可向下沉或者向后揪。

（4）参与运动的身体部位，如脚做“垫布”，手做“手腕转动”。

（5）参与运动的身体部位之间的关系，如在做摘苹果和放苹果的动作时，两眼要一直看着手，头部要自然地配合眼睛运动。

2. 变化动作的知识和技能的主要内容

（1）变化动作的幅度，如手臂划拳时，可以划大圈，也可以画小圈。

（2）变化动作的力度，如走步时可以重重地踏脚，也可以轻轻地跳着脚走。

（3）变化动作的节奏，如在做采茶动作时，可以快快地采，也可以慢慢地采，还可以快采几次再慢采几次。

（4）变化动作的姿态，如在做踏步时，动力腿可以点在主力腿的前面，可以点在主力腿的旁边，也可以点在主力腿的后面。再如，在做挤奶动作时，可站成弓箭步做挤奶动作，也可以蹲着或者跪着做挤奶动作。

3. 组织动作的知识和技能的主要内容

（1）按情节内容组织，如小熊饿了慢慢走，小熊吃蜂蜜，吃饱了高兴地跳舞。这种组合方式最容易让小年龄儿童所掌握。

（2）按身体部位的某种秩序组织，如自下而上地踏脚、曲膝、扭胯、耸肩、摆头。学习这种组织方式有利于发展学前儿童的秩序感。

（3）按音乐的重复与变化的规律组织，即音乐相同做相同的动作，音乐不同做不同的动作。学习这种组织方式有利于学前儿童感知音乐的结构。

（4）按对称的原则组织，如在右边或向右做一个或一组动作之后，再在左边或向左做一个或一组相反的动作。学习这种组织方式有利于发展学前儿童的均衡和对称意识。

（5）按主题动作组织，即在一个韵律动作组合中，某一个特定的动作反复出现或反复变化出现。学习这种组合方式有利于发展学前儿童的整体统一意识。

4. 使用道具的知识和技能的主要内容

应为韵律活动选择合适的道具，这些道具既可增加韵律动作组合的趣味和表现力，又不影响移动和做动作，能创造性地使用简单的道具。例如，一面铃鼓，有时是乐器，有时又是帽子，有时是扇子，有时又是篮子。再如，一条纱巾，捏在手里是一朵花，披在肩上是蝴蝶的翅膀，垂在脑后是一根长辫子，扎在腰里又是一条围裙，拿在手里舞动，一会儿可以是轻风，一会儿可以是白云，一会儿可以是柳枝，一会儿又可以是水草……

（二）韵律活动的常规

韵律活动常规，能激发学前儿童的纪律性和责任感，是韵律活动顺利进行的保证。集体韵律活动的常规一般包括以下几个方面。

1. 活动开始和结束的常规

（1）听音乐的信号起立和坐下。

（2）听音乐的信号开始活动和结束活动。

（3）在没有特殊要求的情况下，活动后迅速找空位子就座。

（4）活动结束时自己收拾道具和整理场地。

2. 活动进行的常规

（1）在规定的范围内活动。

（2）在没有队形要求的情况下，找比较空的地方活动。

（3）在自由移动的情况下，不与他人或场内的障碍物（道具、座椅等）相撞。

（4）在自由结伴的活动中，安静地在规定时间内寻找、选择和交换舞伴，分组和分配角色。

（5）在自由结伴的活动中，热情而有节奏地与舞伴交流、合作。

四、学前儿童韵律活动材料的选择

韵律活动的材料主要指的是音乐、动作、情节角色、游戏规则及其他的道具材料。

（一）音乐的选择

对于学前儿童来说，音乐的旋律优美、节奏清晰、结构工整、形象鲜明都是吸引儿童参与韵律活动的重要因素。

在进行歌舞游戏和表演游戏时，选择的音乐要求比较相似，要求音乐简单易学、节奏鲜明和结构工整、易于表现。表演游戏的音乐选择还应该注意段落之间应对比明显、形象鲜明，便于儿童区分和辨别，并能用动作准确地表达。听辨游戏的音乐是根据游戏设计的听辨要求来选择的，其他律动活动的音乐都应该以清晰、明确，能让儿童直观地感知到为目的。

还需要强调的是音乐速度的选择。在为年龄较小的儿童伴奏时，要选择平稳的、稍慢的音乐速度去跟随儿童的动作；等儿童学会用动作跟随音乐的时候，再选用中等速度的音乐；等儿童对动作的控制力较强时，才可以选择有变化的速度。

（二）动作的选择

学前儿童律动动作主要分为基本动作、模仿动作和舞蹈动作三类。

针对不同年龄阶段的儿童，应该制定不同的动作来进行律动活动。3 ～ 4 岁的儿童以模仿动作为主。他们比较容易接受单纯的上肢或下肢运动，在此基础上能逐步地学会简单的上下肢联合动作。他们也比较容易接受连续重复的动作，动作的变换不宜太频繁，在段落之间变化动作比较合适。

4 ～ 6 岁的儿童仍然喜欢模仿动作，但是随着律动活动经验的增加，儿童开始追求动作的优美化，因此可以增加舞蹈基本动作的内容。这一年龄阶段的儿童可以较好地掌握移动动作和上下肢联合动作，也可以学习手腕、手指、脚跟、眼睛、肩膀、膝盖等比较精细部位的动作。随着儿童反应力的增强，动作的变换可以在乐句之间进行。

（三）情节角色的选择

律动活动中的情节与角色是引导儿童感受和表现音乐的媒介，因此律动活动中的情节和角色应该符合以下三点。首先，易于用音乐来表现；其次，容易被儿童认识和接受；最后，具有丰富的教育意义。

（四）游戏规则的选择

律动活动中的游戏规则绝大多数与音乐教育的目的相联系，但是其中也有与其他教育目的相联系的规则。因此，在进行律动活动之前，必须明确教育的目的，然后制定相应的游戏规则。在选择以音乐教育为目标的规则时，应充分考虑儿童音乐能力的实际发展水平。在选择与其他教育目标联系的规则时，也应考虑儿童有关能力的实际发展水平。在许多情况下，这两方面的能力是有机结合、不可分割的。

（五）道具的选择

在学前儿童的律动活动中，并不一定要使用道具，如果必须使用，应注意选择道具需要注意两点：第一，所选用的道具体积不能太大，制作要精美细致、牢固耐用，要适合于儿童抓握与操作；第二，道具对于儿童的律动活动有良好的辅助作用，增加活动的趣味性，能帮助儿童展开丰富的想象力，深化儿童对律动活动的体验和理解，促进儿童对动作和音乐的表现力。

五、学前儿童韵律活动的设计与组织指导

（一）学前儿童韵律活动的设计模式

1. 示范—模仿—练习的设计模式

（1）教师用儿童感兴趣的方式引出主题。

（2）教师用儿童容易理解的语言和方式，反复示范新的动作和动作组合。

（3）教师分析讲解动作的要领、动作表现的形象和情绪等。

（4）教师用慢速带领儿童学习动作或动作组合。

（5）在遇到动作或动作组合比较复杂的情况下，教师可以将动作分解成较简单的几个部分，等儿童掌握之后，再将动作连贯起来做。

（6）教师采用不同的组织形式，调动儿童的积极性，让儿童反复练习，最终能熟练掌握。

2. 引导—探索—创编的设计模式

（1）教师用儿童感兴趣的方式引出主题，并引导儿童从该主题上回忆有关的基础动作等。

（2）教师让儿童用自己想到的动作来表现提出的主题形象、情节、情绪、节奏或结构等。

（3）教师组织儿童倾听、分析、体验音乐，并让儿童讨论哪些动作与音乐有关。

（4）教师让儿童按照讨论结构随音乐做动作。

（5）教师根据儿童的表现情况，组织儿童互相观摩，并从中提炼出动作的要领及动作的表现要领。

（6）教师指定儿童把他们自己编创的动作或动作组合交给全体儿童，或者有教师邀请儿童中产生的优秀范例，让全体儿童在新一轮的表演中自由

借鉴。

（7）教师评价及小结，指出活动中产生的优秀范例。

3. 模仿—创造性发展的设计模式

（1）教师提出主题，或有教师引导儿童回忆有关经验的基础上提出主题。

（2）教师用第一种设计模式的方法教儿童学习基本动作，或用第二种设计模式的方法让儿童创造出某些动作，并以此作为基本动作。

（3）教师教授某种变化基本动作的方法，并鼓励儿童运用变化节奏或变化姿态等方法变化自己的动作。

（4）教师教授某种组织动作的方法，并引导儿童集体创编动作组合。

（5）教师带领儿童将创编出来的动作随着音乐连贯起来表演。

（6）教师退出，由儿童独立地表演。

（二）学前儿童韵律活动的组织指导

从不同结构化程度的角度分析，学前儿童律动活动可以在自发活动、区角活动、集体生成活动和集体预成活动这四种不同的结构状态下进行组织指导。

1. 自发活动

自发的律动活动主要是由儿童自发地展示自己身体部位或身体动作，前提是儿童比较熟悉律动活动的基本动作或动作组合，在此基础上也会组成新的动作组合。自发活动中儿童的律动活动主要有两种状态；一种是边唱边做动作，另一种是在有音乐播放时，即兴地做随乐运动。在边唱边做律动的情况下，儿童对歌曲的曲调和歌词是比较熟悉的，因此律动活动的动作会与儿童对歌曲的理解有关。当然，不同年龄阶段的儿童对于音乐的理解不同，动作表达也会有较大差异。

在随乐即兴表演的情况下，儿童经常会展示一些已经掌握的动作或动作组合，也可能会将已经掌握的动作变换形式表达出来。有时儿童的律动活动也是现场学习和模仿教师、同伴或影音资料中的律动行为。教师在进行这种律动活动时要慎重参与，因为教师的参与有时会打扰儿童自主创造的意识。

2. 区角活动

区角活动是指将幼儿园活动时划分成若干活动区域。通过让儿童自主选择，并与材料和人互动的方式，组织和实施幼儿园的教育活动。音乐区角中的律动活动一般是由教师特意创设的环境所引发的。儿童在区角设施的帮助下，有意识模仿和学习是非常自如的。幼儿园的区角活动更多地立足于儿童本位，强调活动的过程，强调儿童个别化的学习。

对于律动活动来说，区角活动中安置的乐器、音像播放设备及表演用的道具等都是儿童可以自主使用的学习材料。儿童可以在教师的指导下进行律动动作的创编和表演。在区角中，儿童可以跟随音响、影像资料做即兴表演，也可以自由展示教师教授的舞蹈和律动游戏，主治探索和尝试新的表演动作。因此，在区角活动中，教师也要慎重地参与。当儿童有意愿邀请教师一起参与的时候，教师才应该参与其中，但是教师不应该以教师的身份而是应该以朋友的身份参与。当然，如果儿童遇到了难以解决的问题时，教师应该及时地为他们提供帮助。

3. 集体生成活动

在集体生成活动中，教师占主导地位。教师通过自身初步的创编和设计，可以直接教授儿童适合他们学习的集体律动游戏。教师还可以邀请儿童复习已经学习的律动游戏，在复习的过程中让儿童提出改编的意见，然后再展开进一步的、更综合的、更深入的学习。教师也可以从其他活动引发出来主题，引导儿童进行即兴的、创造性的律动活动。

虽然教师在集体生成活动中占有重要的主导地位，但是教师还是应该以儿童为本，充分尊重儿童的建议，及时地与儿童沟通，鼓励儿童提出新的创编意见。对有些不适合儿童学习的律动动作，改编后再运用到教学中去。

4. 集体预成活动

集体预成活动是指由教师选择内容、方法、程序进行预选设计的教学活动。在律动活动设计中，教师可以用各种有趣的方式吸引儿童，引导他们层层深入地思考并反复地练习，也可以创编新的表演故事、创编新的表演动作、提出新的表演方式等，给儿童提供更大的创造性空间。

在集体预成活动中，律动活动一般可以分为创造性律动和集体舞蹈。

（1）在创造性律动活动中，儿童需要利用已经具有的各种经验即兴地使自己的动作与音乐、同伴及道具和谐一致。因此，这种律动活动对儿童来说是一种自我创新、自我组织和自我管理的综合型的挑战。

（2）对于创造性律动活动，教师的教学组织和教学设计要注意以下三点。第一，创造性律动的重要核心是“故事”。故事能够帮助儿童展开丰富的想象力和创造力，还能够激起儿童的表演欲望。第二，创造性律动的另一个重要核心是身体运动的概念。比如，身体各个部位可以做出什么样的动作，各个部位可以怎样配合使用，身体可以做怎样的运动路线等。第三，创造性律动的还有一个重要核心就是配合。儿童的身体运动怎样与音乐配合，怎样与道具配合，怎样与同伴配合，等等。

（3）在集体舞蹈这样一种团队性的集体活动中，儿童要面对音乐和动作的挑战，还要面对空间安置和人际交往两方面的挑战。对于集体舞蹈，教师的教学组织和教学设计要注意以下几点。第一，集体舞蹈要让儿童首先熟悉音乐。第二，动作与队形变化要分开教授。第三，儿童在队形中分辨左右方向是难点，因此教师最好与儿童站在同一方向面对镜子教学，或者让儿童拿着不同的道具来分辨左右方向。第四，教师要帮助儿童分辨音乐的结构，这样能更好地帮助儿童记住动作和感知音乐情绪的变化。

第三节　打击乐演奏活动

一、学前儿童打击乐演奏能力的发展

学前儿童打击乐器演奏需要一定的使用不同乐器的能力、一定的对音乐感知和理解的能力；需要一定的运用节奏和音色进行创造性表现的能力；在集体的演奏活动中，还需要遵守集体演奏活动规则，努力与集体协调一致的意志和能力也是必不可少的。在集体的打击乐器演奏活动中，音乐能力的发展与后天的教育有着很密切的关系。

（一）0～3岁儿童打击乐器演奏能力

1. 乐器操作

0～3岁的儿童对于打击乐器的兴趣来自对有声响玩具的好奇和探究。乐器操作能力主要指运用乐器演奏出想要听到的特定音响的能力。该阶段儿童以对打击乐器表达出极大的兴趣，对能发出声音的各种物体会长时间地进行探究并表现出极大的好奇心。

如成人有意摆放在他们面前的拨浪鼓、小摇铃、能发出声音的小动物等，它们会对这些玩具发出的声音表现出浓厚的兴趣，经常主动去弄响它们，并从自己创造声音的过程中获得满足。再如儿童会去敲、打锅、碗等物品来探究声音的不同，发展起了有关声音的高低、轻重、长短、音色等概念，从而获得创造声音的经验，发展乐手的操作能力，为以后乐器学习和演奏能力打下良好基础。

2. 随乐能力

随乐能力在此是指在演奏打击乐器的过程中使奏出的音响与音乐协调一致的能力。该阶段儿童随乐意识和随乐能力处于发展的最初阶段，很多儿童都不能做到基本合拍地跟随音乐演奏。但是，儿童已经有了一定的随音乐演奏的经验，能够有意识地去敲击乐器，探索声音。这些经验的获得多是偶然的、零碎的。

总体来说，该阶段儿童所能发展起来的随乐演奏能力是十分有限的，家长应当积极地鼓励儿童这种即兴创造的行为，这样将会有力地拓展儿童对学习乐器演奏的兴趣和对音调、节奏等方面的更深层次的理解。

3. 合作协调

乐器演奏活动中的合作协调主要是指在演奏过程中注意倾听自己、同伴、集体的演奏，并努力使每一个人、每一声部的演奏都能服从于整体音乐形象的塑造的要求。构成乐器演奏的合作协调能力的基础主要是对各种音响关系（个人演奏音响、声部音响、整体音响）的倾听、判断、调节能力。

该阶段的儿童合作协调能力还没有得到发展，仅仅是与成人一起玩奏乐器，很少得到集体演奏的经验。此阶段可以培养儿童对他人演奏活动的初步注意，以及初步的与他人相一致的意识。

4. 创造性表现

创造性表现在此是指在进行打击乐器演奏的过程中运用节奏、音色、速度、力度的变化设计配器方案和进行演奏表现的活动。从这些积极的探究活动中，儿童慢慢地建立起有关音色、强弱、高低、长短等概念，获得了最初的通过摆弄物体来创造声音的经验，也发展了手的操作能力，为进入幼儿园后学习正规的打击乐演奏活动打下了良好的基础。

该阶段有乐器表演经验的儿童有可能初步形成创造性演奏表现的能力，在他们玩弄物体制造声音的过程中常常有创造性表现行为的出现。这一阶段儿童表现音乐的意识虽然不强，但在成人指导下也能够并愿意跟随音乐努力地去表现有关活动，如小猫走路的音乐，应该是慢慢地、轻轻地敲打等。

（二）3～4岁打击乐器演奏能力

1. 乐器操作

3岁的儿童进入了幼儿园，可以接触到一些儿童专用的打击乐器，并且此阶段儿童已能够逐步掌握一些主要用大肌肉动作来演奏这些打击乐器。如碰铃、串铃、响板、铃鼓（敲击）、沙锤（摇晃）等。在这些打击乐器中，儿童最容易掌握鼓铃和串铃的演奏方法。不仅仅因为便于模仿，还在于这些乐器可以促使3岁的儿童去探索同一种乐器的不同演奏方法，使得奏出的音量适度，音色较美，使他们对乐器演奏的兴趣得到较大的满足。

幼儿园打击乐器演奏活动可以提高儿童的打击乐器演奏能力，让儿童逐步学会舒适有效地演奏、有表现力地演奏，从而增强儿童的节奏感。在教师的指导下他们一般能够学会较简单的演奏技能并从中得到乐器操作的乐趣。如铃鼓、串铃、碰铃、响板等的演奏技能。并能够初步学会调整演奏所需的力量，演奏出较为适宜的音量和较好的音色。但是，由于他们小肌肉尚未完全发育，对乐器的操作能力、探究能力会受到一定的影响。

2. 随乐能力

除了打击乐器的操作能力，儿童还需要掌握的一项很重要的能力就是随乐能力。随乐能力基本上可以理解为“合拍”，是儿童在演奏乐器的过程中协调音响与音乐的能力。一般来说，在家里很难培养儿童的这种能力，儿童的随乐能力主要是在幼儿园得到培养和发展的。

3岁儿童刚进幼儿园时，随乐意识和能力都比较差，通过一年左右的练习基本具备了初步的随乐意识，演奏也可以合拍了，获得了较多的有组织的经验，在教师的正确引导下大多数儿童能做到基本合拍的随音乐演奏，能够从跟随音乐并与音乐相协调一致的活动中直接获得愉快的体验。

3. 合作协调

打击乐演奏活动更多地体现为一种集体的活动形式，且对活动中各声部之间的合作协调要求甚高。对于3～4岁儿童来说，他们的动作发展、自控能力较差，因而要体会集体奏乐活动中各声部之间的相互配合和协调有一定的困难。因此，对于这一年龄阶段的儿童来说，让他们通过同一种乐器的演奏，体会与别人同时开始、同时结束的基本合作是比较切实可行的。

该阶段儿童进入幼儿园学会在演奏时和大家一起整齐地开始和结束，能初步学会理解简单的指挥手势，并及时按指挥意图做出正确反应，愿意在演奏活动中用积极的情感和态度与他人沟通配合，初步体验到合作协调的愉快。

4. 创造性表现

该阶段儿童在进入幼儿园学会为熟悉的、性质鲜明的音乐形象选择比较合适的乐器和演奏方式。表现出奏乐活动中初步的创造性，如为表现下大雨的音乐选择铃鼓的强奏，为表现下小雨的音乐选择串铃的弱奏等，用不同的音色表现乐段和乐句的结构。为《小星星》配乐用声音清脆明亮的碰铃、三角铁，而为《解放军进行曲》配乐就应选择声音洪亮有力且节奏清晰的鼓、铃鼓等。

（三）4～6岁学前儿童打击乐器演奏能力的发展

1. 乐器操作

该阶段儿童在幼儿园良好的教育影响下，能接触更多种类的打击乐器，并能更熟练地掌握熟悉乐器的各种不同的演奏方法，并随着年龄的增长逐步学会使用小肌肉动作演奏乐器，如运用手腕运动的方式击奏乐器，像木鱼、三角铁等。此阶段儿童还喜欢用多种方法探索同一种乐器的不同演奏方法。有意识地去控制调整用力方式和用力强度，演奏出所需要的音量和音色。

2. 随乐能力

该阶段儿童在幼儿园良好的教育影响下，演奏打击乐器的随乐能力已有很大提高。儿童的随乐意识和能力也进一步发展，他们能够用两种以上的节奏型跟随音乐合奏，也会更自觉地注意倾听音乐，并努力地使自己的演奏能够与音乐的速度、力度变化相一致。在2～3个声部的配合演奏中，这一年龄阶段的儿童不但能够与同伴良好配合，还能读懂指挥者手势的含义。

在这一阶段中，儿童不但能够自如地用简单的节奏跟随音乐齐奏，能够初步学会用两种以上的不同节奏型跟随音乐合奏。他们会更加自觉地注意倾听音乐，并努力使自己的演奏能够与音乐的速度、力度变化相一致。他们能够学会随着节奏较复杂的音乐演奏乐器，部分儿童在这一阶段末期还能学会看指挥手势做即兴变化随乐演奏。

3. 合作协调

该阶段儿童在幼儿园良好的教育影响下，儿童在打击乐演奏活动中的合作协调能力有了很好的发展，在多声部的合奏活动中不仅能准确地演奏自己的声部，也能主动地关注整体的音响效果，并努力保持整体音响的协调性。另外，他们能迅速理解各种指挥手势并能积极地做出反应，在担任指挥时，能以明确的手势对演奏者做出指示，用面部表情和体态表情与同伴进行积极的情感沟通，以唤起全体参加者的合作表现热情。

4. 创造性表现

该阶段儿童在幼儿园良好的教育下，不仅能够积累一定的打击乐作品，而且还能够学会一些最基本的节奏型和用各种不同的音色配置方案“装饰”这些节奏型的方法。随着儿童对音乐、对周围事物的感知经验日益扩大，感知能力和理解体验能力逐步提高，儿童对节奏、音色、速度、力度表现力的认识也更为深刻和丰富，儿童进行创造性表现的热情和能力也在变强。能够在一些基本的打击乐作品的基础上参与为乐曲选配合适的节奏型的配器方案和音色配置方案的讨论，如自发探索音乐、用自制乐器（饮料瓶、筷子等）进行简单的音乐表演。

这一年龄阶段的儿童能够学会跟随结构较长、节奏较复杂的音乐演奏，甚至还能学会看指挥者的手势，即兴变化随乐演奏。随着儿童对音乐、对周围事物的感知经验日益丰富，感知能力进一步增强，理解体验能力逐步提高，他们对节奏、音色、速度、力度表现力的认识也越来越深刻，运用这些要素来进行创造性表现的热情和能力也越来越强烈，如在集体讨论演奏方案时提出意见、自制打击乐器、为音乐选配合适的打击乐器伴奏等。

学前儿童通过打击乐演奏活动，不仅能逐步发展起对打击乐演奏活动的比较稳定的积极态度，积累一定的打击乐作品和节奏、音色语汇，而且也能初步掌握一些简单的、基本的打击乐器进行自我表现的知识。

二、学前儿童打击乐演奏的基本知识与技能

（一）乐器

学前儿童可以学习的打击乐器有大鼓、铃鼓、串铃、碰铃、三角铁、钹、锣、木鱼、双响筒、圆弧响板、蛙鸣筒、沙锤等。

1. 大鼓

有皮革蒙在筒状的共鸣箱上，靠鼓槌敲击引起的振动发音。其音色低沉，用力击打时能产生很强的音响，造成一种强烈的渲染气氛；轻轻击打时，又会产生柔和而绵长的音响。敲击鼓心时，会产生浓厚的音色且有较长的延续尾音；敲击鼓边时，音色脆而硬、薄而短。击鼓时，右手拿鼓槌，手臂放松，手腕有力而富有弹性地敲击。

2. 铃鼓

有皮革蒙在带有可活动的金属小钹的木制围框上，靠手的敲击或手腕的抖动、摇晃引起的振动发音。它兼有鼓和铃两种音色的特点。铃鼓有多种演奏方法：敲击鼓心时，其音色柔和；敲击鼓边时，其音色明朗干脆；用鼓面击身体部位时，则铃的声音较明显；用手腕连续地抖动时，则会产生颤音的效果。总之，不同的演奏方法可以获得不同的音响效果。

3. 串铃

金属制作的小铃串在半圆形、棒形或圆形的固定物上，通过敲击、抖动或摇晃引起的振动发音，可以分别在音乐的强拍或弱拍上使用。

4. 碰铃（也称“小铃”）

一对用金属制成的小铃，用一根不太粗的绳子或可抓握的木柄相对固定两个铃，靠相互撞击引起振动而发音。其音色清脆明亮，音量较小。碰铃相比起锣、钹等金属乐器，音色较柔和，它在打击乐器中属高音乐器。

5. 三角铁

一根弯成等边三角形的圆柱形钢条，用绳子悬挂一端，靠一根金属棒敲击发音。其音色接近于碰铃，但音量比碰铃大，延续音比碰铃长。它的演奏方法有两种：一种是左手提悬挂三角铁的绳子，右手持金属棒敲打三角铁的底边；另一种是在三角铁内，用金属棒快速地敲击左右两边或在三角铁内圈快速地敲击各边，会产生特殊的音响效果。

6. 钹

一对用铜合金制成的圆盘，中间微凸，靠敲击、摩擦而发音。其音色响亮，有较长的延续音，在重拍上演奏能造成强烈、刺耳的音响效果。演奏方法有两种：一种是左右各持一片，相互撞击、摩擦而发音；另一种是将单片悬挂在支架上，右手持鼓槌敲打其边，可以取得另一种音响效果。如果不需要过长的延续音，可以用手捏住的钹边缘或将钹面捂在怀中。总之，敲击时用力的方法不同、用力的程度不同，发出的声音就不同。

7. 锣

一个由铜合金制成的圆盘，由绳子固定在可抓握的木柄上，靠锣槌敲击锣面引起的振动发音。锣可分为大锣和小锣两种。一般可以用在强拍的伴奏上，以突出节奏、渲染气氛。大锣音色低沉，共鸣强烈，有较长的延续音。小锣音色较明亮，也有一定的延续音。大锣一般用软槌敲击：敲击锣的中心时，声音较柔和；敲击锣的边缘时，声音较毛糙。小锣一般用硬槌敲击；敲得重，声音尖锐刺耳；敲得轻，声音清脆明亮。要停止延续音，可以用手按住锣面或将锣捂在怀里。演奏时，一般是左手提锣，右手持槌敲击。

8. 木鱼

这是用木头刻制的、形似鱼状、中间空而头部开口的一种乐器。用一根木质的小棒敲击鱼头而发音。其声音清亮干脆，几乎没有延续音，音色接近于响板。演奏方法为左手持木鱼的尾部，右手持棒按节奏敲打木鱼头的头部。

9. 双响筒

一段中间有节的木筒，下端装有握柄，通过一木制敲击棒的敲击发音。其音色与木鱼相似，干脆而清亮，几乎没有延续音。敲击双响筒由节分开的两端会发出不同高低的音响，一般两个音之间通常相差约五度，通常用来模仿马蹄声。演奏方法为左手持柄，右手持棒敲击，敲击点一般是节到边缘的中点。

10. 圆弧响板

由两片贝壳状木块，中间用松紧带相连构成，靠两片木块的碰击引起的振动发音。其音色清脆而圆润，与木鱼、双响筒类似，但是由于共鸣腔体较小，所以声音也较小，其声音也更脆、更亮、更短。演奏时可以用右手的中指套上松紧带，靠拇指和中指的捏合使两板相击而发出声音，也可以将响板放在左手手心中，用右手的手掌拍击而发出声音。

11. 蛙鸣筒

一段带有握柄的，刻有一道道沟槽的筒状乐器。通过另一木质小棒刮、擦筒身而发音。其音色类似于青蛙的叫声，因此而得名。蛙鸣筒也可以敲击演奏，敲击时的音色与木鱼等乐器相似。演奏时一般是左手持握柄，右手持棒刮奏或敲击。

12. 沙锤

用椰壳或塑料制成的空心球体，内装有细小的沙粒状物体，腔体全封闭，下端装有握柄，依靠臂的抖动、摇晃而振动发音。其音色轻柔，有微弱的毛糙感。演奏方法为双手各持一沙锤，用手臂带动手腕上下振动。可以同时两手进行，也可交替、轮换进行。

以上都是没有固定音高的打击乐器。根据材质可以分为以下几类。

木质类：双响筒、木鱼、蛙鸣筒、圆弧响板等。声音清脆、明亮，无延绵音。

散响类：沙锤、沙球、串铃等。声音特点是音量小、声音散，可持续奏长音。

皮革类：大鼓、铃鼓等鼓类乐器。一般有共鸣声，声音低沉，音量较大。

金属类：锣、钹、三角铁、碰铃等。最大特点是有延绵音，清脆。

除此之外，幼儿园的打击乐器中还配有一些有固定音高的打击乐器，主要有木琴、铝板琴、小钟琴等。它们的音域一般在一个八度以上，演奏方法比较简单，以敲击和刮奏为主，适合于演奏简单的旋律。

在音乐教育中也强调动手参与的内容——自制乐器，通过亲自动手制作乐器，可以使儿童从感性上开始理解乐器的发音原理、乐器构造的原理等，在各类乐器中最容易做的就是打击乐器了，比如易拉罐，纸杯中放沙子当散响类乐器，也可将酒瓶盖并串起来当串铃；哪怕一双筷子也可以是木质乐器；可以发出声的纸箱、水桶都可以当鼓类乐器；当儿童使用自己制作的打击乐器演奏出一个自己设计的打击乐合奏时，他们的愉悦的心情和兴趣一点不亚于用真的乐器演奏。这个创造发明也正好培养了儿童的动手能力和创造性。

（二）配器

在学前儿童的音乐学习中，“配器”主要是指教师引导、组织儿童、用集体讨论的方式，选择适当的节奏型及合适的乐器，为儿童所熟悉的歌曲或乐曲设计伴奏的一种活动形式。

与此有关的知识技能有以下三点。

第一，知道乐器如何按音色分类。例如：碰铃、三角铁等，音色都较明亮、柔和，通常分为一类；圆弧响板、木鱼、单响筒等，音色都较干脆、坚实，通常分为一类；串铃、铃鼓等，摇奏时都有一定的毛糙感、波动感，通常分为一类；大鼓音色沉着、厚实，锣、镲和钹音色较为尖锐、粗糙和带有撕裂感，通常单独使用。

以上这些乐器及其音色特点是儿童打击乐器学习中音色知识的主要内容。更细致的内容一般不在幼儿园阶段进行。

第二，知道如何利用乐器的搭配制造某种特定的音响效果。如果制造强烈的效果，可以用更多的乐器，加上大鼓、大钹，用可摇响的乐器持续猛烈摇奏，等等。如制造轻快、柔和的效果，可以用较少的乐器演奏，可用有较长延续音的乐器柔和地弱奏，可用有较短促声音的乐器轻快地弱奏，用可摇响的乐器轻柔地持续摇奏，等等。

第三，知道如何通过集体讨论等方法，为指定的歌曲或乐曲选配合适的节奏型及音色安排方案，并能用简单的图形、语音、动作等符号记录设计好的配器方案。

（三）指挥

打击乐演奏活动中的“指挥”和“看指挥演奏”内容的学习，对儿童音乐学习和全面发展有着特殊意义。这些意义与成人的专业音乐活动中的指挥有很大的不同。

在这种活动中，儿童学习的主要是如何与人沟通、与人合作及与人相协调。因此儿童指挥者一般情况下可以不必学习专业性的起势、收势和击拍，可只学习如何自然地开始、结束、轮流、交替和击出所要求的节奏型，必要时还可做相应乐器演奏方式的模仿动作等。

与此相关的知识技能主要有以下三点。

第一，知道如何用动作表示“准备”“开始”“结束”，并能使自己的动作清楚、明确，易于让被指挥者做出反应。

第二，知道在指挥时将身体倾向于被指挥者，用眼睛注视被指挥者，并能用体态和表情激起被指挥者的合作热情。

第三，知道如何用指挥动作表现节奏和音色的变化，并能使自己的动作与音乐协调一致。配器和指挥是近年来在儿童音乐教育科研实践的基础上发展起来的新的教学内容。对从未尝试过这类活动的教师可能会有一定的难度，应根据本园、本班儿童的情况和教师自身的实际情况灵活选用。

（四）打击乐器演奏的常规

为打击乐器演奏活动建立必要的常规特别的重要，集体打击乐器演奏活动的常规一般可以包括以下两个方面。

1. 活动开始和结束的常规

（1）听音乐的信号整齐地将乐器从座椅下面取出或放回。

（2）乐器拿出后，凡不演奏时须将乐器放在大腿上，不发出声音，眼睛也不看乐器。

（3）开始演奏前，按指挥者的手势整齐地将乐器拿起，做好准备演奏的姿势。演奏结束后，按指挥者的手势将乐器放在大腿上。

（4）活动结束后，自己收拾乐器和整理场地。

2. 活动进行的常规

（1）演奏时身体倾向指挥者，眼睛注视指挥者，积极地与指挥者交流。

（2）演奏时注意倾听音乐和他人的演奏。

（3）演奏时注意力要集中，不做与演奏无关的事情。

（4）交换乐器时，须先将原来使用的乐器放在座椅上，再迅速无声地找到新的座位坐下。交换过程中不与他人或场内的座椅相撞。

三、学前儿童打击乐活动材料的选择

学前儿童打击乐器演奏活动的材料包括乐器、音乐和配器方案。教师要根据儿童的年龄特点在不同的阶段为他们选择合适的乐器、适当的音乐材料和配器方案。

（一）选择乐器的原则

（1）乐器的音色要纯正。

（2）乐器的大小及重量要适合儿童。

其中适合于小班儿童演奏的乐器有碰铃、串铃、响板、铃鼓（敲击）、沙锤（摇晃）等；中班儿童能学习木鱼、铃鼓（抖动、摇晃）、蛙鸣筒、锣和钹等乐器的演奏；三角铁和双响筒一般适合于大班年龄的儿童演奏。

（3）乐器的演奏方法要适合不同年龄儿童运动能力的发展。

（二）选择音乐材料的原则

（1）在为小班选择有关音乐时一般应注意节奏清晰、结构工整、旋律优美、形象生动鲜明等特点。音乐材料最好是节奏简单、结构短小的单一部曲式的歌曲或乐曲。多为年龄较小的儿童选择他们已经比较熟悉的歌曲、韵律活动曲或欣赏曲。

（2）中、大班的儿童奏乐活动的音乐材料可以根据实际情况选择节奏比较复杂的乐曲，结构可以选择两段体或单三部曲式的音乐，段落之间最好是对比鲜明的。

（三）配器方案

（1）为儿童选择的打击乐曲配器方案一般要适合儿童使用乐器的能力。

（2）适合儿童对变化做出反应的能力，配器方案中的节奏变化和音色变化，其变换频率及复杂程度，都应该符合儿童的能力水平。

（3）配器音响效果与原来的音乐相协调。

（4）配器本身富于趣味性、新颖性和整体统一美感。

四、学前儿童打击乐活动的设计与组织指导

（一）学前儿童打击乐活动的设计模式

1. 从整体布局入手的设计模式

（1）教师用儿童感兴趣的方式方法引出主题。

（2）教师组织儿童感知音乐，分析和学习音乐。

（3）教师帮助儿童掌握已经设计好的演奏方案，或者教师引导儿童集体为乐曲设计打击乐配器方案，并组织儿童掌握设计出的演奏方案。（为了让儿童更好地掌握演奏方案，教师可以用图形、语言、动作、颜色等不同的表现手法对教学进行辅助。这些提示性的图形、语言、动作、颜色等，可视作一种“变通图谱”。）

（4）教师将儿童分成若干小组，制定各个小组分别担任不同的声部，教师担任指挥，指挥儿童徒手作演奏动作，跟随音乐合奏。

（5）让儿童手拿乐器，在教师的指挥下与音乐合奏。

（6）教师请儿童担任指挥，并教授指挥要领。

（7）教师组织儿童自由地交换乐器并演奏。

（8）教师引导儿童创造性地改编原配器方案并演奏。

2. 从主要声部入手的设计模式

（1）教师用儿童感兴趣的方式方法引出主题。

（2）教师组织儿童感知音乐，分析和学习音乐。

（3）教师先示范打击乐曲中的某一个主要声部的节奏和乐器演奏方法，然后让儿童进行模仿。或者教师引导儿童集体为音乐设计出一个主要的打击乐声部的演奏方案，然后带领儿童练习熟练。

（4）采用以上教师示范儿童模仿的方法，帮助儿童掌握其他的辅助性声部的演奏方案。

（5）教师指挥儿童用乐器跟随音乐合奏这些辅助声部。

（6）教师指挥儿童，将主要声部和辅助声部合起来演奏，并引导儿童学会倾听主要声部与辅助声部的配合关系。

（7）教师请儿童担任指挥，并教授指挥要领。

（8）教师组织儿童自由地交换乐器并演奏。

（9）教师引导儿童创造性地改编原配器方案并演奏。

（二）学前儿童打击乐活动的组织指导

从不同结构化程度的角度分析，学前儿童打击乐活动可以在自发活动、区角活动、集体生成活动和集体预成活动这四种不同的结构状态下进行组织指导。

1. 自发活动

自发活动中儿童的奏乐一般有两种状态：一种是使用乐器为他们基本会唱、会念的儿歌、歌曲或乐曲伴奏；另一种是在即兴玩唱时，儿童自发探索怎样弄响一个物品，并利用物品的响声玩弄自己熟悉的歌曲或乐曲。

在自发活动中教师要慎重参与，以免阻断儿童的自我享用活动。如果教师认为有必要参与，可以首先以模仿儿童的方式与儿童做回声游戏，在获得儿童的允许后，再逐渐地吸引儿童来模仿自己的节奏。教师可以引导儿童改变速度、节奏、音色及演奏表情等。

2. 区角活动

音乐区角中的奏乐活动一般是由教师特意创设的环境所引发的。区角活动中事先安置好的一些音像播放设备、乐器、道具，以及一些可以用来制作和充当乐器的材料，是儿童进行区角活动的前提。如果认为需要提供更多的方向性指导，教师可以用提示配器节奏、音色变化的图谱来帮助儿童复习已经学过的和将要教授的新音乐。

录音音乐中需要提供在具体教育活动中使用的音乐和节奏感都比较鲜明的音乐。如果儿童主动要求教师提供帮助，教师也应该尊重儿童的意愿，并及时提供他们需要的帮助。

3. 集体生成活动

集体生成活动的奏乐活动主要依靠教师的敏感性。教师可以让儿童提出他们希望复习或学习的音乐作品，也可以由平日进行的各种活动中引发出来，特别是观看有奏乐表演的影音资料时，都有可能使儿童产生对音乐的热情。

如果儿童喜欢，教师也认为适合儿童学习，就可以直接拿来展开集体深入学习，若教师认为有些部分不适合儿童学习，就可以剪裁、改编或重新组合后再进行集体学习。当然，把这些事件转化成集体生成的奏乐活动并不是一件容易的事情。

4. 集体预成活动

集体预成活动，指的是由教师选择主题或作品，选择他人的配器方案或自己配器，选择适合儿童的方法、程序进行预先设计的奏乐教学活动。教师在设计中需要用各种有趣的方法吸引儿童反复练习，还需要在选择新的演奏方式、提出新的配器方案，甚至在制作新的乐器等诸多方面，留给儿童创造性地反应空间。

集体预成的奏乐活动根据作品的难易程度和儿童的实际发展水平需要有不同的组织形式。

第一种组织形式：教师使用预先设计好的提示配器节奏、音色变化的图谱，帮助儿童掌握整体的配器情况。然后组织儿童分声部徒手练习，最后再让儿童用乐器练习演奏。

第二种组织形式：教师组织儿童集体创编“身体动作总谱”或“语言总谱”或“图形总谱”的节奏型，集体掌握配器布局的整体情况，然后组织儿童分声部徒手练习，最后再让儿童用乐器演奏。

第三种组织形式：教师先给出故事情境，在组织儿童一起为该故事情境创编动作表演，最后再选择乐器为表演动作伴奏。

第四节　音乐欣赏活动

学前儿童音乐教育的内容包括音乐欣赏、歌唱、韵律活动和打击乐器演奏，其中音乐欣赏是学前儿童音乐教育的基础。究其原因，是因为理想的歌唱、韵律活动、音乐欣赏及打击乐器演奏活动，都离不开儿童对音乐的感受，离不开儿童对音乐的旋律、节奏、力度、强度、形式等基本表现手段的领悟。因此，音乐欣赏是学前儿童音乐教育活动的重要内容之一。

音乐欣赏活动是指让儿童通过聆听音乐作品获得审美享受的音乐活动，主要指学习怎样听音乐、感受音乐、表达音乐效果。在幼儿园，主要的音乐欣赏活动是让儿童倾听周围环境中的声音（水滴的声音、各种小动物的叫声、风声等），以及让儿童倾听音乐作品。

培养和帮助所有的儿童成为有一定水平的音乐欣赏者，能够从音乐中获得乐趣，而且使这种乐趣得以巩固、保留，并成为一种终身，这需要无疑是一项非常重要的任务。也正因如此，必须始终注意，不要把培养音乐欣赏的能力只限制在音乐欣赏教学活动中，而应当将之渗透到音乐教育的每一部分中。

一、学前儿童音乐欣赏能力的发展

学前儿童通过倾听音乐对作品进行感受、理解和初步鉴赏的审美活动，称作音乐欣赏。儿童通过音乐欣赏活动，可以接触更多优秀的音乐作品，开阔他们的音乐眼界，丰富他们的音乐经验，培养他们对音乐的喜爱之情，发展他们的想象力。音乐欣赏活动使儿童初步发展起感知、理解、欣赏音乐作品的能力。

（一）0 ～ 3 岁儿童音乐欣赏能力的发展

1. 倾听

“倾听”与一般的“听”不同。倾听是一种有意识地听，带有注意的“留神地听”。倾听不仅需要有注意地参与，而且往往还要有情感地参与。倾听的态度、习惯与能力，不仅是欣赏音乐的重要基础，而且也是积极的个性倾向性的重要组成部分。3 岁前的儿童能够自发地倾听声音，对倾听表现出浓厚的兴趣。他们不仅会兴致勃勃地倾听，更会一边听一边想，并因此获得丰富的倾听经验。有些儿童对他们所喜欢的音乐可以倾听很长时间，甚至有的儿童还会主动要求重复听某一特定的音乐。

2. 理解

理解是音乐欣赏的重要组成部分，也是进入“欣赏”境界的重要基础。音乐欣赏中理解包括的内容主要有：对音乐所引起的情绪、情感的理解；对音乐所引起的想象、联想内容的理解；对音乐所传达的思想内容的理解；对音乐的形式结构本身的理解。3 岁以前，儿童对音乐的理解能力是很有限的。0 ～ 2 岁儿童容易对节奏鲜明、旋律优美、音响柔和的音乐产生好感并做出积极的反应，但这还不能算是一种理解。2 ～ 3 岁的儿童在良好教育的影响下，能发展出初步的想象、联想能力。

3. 创造性表现

由于学前儿童音乐能力发展的特殊性，欣赏和创造性表现活动尚处于不分化的状态之中。因此，在学前儿童的音乐欣赏活动中，经常伴随着创造性表现活动。3 岁以前，儿童就逐步学会用动作、嗓音和脸部表情对音乐做出某种反应，但这种反应多半是一种直觉反应，创造性意识和表现意识还尚未萌芽。

4. 兴趣与爱好

对音乐的兴趣爱好，不仅是音乐表演活动的重要前提，而且对于音乐欣赏活动有着更为重要的意义。3 岁以前的儿童除了会对熟悉的音乐产生特殊的好感，不是过分低沉、伤感、刺激、吵闹的音乐都会使他们感到高兴。随着音乐经验的不断积累，大多数儿童逐渐发展出个人的对某种音乐的特殊爱好，并逐渐形成个人对音乐价值最初的看法。

（二）3～4岁儿童音乐欣赏能力的发展

1. 倾听

这一阶段的儿童进入幼儿园，在良好教育影响下，会更多地自发倾听环境中的各种声音，并主动分辨和描述这些声音，如下大雨和下小雨的声音不同等。在音乐活动中，他们会更仔细地倾听各种音响，并按要求努力地分辨和描述它们。他们还能逐步养成注意倾听教师、同伴的歌声和琴声的习惯。

2. 理解

进入幼儿园后，在良好教育影响下，3岁的儿童可能初步获得以下的发展：学会理解他们所熟悉的歌曲的歌词内容和思想、学会理解性质鲜明的音乐情绪。3岁末期，儿童的想象力、联想能力也较快地发展起来，他们能够自己想出用向上、向下和向前三种不同的吹喇叭动作来表现音区的变化，能根据音乐的轻重缓急的性质联想起他们熟悉的动物和景物。

3. 创造性表现

这个阶段的儿童已逐步了解一些可以用来表现音乐感受的手段，并逐步学会比较自如地在自己的水平上运用这些手段。他们最容易理解和掌握的创造性表现手段是身体动作。到3岁末期，儿童能够逐步学会用动作来进行比较准确的音乐表现，而且能够初步意识到尽量做自己想出来的与他人不同的动作。

4. 兴趣与爱好

这个阶段的儿童仍旧比较喜欢他们所熟悉的音乐，如幼儿园里学过的音乐、广播电视中经常播放的音乐、家庭成员经常欣赏和表演的音乐等。另外，节奏鲜明、情绪欢快、音响明朗、内容易于理解的音乐也是儿童所普遍喜爱的。

（三）4～6岁儿童音乐欣赏能力的发展

1. 倾听

4～6岁儿童在良好教育的影响下，倾听的主动性、自觉性和听辨能力可以获得很好的发展。他们除了能够认真地按要求倾听和进行听辨、描述外，还会较多地主动倾听环境中的声音和音乐。例如，在专门组织的音乐活动中，他们不但能够听出音乐的速度、力度、节拍和节奏型的变化，而且还能够听出乐段、乐名之间的重复和变化；他们不但能够听出音乐在情绪方面的差异，而且还能够听出某些明显的风格差异。他们经常能够自发地倾听环境中的各种声音，并在各种音乐活动中自由地运用这些声音素材进行创造性的音乐表达活动。

2. 理解

在良好教育影响下，4 ～ 6 岁儿童不但能够较好地理解歌词内容较复杂的歌曲，而且对器乐曲的理解能力也有了大幅度的提高。

3. 创造性表现

在良好教育的影响下，4 ～ 6 岁儿童可能学会比较自由地采用各种手段进行创造性表现，而且在表现过程中还能努力让自己的表现更具有个性和创造性。

4. 兴趣与爱好

在良好的教育影响下，4 ～ 6 岁儿童可能发展起比较广泛的音乐兴趣，对各种音乐都表现出一种理解的、宽容的接纳态度，也能够经常主动地发起音乐活动或参与由别人发起的音乐活动。本阶段的学前儿童对音乐的兴趣爱好已初步形成。

二、学前儿童音乐欣赏活动的教育内容

学前儿童音乐欣赏活动的教育内容主要有倾听周围环境中的声音、欣赏音乐作品，以及学习音乐欣赏中的简单知识和技能。

（一）倾听音响

倾听是儿童必须具备的一个非常重要的基本技能，它是儿童接受音乐教育的基本出发点，也是开展音乐欣赏的前提和基础。所以，利用日常生活和周围环境对儿童进行倾听能力的培养，是最自然和最直接的一条途径。

1. 倾听周围环境中的音响

在周围的环境中，无论是自然界，还是社会生活中都充满了各种音响，如鸟叫、蛙鸣、暴风的呼啸、雨水的滴答、汽车的鸣笛声、火车和飞机的隆隆声等，这些音响与人们语言的声调、朴素的民歌一样，都是音乐家创作的重要源泉。

日常生活中随时可引导学前儿童进行倾听的活动有以下四种。

（1）找两个声音特质不同的物体，让儿童仔细倾听，辨别他们所发出的不同声音。然后教师躲到屏风之后，敲击物体，让小朋友去辨别是什么物体发出声响。儿童熟悉游戏后，教师还可以慢慢缩小发声物体的差别，提高儿童的分辨能力，也可以逐渐增加发声物体的数量，让儿童去分辨更多音响。

（2）教师和儿童每人准备一套相同的发声体，发声体最少要能发出三种以上的声音。让儿童先看教师做不同方式的发声，然后让儿童模仿教师发出同样的声音。教师也可以躲在屏风之后发出声响，让儿童仅凭听觉去分辨。

（3）绘制一些在游戏时经常使用的各种发声物体的图片，教师用实物发出声音，让儿童根据他们所听到的声音，从这些图片中找出相应的发声物体的图片。

（4）让儿童围坐成一圈，分发 3 ～ 5 种能发出不同声音的物品，每人一件。请一个儿童到中间来，蒙住眼睛，然后请围成圈的儿童同时敲击物品，让圈中央的儿童寻找与自己手中拿的物体发声一样的物品，和持有该物品的儿童交换，然后游戏继续进行。

2. 倾听人体的声音

（1）教师和儿童面对面地坐在一起。教师看着儿童，儿童也注视着教师。让儿童模仿教师发出的各种各样的声音，如拍手声、捻指声、跺脚声、弹击声、拍腿声，以及各种嗓音声等。等到儿童学会后，可让游戏稍有难度，教师躲在屏风之后发出声响，让儿童仅依靠听觉来模仿出教师发出的各种声响。

（2）让儿童围坐成一圈，教师对第一个儿童说一句耳语，请他们按顺序一个一个轻轻地把这句耳语传递下去，最后一个儿童把听到的耳语大声说出来，看看这耳语在传递的过程中是不是走样了。

3. 记忆声音

（1）教师利用身体的各个部位发出几种不同的声音（拍手、拍肩、拍腿、跺脚等），让儿童按照顺序模仿。教师也可以躲到屏风后，重复这个游戏，让儿童再次分辨。

（2）儿童围坐成一圈。第一位儿童发出一种声音，全体儿童重复这一声音；第二名儿童重复第一种声音，并再增加一种新的声音，全体儿童重复这两种声音；第三名儿童在重复前两位的声音的基础上，再增加第三种声音，全体儿童再次重复。依此类推，看看儿童能记住几种不同的声音。

（3）将声音信号和一定的动作联系起来做游戏。世界名曲《野蜂飞舞》《云雀》《雨滴》《田园》等，就是经过艺术家的头脑，用高超的艺术手法表现出来的人类对自然音响的主观感受。在专门为学前儿童创作的深受学前儿童喜爱的歌曲、乐曲中，也有许多模拟自然音响的成分，如儿童所熟悉的动物、交通工具发出的声音等。如果能从小培养儿童对周围生活中各种声音的倾听兴趣和倾听能力，将会为他们欣赏音乐作品打下良好的基础。因此，教育者应充分利用一切机会，自然地、有意识地引导学前儿童倾听周围生活中的声音，丰富他们对声音的感性经验。

（二）欣赏音乐作品

音乐作品包括声乐曲、器乐曲两种，其内容主要有以下五个方面。

（1）优秀的中外少年儿童歌曲，包括创作歌曲和广泛流传的民歌、童谣。如《听妈妈讲那过去的事情》《歌唱二小放牛郎》《卖报歌》《只怕不抵抗》《小白菜》《太阳出来喜洋洋》《春天来了》《雪绒花》《铃儿响叮当》《我的小鸡》等。

（2）由歌曲改编的器乐曲，包括由中外优秀儿童歌曲及优秀民歌改编的器乐曲。如《小白船》《森吉德玛》《茉莉花》《洋娃娃和小熊跳舞》《夏日泛舟海上》等。

（3）专门为儿童创作的简单器乐曲。如《滑梯》《跳绳》《扑蝴蝶》《青蛙合唱》《熊跳舞》《大象》《小士兵进行曲》等。

（4）专门为儿童创作的音乐童话作品。如《龟兔赛跑》《骄傲的小鸭子》《彼得与狼》等。

（5）中外著名音乐作品。如《牧童短笛》《金蛇狂舞》《瑶族舞曲》《钟表店》《玩具兵进行曲》《四小天鹅舞曲》《啤酒桶波尔卡》《土耳其进行曲》等。

（三）音乐欣赏的简单知识技能

学前儿童可以学习的有关音乐欣赏的简单知识技能主要包括以下六个方面。

（1）认识常见的民族乐器和西洋乐器。

（2）听辨人声各声部和各种乐器的音色。

（3）了解音乐作品的名称、创作背景和作者。

（4）听辨作品的音乐情绪，理解作品的音乐内容、音乐形象及作品的曲式结构。通过欣赏音乐作品，展开丰富的想象、联想。

（5）基本懂得音乐表现的各种手段：节奏、节拍、力度、速度、调式、调性、旋律、和声等。

（6）通过各种媒介表达对音乐作品的感受。

三、学前儿童音乐欣赏活动材料的选择

选择恰当的音乐欣赏活动材料是进行幼儿园音乐欣赏活动的重要环节。音乐欣赏活动的材料由两部分组成：一是音乐作品；二是为了帮助儿童更好地感受和理解音乐作品所采用的辅助性材料。教师在选择学前儿童音乐欣赏作品时，也应从这两个方面进行考虑。

（一）音乐作品

音乐作品既有声乐曲、器乐曲之分，又有题材、体裁、内容、形式和风格上的不同。为学前儿童选择音乐欣赏的作品时，除了要考虑儿童的年龄特点，以及儿童感知、理解音乐的实际能力和接受水平，更需要考虑音乐作品是否具有较强的艺术性和多样性。歌曲因为有歌词，在一般情况下较容易被

儿童接受。但是也有研究证明：儿童不仅喜欢歌曲作品，而且也喜欢器乐作品。这是因为器乐曲音色丰富、表现手法多样，又没有具体歌词的局限，所以能让儿童进行更生动、自由的联想和想象，因而也被许多儿童所喜爱。

第一，在为学前儿童选择音乐作品时，应遵循以下原则。

（1）为儿童选择的音乐欣赏作品，无论是歌曲还是器乐曲，都要注意音乐作品所表达的内容、形象或情感应是儿童熟悉、理解且能唤起他们的兴趣的；音乐作品的形式应比较简单，结构要单纯、工整且长度适中，篇幅不宜过长。

（2）为儿童选择的音乐欣赏作品必须具有较高的思想性和艺术性，有较好的演唱或演奏质量。题材广泛、形式多样而富有艺术美的音乐欣赏作品能扩大儿童的艺术视野，丰富他们的音乐欣赏经验。

（3）教师应该尽力为儿童选择公认的优秀且经典的世界名曲。有的作品篇幅较长，可以删减作品中的某些部分，保留相对独立的部分。让儿童直接与音乐大师对话，使其尽早发展对优秀音乐的敏感性。

（4）教师必须尽力选择最好的音乐音响。让儿童知晓究竟什么样的音乐音响才是美好的，使其真正享受音乐的美感。

第二，选择歌曲和器乐曲也有不同的标准。

（1）歌曲方面

如果选择的材料是歌曲，需要着重考虑歌曲的内容、形象、情绪，应该是儿童所熟悉、喜爱和愿意接受的；歌曲中的歌词，应该是儿童所能够理解的。各年龄班欣赏的歌曲可以是本班即将学习的歌曲，也可以采用高一年龄班儿童所唱的歌曲。此外，也可以向儿童介绍一些他们能理解的民歌、名曲及中外少儿歌曲等。

（2）器乐曲方面

有的器乐曲有标题，有的器乐曲无标题。有标题的音乐一般有名称，有一定的内容、情节，往往描述某件事情或某种情景，如《龟兔赛跑》《彼得与狼》等。比起无标题的器乐曲，它们具有一定的图画性和戏剧性，有助于学前儿童想象和联想，也便于教师在设计教育活动时找到儿童熟悉和喜爱的形象。当然，有一些器乐曲虽无标题，但其旋律优美、节奏鲜明、结构单纯工整、长度适中，因而也受到儿童的喜爱。在音乐艺术的宝库中有许多这类的作品，也可作为理想的音乐欣赏作品。

目前，世界历史上的许多著名音乐作品都已经普遍应用于早期儿童音乐教育，并已经获得良好的效果。但是，许多中外著名音乐作品，以及一些为年龄较大的儿童创作的音乐童话过于复杂，不符合学前儿童的接受能力。因此，教师通常还要对所选的音乐作品进行一定的节选或改编。一般情况下，教师所需要做的工作主要是将复杂的结构删减压缩为短小简单的结构。

在为学前儿童的音乐欣赏活动选择音乐作品时，除了要考虑每一首作品是否符合特定的要求外，还要考虑所有作品在总体上是否符合教育的要求，即作品的内容、形式、风格是否丰富、多样，比例结构是否合理。如从内容出发，应广泛包含反映社会、自然，以及儿童生活和内心世界的作品；从表演形式出发，应广泛包含各种形式的歌曲和不同的器乐曲；从材料的文化历史代表出发，应广泛包含不同时代的中外优秀创作作品和优秀的民间音乐。

（二）辅助材料

成人在欣赏音乐时，脑子里虽然很“热闹”，外表却显得比较平静。因年龄特点和知识经验、音乐经验所限，学前儿童在音乐欣赏的过程中一般很难像成人那样，仅仅通过安静倾听的方式来获得对音乐的感性体验和理性思考。他们往往需要借助一定的辅助材料，以丰富和加强听觉感受。为了帮助学前儿童更好地感受和理解音乐作品，动作、视觉、语言材料等辅助手段的参与是必不可少的。

在为学前儿童选择辅助材料时，有一点必须高度注意，即所选的动作材料、视觉材料、语言材料都应该是艺术的，是具有审美价值的。而且既然是辅助材料，就必定是能够促进儿童对音乐的感知和理解的。这样，为儿童提供配合欣赏音乐作品的辅助材料便成为一种自然的、必要的手段。辅助材料的选择一般有以下三种。

1. 动作材料

动作材料是指符合音乐的性质，能反映音乐的节奏、旋律、结构、内容和情感等的身体动作。欣赏音乐绝不是一种被动的接受，而应当鼓励学前儿童直接用身体动作来表现他们对音乐的情感反应，这是帮助儿童感知、理解和表现音乐最自然、最重要的途径。在为音乐欣赏活动选择动作材料时，要注意所选动作应与音乐的节奏、旋律、结构、情感等方面保持一致。这样，儿童对所欣赏的音乐才能产生更深刻、更全面的认识，并逐步意识到音乐与动作之间的内在联系。此外，所选动作应是绝大多数儿童都能自然做出的。这样，在进行音乐欣赏活动时，就可以避免因动作难度偏高而影响儿童对音乐的理解和感受。

在音乐欣赏活动中，应经常让学前儿童有机会独立地选择动作，独立地对音乐做出反应。因此，教师在为音乐欣赏活动选择动作材料时，有时只需要明确动作反映的性质，不需要确定具体的动作。例如在欣赏一首优美的抒情音乐时，教师只需要确定儿童所做动作的性质应是柔软、连贯、绵长、自由的即可。

2. 视觉材料

视觉材料是指形象具体地反映音乐的想象、内容、结构及节奏特点的可视材料。音乐是流动的，稍纵即逝。而作为视觉对象的图画、雕塑等却是十分稳定的，人们可以反复加以欣赏、观察，形成清晰的记忆表象。所以适当地调动视觉，这对帮助儿童欣赏音乐，是大有裨益的。研究证明，视觉材料有助于儿童形象地掌握音乐的性质、旋律、节奏、曲式结构等，强化音乐审美感受，提高音乐记忆效果。

在音乐欣赏活动中，选择视觉辅助材料的首要条件是从音乐出发，与音乐欣赏的要求相一致。这里所讲的一致，是指视觉材料的线条、构图、造型、色彩、形象、内容、情绪等都应与音乐一致。如果所选的视觉材料是可在时空中流动的（如动感的活动影像、木偶等），则在操作这些视觉材料时，要注意其运动的方式也应与音乐一致。

例如：在欣赏柴可夫斯基的《洋娃娃的葬礼进行曲》时，所提供的图面色彩应是灰暗的，构图应是凝重的；而在欣赏聂耳的《金蛇狂舞》时，所提供的画面色彩应是辉煌的，构图应是具有强烈动感的；在欣赏陈兆勋的《小白兔跳跳跳》时，木偶操作的节奏和结构变化应与音乐的节奏和结构变化一致；在欣赏史真荣的《龟兔赛跑》时，幻灯或投影操作的画面变化应与音乐内容变化一致。

选择视觉辅助材料的次要条件是形象生动有个性，艺术感染力强，能为学前儿童所理解和喜爱。另外，还需考虑制作、购买材料时，精力上和经济上的条件是否允许等。

3. 语言材料

语言材料是指富有音乐所表达的意境的，形象性的有声文字材料，可以是故事、散文、谜语、诗歌或儿歌、童谣等。

音乐欣赏中的语言材料，应该主要使用有幻想、有情感的词句和结构优美的文学性语言，尽量不用或少用理性的、分析性的语言。

在音乐欣赏活动中，语言材料的考虑应侧重于帮助儿童增强对音乐的感知和体验。因此，选择语言辅助材料的首要条件是从音乐出发，与音乐欣赏的要求一致。这里所讲的“一致”，不仅在于文学作品本身的结构、内容、形象和情感与音乐一致，同时也在于讲述或朗诵文学作品时，语言的音调、节奏、力度、音色、风格等因素与音乐相一致。在欣赏活动中，教师选择语言辅助材料的次要条件是语言优美、文学性强，能为学前儿童理解与喜爱。在音乐欣赏活动中，应经常让学前儿童有机会独立地选择语言，独立地对音乐做出反应。在这种活动中，教师往往只需按音乐欣赏的要求划定出大致的范围，如欣赏一首优美抒情的音乐时，只需确定儿童语言所描述的形象和描述时所使用的曲调是优美的即可。以《梦幻曲》为例，教师在让儿童完整地欣赏了配乐诗歌后，可引导儿童想一件自己认为很美好的事情，并学习用抒情优美的声调随音乐讲述自己的故事。

第五节　音乐游戏

学前儿童非常喜爱游戏，运用音乐游戏的方式对学前儿童进行教学，能取得良好的效果。音乐游戏是以发展音乐能力为目的的游戏，在音乐游戏中能培养儿童对音乐的兴趣，增强他们的节奏感，提高他们的想象力、创造力，发展音乐能力。

一、学前儿童音乐游戏及其种类

作为一种有规则的游戏活动——音乐游戏是以发展学前儿童的音乐能力为目标的。在实践中，多种多样的音乐游戏在教学中能够发挥出令人意想不到的教学效果，它也成为目前学前儿童非常喜欢的音乐活动。

（一）音乐游戏

音乐游戏是一种具有特殊性的韵律活动，它是伴随着音乐旋律进行的游戏活动，音乐游戏的特殊性主要体现在音乐与游戏之间的相互关系。在具体的音乐游戏过程中，音乐与游戏之间是相辅相成、互相促进的关系。音乐能够促进游戏活动的顺利进行，是游戏的助兴剂；而游戏的一些动作又能够让学前儿童形象地理解与感受音乐，在获得一定的情绪之后，还可以更好地体会音乐。也正是因为这些原因，学前儿童都非常喜欢音乐游戏。

学前儿童音乐教育中的音乐游戏就是采用一些活动化和游戏化的教育教学方法对学前的儿童进行音乐教育。这种游戏化的教学方法不仅体现在音乐游戏这样特殊的游戏上，还体现在那些灵活自由、丰富多彩的活动形式上，这些都能够使学前儿童乐此不疲地投身于音乐之中，该玩的玩，该跳的跳，该敲的敲……儿童在这些过程中感知音乐、学习音乐。总体来说，学前儿童音乐教育中的音乐游戏主要体现在以下三个方面。

（1）情节内容的游戏化。各种音乐方面的素质和能力的训练都穿插在形式不同的小游戏中，音乐活动的内容形式多样，发声练习活动自由，活动设计情节恰当。

（2）组织形式的游戏化。音乐游戏的组织形式非常灵活、自由，学前儿童可以通过不同形式的音乐游戏感知音乐作品。

（3）活动方法的游戏化。音乐游戏的活动方法可以通过示范、模仿、练习等形式在教学中灵活处理，教学方法可以采用前中后三种不同的示范方法。此外，还可以采用设问、角色扮演、猜谜等方法来引导学前儿童自愿地进行游戏。

（二）音乐游戏的意义

音乐游戏体现出学前儿童的发展水平、年龄特点与音乐的技能、艺术性的对立统一关系，同时它还具有比较突出的教育作用。音乐游戏要求将丰富的教育内容通过各种生动有趣的游戏形式表达出来，让学前儿童在心情愉悦的游戏氛围中，乐此不疲地学习和掌握一些音乐知识与技能，这也有助于学前儿童的审美教育、思想品德教育。与此同时，音乐游戏过程中愉快、自由的情景，使学前儿童在获得积极的情绪情感享受的同时，也获得了音乐审美体验；在获得积极稳定的兴趣爱好的同时，也促成了健康主动的个性形成。

（三）音乐游戏的分类

音乐游戏的形式是灵活多变的，因此音乐游戏的分类方式也是多种多样的。目前，学前儿童音乐游戏的实践活动大致可以按照两种情况来归类：一是游戏的内容和主题；二是游戏的形式。

1. 根据游戏的内容和主题划分

按照游戏的内容与主题，学前儿童的音乐游戏可以分为有主题和无主题两大类。

（1）有主题的音乐游戏活动，一般在角色及游戏的内容、情节等方面有一定的构想，学前儿童可以根据不同角色在音乐游戏的过程中完成相应的动作。例如，音乐游戏《大象和小兔》，在设计角色过程中，可以根据游戏中的情节内容，分别由教师和儿童扮演“大象”和“小兔”这两种角色，进而模仿出大象的庞大和脚步沉重，以及小兔的小巧和轻快跳跃地行走等动作。

（2）无主题的音乐游戏活动，一般在游戏内容、情节方面构想没有一定的。这种游戏活动一般是跟随音乐旋律做动作，类似于律动组合，但是这类的律动组合具有一定的游戏规则，带有一定的游戏性。例如，音乐游戏《抢位子》，学前儿童跟随音乐旋律来做出不同的动作，当音乐旋律停止的时候，学前儿童必须抢到一个属于自己的座位，这就是游戏的规则。

2. 根据游戏的形式划分

按照游戏的形式，学前儿童的音乐游戏大致可以分为歌舞游戏、表演游戏、听辨反应游戏、操作游戏等。

（1）歌舞游戏，一般是指在歌曲的基础上，按照节奏、歌词、乐句和乐段的结构做出动作后形成的游戏。与有主题的音乐游戏相比，歌舞游戏可以有比较明显的主题，但可以没有专门的角色音乐和表现情节，并且更加侧重于学前儿童创造性动作的培养。例如，根据歌曲《袋鼠》而设计的音乐游戏，偏重于启发、引导学前儿童通过不同的动作来表现袋鼠妈妈和小袋鼠相亲相爱的关系。

情景设计：袋鼠妈妈与袋鼠宝宝

前半部分跳跃的音乐：伸出示指和中指微屈在体前，做袋鼠跳跃状。

后半部分柔和的音乐：低头，双手在体前相抱，左右摇晃，仿佛在摇晃袋鼠宝宝。还可以制作道具表演，用长丝巾将布娃娃绑在胸前作为袋鼠宝宝。

再如，在《猫捉老鼠》的游戏中，将学前儿童分为两组，分别扮演猫和老鼠。儿童扮演的猫和老鼠围成一个大圈，扮演猫的儿童可以模仿猫洗脸、照镜子、伸懒腰等动作；扮演老鼠的儿童可以学老鼠畏畏缩缩地找东西吃，吱吱地叫。在教师的一声“喵”之后，扮演猫的儿童就可去抓“老鼠”。

（2）表演游戏，一般是指根据不同的音乐来组织设计不同的表演动作的游戏，它具有较强的表演性，并且一般具有一定的角色和情节，主要包括扮演各种人物或模仿不同动物的音乐游戏。学前儿童年龄较小，骨骼相对较软，肌肉纤维偏细且弹性较小。复杂的动作或长时间的模仿极易造成疲劳或肌肉变形，所以在具体的游戏活动中要求动作自然、简单、节奏较为欢快。这样既可以锻炼学前儿童身体各个部位的协调能力，又能够提高学生感悟音乐的能力。

另外，表演游戏还有一个重要特点就是能够将抽象难懂的内容通过身体语言具体、形象地表现出来。例如，在《小鸟小鸟》游戏中，配乐可以选用圣 - 桑的《动物狂欢节》中的《大鸟笼》。教师指导儿童体会小鸟飞得高和飞得低时的状态，然后儿童随音乐用手表演小鸟的动作。在听到上滑音时飞高，没有上滑音时飞低，音乐结束的时候，做出小鸟飞远了的动作（将双手藏在身后）。这种感受就很形象生动了。

（3）听辨反应游戏，偏重于训练学前儿童对音乐的感知与判断能力，培养学前儿童对音乐的音色、音高、速度、力度、旋律等方面的辨别能力。一般来说，它没有相对固定的游戏内容与情节，而是以理解、反映音乐的要素内容为主。例如：在《什么乐器在唱歌》的音乐游戏中，要求学前儿童能够辨别出不同乐器的不同音色；《奇怪的声音》的音乐游戏要求学前儿童在辨别出声音的强弱的同时，还要加上身体动作，跺脚或伸展双臂的时候表示强，拍手或双臂屈肘的时候表示弱；《快速反应游戏》要求儿童在听到不同乐器演奏时，立即做出约定的反应（向前走、停止、转向或换位置等），训练学前儿童的注意力、良好的听觉记忆及敏捷的反应。

（4）操作游戏，一般来说，动手打击乐器和拍节奏都被视为操作游戏。如《有礼貌的小手》中的音乐游戏就在歌曲旋律中添加了招手、拍手、握手、摆手等动作要素，并通过很简单的节奏类型让儿童按照节奏类型拍打出来。这些简单的动手游戏让整个课堂气氛非常活跃，让儿童在整个演唱过程中充分做到在唱中动、在动中唱。

二、学前儿童音乐游戏的选材

一般来说，不管是什么样的教育活动或形式，都应该有自己明确的目标，学前儿童的音乐游戏活动也不例外。这些音乐游戏活动对促进学前儿童的智力水平、道德品质、身心健康、创造能力等方面的发展有着至关重要的作用。

音乐游戏对于学前儿童来说是一种娱乐项目，亦是一种有效的学习手段，因此应该充分利用音乐游戏来促进学前儿童健康、和谐、全面地发展。

音乐游戏的形式多样、灵活多变、难易相间，因此在进行具体的游戏选材时，必须结合不同年龄段的学生的实际水平来进行筛选。只有这样，才能发挥音乐游戏的最大功能。那么究竟如何对学前儿童的音乐游戏进行选材呢？笔者认为应该从横向和纵向两个方面的角度来进行选取。

（一）横向方面

1. 依据教学内容来选择音乐游戏

音乐游戏的选择应该紧扣课堂的教学内容，同时还应该适当考虑一些其他的客观因素，如场地的使用、时间的把握等。在具体的音乐游戏教学过程中，应连贯、自如、自然地进行，不能出现“断层现象”。如音乐游戏《猫和小鸟》，在设计本节课的时候，应该首先想好分为几个步骤，设计步骤的时候应该一环扣一环，首先是布置场景，小鸟们应该在大森林里，所以要营造一个大森林的环境。其次是扮演各个种类的小鸟，有鸽子、黄鹂等，它们飞过高山、飞过树梢，有的在树枝上梳理羽毛，正玩得热闹。突然，猫的到来让一切都不平静了，小鸟们乱成一团，叽叽乱叫，四处逃窜……通过这样紧凑的、一环扣一环的形式，激发学生学习音乐的积极性，在玩的过程中更好地理解音乐，从而激发学生的创造性，更好地达到教学效果。

2. 依据教材的重点来选择音乐游戏

正确合理地抓住教材凸显出来的重点、特点部分，能够起到事半功倍的效果，音乐游戏也不例外。例如，在《火车司机》的设计过程中，应该把握住开火车这一主要特点，让学前儿童在学习的过程中体会相应的感情色彩与情绪氛围。

（二）纵向方面

1. 依据角色、情节来选择音乐游戏

一般来说，分角色、有情节的音乐游戏能够让学前儿童集中注意力，全身心地投入游戏之中。在这一过程中，他们积极踊跃、情绪愉快、想象力丰富，兴致高昂地玩耍着，甚至还会发出欢笑声，玩过之后还想玩。在年龄偏小的学前儿童中常常有这样的一种心理现象：他们认为自己看不到其他人就是藏好了，还有的年龄小的学生被其他人找到会非常高兴。根据这两种不同的人物角色和情节内容，笔者认为选择《找小猫》的游戏比较恰当。在进行游戏时，他们有的藏在门后面，有的自己蹲下来捂着脸，有的躲在椅子下面。当猫妈妈找到几只小猫之后，问“我的小猫在哪里？”时，那些没有被猫妈妈找到的，仍然藏着的小猫会高兴地跳起来回答：“我在这呢！”正是因为选择了他们熟悉的角色和情节，所以儿童都非常喜欢这个游戏。

但是对于年龄稍大的学前儿童来说，他们就不再满足于“找小猫”这样的游戏了。因为随着年龄的增长，他们的认知能力也在逐步提高，所以选择“老鹰捉小鸡”“钻山洞”等游戏是比较符合这些儿童的好奇心的。总之，依据角色、情节来选择音乐游戏符合学前儿童的年龄特点，这样才能取得更好的教学效果。

2. 依据动作内容来选择音乐游戏

音乐游戏往往需要与一定的动作相结合，因此在选材时应该选择具有合理的模仿动作或舞蹈动作的音乐游戏，提高学前儿童的动作发展水平。通常来说，在低年龄的学前儿童中，应该选择相对简单的动作；在年龄稍大的学前儿童中，应该适当提高动作的难度，在一些时候还可以采用多个动作相互配合、相互统一的形式来加强学前儿童的动作协调性的训练。

3. 依据音乐内容来选择音乐游戏

音乐在学前儿童的音乐游戏中起着指挥者作用，因此在音乐游戏的选材时应该充分考虑音乐内容，主要注意以下方面。

（1）音乐游戏中应适当伴有歌曲或便于哼唱的曲子。学前儿童的天性决定着他们喜欢一边唱歌一边活动，因此，倘若音乐游戏中有合适的歌曲能够让儿童边唱边玩，对于他们来说是非常高兴的事情。

（2）音乐游戏中的音乐要节奏鲜明、对比性强，而且要便于一些动作的表现。《老鹰捉小鸡》这类的音乐游戏就必须表现出老鹰与小鸡这两种不同的形象，较强的对比性让学前儿童马上就能分辨出二者的不同。《五只小鸭子》这类音乐游戏则要求有清晰的乐段，便于让学前儿童将一摇一摆的小鸭子要去游泳、捉鱼虾的动作表现出来。

4. 依据趣味性来选择游戏

趣味性是每一个音乐游戏具有吸引力的必备条件。具体表现在音乐游戏中要有高潮的情节，这样能让学生的身心得到应有的满足。音乐游戏本身的内容也要充分地调动起学前儿童参与的积极性，使其在音乐游戏之中获得快乐。

可以这样说，只有全面、合理、正确地认识到音乐游戏的真正作用，真正地了解到学前儿童的心理特点、身体条件等方面的客观规律，才能更好地培养学前儿童健康的审美意识和审美能力，才能使学前儿童的审美能力得到培养与提高，从而促进学前儿童德、智、体、美、劳各个方面的全面发展。

三、学前儿童音乐游戏的设计

学前儿童音乐游戏的种类繁多、形式多变、自由性强，可参考的经验与方法较少，因此就给学前儿童音乐游戏的设计带来了一定的难度。为了更好地发挥音乐游戏的作用，促进学前儿童的全面发展，教师在设计音乐游戏的时候必须把握一定的原则，精心设计，对教材内容进行再创作，将一些创新的理念融入游戏中，才能达到最佳的教学效果。

（一）遵循的基本原则

1. 音乐性原则

音乐性原则主要体现在音乐的素材要形象鲜明、结构完整，并且还要随着音乐的变化而表现游戏中的一些情节。例如，音乐游戏《高动物与矮动物》，配乐使用《中国舞曲》。在这个音乐游戏中，除了各种高动物（骆驼、鸵鸟、大象、大鹿等）和矮动物（小兔、小鸡、小猫、小狗等）外，还有草地、小鸟、蓝天等形象。另外，儿童还可以扮演一些看热闹的小动物。这些音乐形象比较鲜明，也成为激发学前儿童游戏兴趣的重要前提。

2. 趣味性原则

趣味性原则主要体现在两个方面：一个是音乐游戏应该选择诙谐、幽默、夸张的游戏材料；另一个是音乐游戏的玩法要有起伏变化，最好是在每次游戏中，教师都能够采用一些相对具有刺激性或挑战性的玩法，使学前儿童保持适度的兴奋感。例如，音乐游戏《水果乐队》，配乐为莫扎特的《土耳其进行曲》，教师非常巧妙地用水果画成了一个特殊的曲谱，使得整个音乐游戏充满了新鲜、幽默的情趣。在这个音乐游戏中，通过三种玩法可以适当地调控音乐的游戏节奏和学前儿童的兴奋状态。第一种玩法是指挥水果乐队，教师画出图并播放音乐，分别用握拳头、手自上而下颤动、拇指和示指相捏来表示西瓜、葡萄和草莓，每个水果做一个动作；第二种玩法是可以由儿童自己看图并跟音乐进行乐队演奏，西瓜可以拍桌子，葡萄可以摇铅笔盒，草莓可以跺脚；第三种玩法是水果按摩操，西瓜可以拍拍自己圆滚滚的肚子，葡萄就用五个手指轻轻颤动着点自己的脸，草莓就捏捏自己的胳膊，也是每个水果做一个动作。这样就充分调动了学生的积极性，培养了学前儿童学习音乐的兴趣。

3. 游戏性原则

游戏性原则要求音乐游戏除了一些角色的表演，还要注重对游戏规则、玩法及高潮的突出等方面的设计与处理。由于学前儿童的学习基本上是以经验的方式来进行的，这就要求教师在音乐游戏的设计过程中必须做到根据学前儿童的年龄特点选择恰当的教材，并且在创编的音乐游戏里考虑游戏的可行性，提倡音乐游戏要顺应学前儿童的学习兴趣与学习需要，在满足儿童的好奇、解决儿童的问题的同时，进行学习、创新。例如，《大鹿》这个音乐游戏原本的歌词是“大鹿站在房子里，透过窗子往外瞧”。但是经过反复推敲考虑，笔者认为学前儿童比较容易接受“小鹿”这样的形象，并且易将“大鹿”误认为“大路”，因此就把原唱中的“大鹿”改为“小鹿”。实践告诉我们，这个创新是正确的。学前儿童非常喜欢适合自己的音乐游戏，也只有在这样的音乐游戏中才能更好地表现人物形象，才能利用儿童扮演的人物角色将游戏推向高潮。

（二）学前儿童音乐游戏的设计

对于学前儿童的音乐教育来说，合理地组织与设计音乐游戏是学前儿童在音乐游戏中保持愉悦的心情和健康的身心的关键因素之一，也是达成教育目标的重要保障之一。因此，音乐游戏的组织与设计是非常重要的。实际上，音乐游戏的组织与设计就是利用游戏规则、玩法更好地处理教与学的关系。

1. 从音乐感受导入的组织设计方式

音乐具有六要素，从音乐游戏的设计角度来说，从音乐的某一个要素作为开始进行组织设计会更易于被学前儿童所接受。《我的好妈妈》这个音乐游戏就可以从感受歌词这一方面来导入，儿童在理解歌词内容的基础上，配合拍手、跺脚、端茶等动作，积极地发挥自己的主动性，积极地参与音乐游戏。

2. 以动作为主的组织设计方式

在音乐游戏中，动作与游戏的关系可以用“血与肉”“色与彩”的关系来形容。音乐游戏往往离不开动作，并且这些动作还要符合学前儿童的基本特点。随着时代的进步，越来越多的新事物与新景象接踵而来，以动作为主的编排方式显得尤为重要，这样的方式也丰富了学前儿童的日常生活，有助于他们养成各种好的行为习惯。例如，在《公鸡和母鸡》这个音乐游戏中，教师可以在学前儿童自由尝试与探索的基础上，灵活、巧妙地引入具体的动作和声音的模仿，逐步引导学前儿童释放自己的情感，体验游戏的意义和自己存在的价值。

3. 音乐游戏中教师语言形态的设计

和其他活动不同的是，学前儿童的音乐游戏大部分处于不稳定、不确定的状态之中。因此，在这种比较特殊的状态之下，如何设计教师的语言形态，也是音乐游戏设计的一个重要方面。笔者认为语言形态设计是没有固定套路的，但是应该在音乐游戏的设计过程中注意有声语言与体态语言的设计与应用。有声语言要求教师要多采用幽默的语言、精练的讲解，这样会更好地调动学前儿童参与活动的积极性；体态语言则可以有效地发起、维持或结束学前儿童的行为。倘若教师在设计游戏时，没有合理地运用有声语言和体态语言，则会使整个游戏显得枯燥无味，容易引起学前儿童的急躁、焦虑情绪。因此，只有将有声语言与体态语言更好地融为一体，才能使整个音乐游戏活动显得更饱满、有激情。

总之，在学前儿童的音乐游戏的设计中，主要设计者要有全新的主线、清晰的思维，把重点放在学前儿童对于音乐的感受与表现上，让学前儿童能够学着自己去发现、归纳、总结问题，逐步地深入下去，形成以主动参与、积极探索、主动思考、主动创造为基本学习方式的新型教学方式，为儿童将来具有一定的创新能力打下坚实的基础。

四、学前儿童音乐游戏的组织与指导

学前儿童的音乐游戏是学前儿童游戏中的一种，它把音乐的相关内容与游戏情节融合在一起，使学前儿童能够在游戏中理解和感受音乐、创编动作等，从而获得美的陶冶。优秀的音乐游戏活动能够培养学前儿童的审美能力，提高学前儿童的想象力，丰富学前儿童的情感世界，增强学前儿童的创造思维，使学前儿童形成良好的创造心理素质。同时，音乐游戏是学前儿童创造力的萌发剂，是促进学前儿童全面发展的重要手段之一。究竟如何才能有效地组织学前儿童的音乐游戏呢？笔者认为应该从以下两个方面着手。

（一）学前儿童音乐游戏的组织与指导

1. 音乐游戏良好的开端取决于正确的选材

学前儿童的音乐游戏种类繁多、形式多样、难易不同。在选材的过程中，必须结合不同年龄段的学前儿童的不同特点和本班级的实际情况，根据学前儿童的教学目标及要求来选择或改编。具体在选材时应该注意以下四个方面的内容。

（1）情节的理解。音乐游戏的基本情节应该被学前儿童所理解，游戏的角色活动应该更加贴近学前儿童的生活，只有这样的音乐游戏才能活跃学前儿童的想象力。例如：年龄偏小的学前儿童应选用情节简单的音乐游戏，如《找小猫》；而年龄稍大的学前儿童应该选用情节稍微复杂的音乐游戏，如《卖汤圆》。实践证明，这两个游戏都非常适合这两个年龄段的学前儿童。因此，根据学前儿童的特点和认知基础，选出能够被他们所理解的音乐游戏才会取得最佳的教学效果。

（2）适宜的动作。音乐游戏需要将音乐与动作相互配合才能完成，因此在组织音乐游戏的时候需要注意选择适合不同年龄段的学前儿童的音乐游戏动作。一般来说，年龄偏小的学前儿童的游戏动作相对简单，而年龄稍大的学前儿童的音乐游戏动作难度较大，而且还要相互配合、相互协作。

（3）形象的鲜明。音乐游戏中的音乐是所有学前儿童的指挥者，在为学前儿童的游戏活动配音乐的时候，要采用一些适合哼唱的乐曲，这样便于学前儿童边哼唱边游戏，充分调动他们参与音乐游戏活动的积极性。节奏鲜明、对比性较强的音乐能够让学前儿童的动作表演带来不同的效果。

（4）趣味的音乐。有吸引力的音乐游戏基本上都是有趣味性的。这种游戏一般都有高潮的情节，能够让学前儿童从心理上得到满足。另外，这种趣味性的音乐游戏能够让儿童的积极性被充分挖掘出来，参与到游戏活动中去，也能够得到快乐。

2. 必要的音乐知识、技能可渗透在教学过程中

如果只是枯燥地讲解必要的音乐知识，并让学前儿童接受知识，那就是天方夜谭；但是如果将知识渗透到游戏中，就会很形象，儿童也能够很快地接受。例如，《狮王进行曲》这个音乐游戏，可以先让学前儿童在欣赏音乐的过程中了解相关的音乐故事情节，这也能够让学前儿童的脑中产生相应的感性材料。在具体的游戏中，学前儿童可以把这些感性的材料结合音乐的特点进行加工，共同创编出小动物吹号、狮王走、小动物走、狮王吼叫等游戏动作。

3. 注重学前儿童在玩中学

利用学前儿童的好奇心理，注重让学前儿童在玩中学。音乐游戏中一个个的规则设计使学前儿童保持着浓厚的兴趣，从而激发了儿童对游戏规则的探索。“顿悟”这一认识理论就可以体现出在玩中学这一道理。例如，“猎人打枪，狼倒下。”这时学前儿童有所领悟，对情境的直觉结构豁然改变，

领悟到“猎人开枪，狼倒下后我们不能动，因为还不知道狼死了没有，一定要等猎人检查后，说‘大灰狼被猎人打死了’以后才能动”。也正是因为学前儿童在玩耍的过程中学习了，才将这个游戏规则记得非常牢固。

4. 灵活、恰当地使用示范法

示范，对于不同的对象来说，有不同的叫法。对于教师来说是示范，但是对于学前儿童来说则是模仿。每一个学前儿童都有模仿的本能，模仿是他们的天性。因此，在具体的音乐游戏过程中，教师要灵活、恰当地进行示范，供学前儿童进行模仿，这也是一个很好的方法。但是需要注意的是，不能只是一味地示范，让学前儿童进行机械的模仿，这就忽视了学前儿童本身的认知能力，遏制了他们的创作力、想象力，这样的示范法是不可取的。因此，笔者提倡灵活、恰当的示范方法。

5. 注重游戏过程，忽视游戏结果

音乐游戏能够给学前儿童带来很大的满足感，因此游戏的过程就成为儿童最感兴趣的部分，也是他们剩余精力得以释放的过程。这个过程也是学前儿童探究新事物、创造新事物的过程，而游戏的结果则是儿童所忽视的部分。例如《魔法变变》音乐游戏，教师先告诉儿童游戏背景：在大森林里有一只流浪的小猫，它经常受到别的小动物欺负。这只小猫想：“如果有一天我能变成森林之王——老虎，那该多好啊，这样就不会被别人欺负了。”教师拿出魔法棒，音乐起，儿童模仿小猫行走。当教师说“变”时，儿童开始模仿老虎的动作神态。由这个音乐游戏可以看出，学前儿童对音乐节奏的变化、音色的变化、不同角色的神态等方面表现出了强烈的欲望，而对于游戏的结果则兴趣不大。因此，学前儿童的教师应该注重组织音乐游戏的整个过程，不是追求所谓的完美的游戏结果。

6. 还给学前儿童自由的活动空间

学前儿童的想象力与创造力是每位教师不可忽视的重要部分，如果将他们仅局限于自己组织设计的游戏圈子里，可能会束缚儿童的成长与发展。反之，还给学前儿童一个自由、宽松的活动空间，儿童将会创造出更多的奇迹。当学前儿童已经熟悉、适应了某个音乐游戏，教师在组织音乐游戏的过程中，就可以邀请学前儿童自己组织游戏，自由地分配角色。教师可以以游戏者的身份加入游戏中，合理地启发学前儿童开展游戏，这样可以充分发挥学前儿童的想象力与创造力。例如，《森林狂想曲》这个音乐游戏，教师放手让学前儿童自己设定松鼠、青蛙、孔雀的角色、情节，儿童自己设计、组织的音乐游戏，玩起来会更加高兴，更有激情。

学前儿童天资聪颖，有不同的创造需求，教师组织音乐游戏时不能忽视学前儿童的主观能动性，不能忽视他们独特的组合能力，而应该让音乐游戏的组织更加适合学前儿童，让他们在愉悦的氛围下，快乐地深入游戏活动中，只有这样的音乐游戏才能促进学前儿童的全面发展。

（二）组织学前儿童音乐游戏的体会

每位教师在组织音乐游戏后都会有不同的心得体会，经过笔者自己的总结，在此主要谈谈以下三点心得体会。

1. 通过音乐游戏激发学生的游戏兴趣

（1）充分了解每位学前儿童的特点，并采取相应的游戏方法。在组织音乐游戏时，笔者班级里有位学生因为自己的动作协调性较差，总是孤零零、默默地站在一旁观看别的学前儿童玩耍。当笔者问到他怎么不一起游戏时，他却不好意思地说，当他做动作的时候，别的小朋友都笑话他像小猪。笔者了解情况之后，第二天就组织班里的学前儿童表演《小小猪》，结果大家都极力推荐这位小朋友扮演小猪，并且他的表演赢得了大家的掌声，他特别开心，也树立了信心。由此，这位小朋友便对音乐游戏产生了浓厚的兴趣，每次做音乐游戏都争着去做，成为音乐游戏活动中的积极分子。所以说，教师应该充分地了解学前儿童的特点，采用一定的办法，更好地激发学前儿童对音乐游戏活动的兴趣。

（2）教师应该具备一定的感染力。教师合理、适当地启发和引导关系到整堂音乐游戏活动的效果。实际上，教师自身作为一种“灵活的教具”，可以利用自身的这一特点有激情地调动学前儿童。倘若教师都不好意思去做动作，放不开，那么学前儿童的情绪自然也不会很好地被调动起来。如在《猫捉老鼠》这一音乐游戏中，学前儿童在开始的时候只会单一地模仿老鼠的动作，游戏情绪不高涨，笔者就自己带着学前儿童做相应的动作，他们一看都乐了，紧跟着笔者做起了游戏。顿时，整个游戏氛围发生了变化，学前儿童的积极性马上就被调动起来了。因此，学前儿童的教师应该具备一定的感染力。

（3）采用恰当的音乐游戏教材。音乐游戏教材是否恰当将直接影响学前儿童对音乐游戏活动的兴趣及参与热情，因此必须首先考虑教材是否具有趣味性。具体内容前文已有相关方面的论述，在这就不一一赘述。

2. 让学前儿童尽量地感受音乐

音乐游戏都是在音乐里进行的游戏活动，所以尽量让学前儿童理解和感受音乐能够更好地让他们参与到游戏之中。学前儿童只有了解、感受到了音乐，才能在自己的头脑中产生联想。对此，笔者经常采用具有感情的动作、丰富的表情和音乐语言，让学前儿童多方位地接触、感悟音乐。一方面，通过为儿童设置具有音乐氛围的环境，让学前儿童随时、随地都能够聆听、感受、欣赏音乐；另一方面，通过每次设置不同的游戏内容，有目标、有针对性地让学前儿童感受、体会音乐。此外，还可以通过表演音乐故事，展现出游戏的音乐性，让学前儿童感受到音乐。

3. 提供给学前儿童自我表现的空间

在实际的音乐游戏活动中，如果学前儿童已经掌握了相应的技能，也能够展现出对音乐游戏活动的浓厚兴趣和参与热情。但是，教师没有为其提供展示自我的机会，学前儿童的参与热情将会逐步降低，不可能有更好的进步。因此，针对这一情况，笔者在实际的音乐游戏活动中，努力创设民主、和谐、自由的游戏氛围，大胆创新教材内容，逐步将学前儿童带入音乐游戏活动之中，适时增加游戏活动的难度，使音乐游戏活动的质量得到逐步的提高。

五、音乐游戏在学前儿童音乐教育中应用的感悟

音乐可以以自身独特的魅力来陶冶人们的情操，学前儿童的生活又是以游戏为重心的，倘若把游戏合理地添加到学前儿童的音乐生活之中，那必然会在学前儿童的内心之中产生巨大的影响。在学前儿童的音乐教育中，将游

戏引入音乐的课堂之中并加以应用，自然地为学前儿童学习音乐创造出有利的条件。结合自身的教学实践，笔者谈谈自己对音乐游戏在学前儿童音乐教育中应用的一些感悟。

（一）在学前儿童的音乐游戏中感受音乐

学前儿童的音乐游戏比较具有娱乐性，并且音乐本身就能够给儿童带来放松的心情，在音乐游戏的过程中可以增加一些歌舞表演、体态律动、集体舞蹈等形式，让音乐游戏活动的形式丰富多彩。例如，在聆听《龟兔赛跑》这首乐曲的时候，教师可以营造出赛跑的环境氛围，让学前儿童想象自己在音乐环境下扮演乌龟和兔子，怎样才能更好地将两者的形象表现出来。在具体聆听音乐的时候，可以让儿童参与到游戏中来，扮演相应的角色，根据音乐情节的发展来帮助儿童感受不同乐段中的不同音乐情绪、不同的速度与力度、不同的节奏变化等，这样更加有利于学前儿童在音乐游戏中更好地感受音乐。

（二）在学前儿童的音乐游戏中渗透音乐知识

虽然说音乐游戏是一种游戏形式，但是它并不属于纯粹的游戏种类，因此应该将教育与游戏两者有机地结合起来。音乐游戏除了具有游戏性，其最大的特点就是“音乐性”，倘若脱离了音乐性，一味地让学前儿童玩耍，那么就脱离了学前儿童音乐教育的本质。在很多学前儿童的音乐游戏中，儿童在音乐游戏中仅得到了快乐，却没能学到音乐知识。所以，应该在学前儿童的音乐游戏中适时、灵活地添加一些音乐知识，让学前儿童边学边玩。例如，在音乐游戏《火车呜呜响》中有节奏方面的训练，对于学前儿童来说，这种节奏方面的训练是非常枯燥乏味的。所以，笔者就设计了开火车的游戏，让学生站成一列，犹如火车。让儿童口读拟声词，脚踩节奏点，通过口脚配合的游戏模拟火车。儿童对于这个游戏非常喜欢，并在不知不觉中就掌握了节奏。类似于这样的音乐游戏有很多，在平时的音乐游戏中可以渗透一些音乐知识，儿童接受起来非常容易。

（三）在学前儿童的音乐游戏中培养儿童的能力

作为以发展学前儿童音乐能力为主的音乐游戏活动，应该将培养学前儿童的能力作为主要的教育目标，学前儿童在愉快的音乐游戏中能够不断地提高自身对音乐的感知与表现能力，提升自身的创造能力和合作交往能力。

1. 利用音乐游戏活动培养学前儿童的创新能力

种类繁多的音乐游戏活动，常见的形式有表演类、歌舞类、听辨类等音乐游戏活动。不管是哪种形式的音乐游戏，只有适合学前儿童年龄特点，才能够更好地促进学前儿童的发展。换句话说，学前儿童的音乐游戏活动不管是歌曲的欣赏还是学唱，不管是乐感的训练还是节奏的培养，不管是乐器的学习还是创造力的提升，都可以在学前儿童的音乐游戏之中按照特定的方法有目的、有计划、有步骤地进行。例如，在《龟兔赛跑》一课中，可以让学生自由讨论、描绘出乌龟和兔子各自的形象，同时还可以分组让儿童自由地表演《龟兔赛跑》，每位儿童各自扮演小树、小花、小马、小猴子、小鸟、小熊、小鹿等中的任意一个角色，组长担任活动的总指挥，安排乌龟和小兔子的出场。在游戏活动中，儿童忘我地投入音乐游戏之中，其他儿童都通过自己不同的形式为兔子和乌龟加油，完全沉浸在音乐游戏活动之中。

2. 利用音乐游戏活动培养学前儿童的交往合作能力

受社会环境及家庭因素的影响，现在很多的学前儿童都以自我为中心，生活在自己的天地里，从而形成自私、孤僻的性格特点。因此，为了能够更好地帮助儿童摆脱这种不良的行为习惯，利用音乐游戏活动培养学前儿童的合作及交往能力有着极为关键的作用。

怎样切实有效地在音乐游戏中培养学前儿童的交往合作能力？音乐教师要起到主导作用，要切实有效地引导学生积极地投入游戏中，充分发挥他们的主观能动性，从而逐步培养学前儿童的认知、交往能力。

在学前儿童进行音乐游戏时，笔者对一些歌曲的部分歌词进行改编，通过音乐游戏来鼓励学前儿童主动去找寻同伴来做游戏，既让学前儿童体验了缺少朋友的孤单和无助，又让他们体验了有朋友的快乐与欢喜，从根本上来培养他们的交往能力。

总而言之，音乐游戏的优势是其他任何学科都不能比拟的，原本枯燥、抽象、乏味的音乐符号经过音乐游戏活动的变换之后变成了富有情趣、生动形象的教学内容。这种音乐游戏既符合学前儿童好玩的心理特点，又能够满足音乐艺术的学习需求。就让我们更多地采用音乐游戏活动这种音乐教育的形式，让学前儿童在音乐中健康、快乐地成长。

第五章　学前儿童音乐教育的课程实施与环境创设

第一节　学前儿童音乐教育的课程实施

幼儿园课程是实现教育目的的手段，是帮助儿童获得有益的学习经验，促进其身心全面和谐发展的各种教育活动的总和。幼儿园音乐教育课程是学前教育课程体系中不可或缺的一个重要组成部分，是实现审美教育目的、落实音乐教育目标的具体手段，是帮助儿童获得有益的音乐学习经验，并能够有效地迁移到其他领域的知识。通过情感的激发、陶冶和升华，培养儿童健康乐观、积极向上的心理品质，促进其身心和谐发展的各种形式和内容的音乐教育活动的总和。

艺术是实施美育的主要途径。幼儿园音乐教育课程应该充分发挥音乐艺术的情感教育功能，促进儿童健全人格的形成。

幼儿园音乐教育课程必须遵循学前教育课程的一般规律和要求，把过去那种单一的音乐课堂教学形式扩展到儿童在园的一日生活之中，利用歌唱、舞蹈、听音乐、演奏乐器、表演、做节奏游戏等各种灵活的方式，尽可能地为儿童提供多样化的接触音乐、学习音乐、参与音乐活动的机会和条件。重视音乐教育环境的创设，重视幼儿园与家庭、社会的联系，充分取得家长对幼儿园音乐教育意义、目标、内容、方法的认同，调动家长参与、支持和重视音乐教育的积极性，创设良好的音乐教育环境，充分发挥环境的整体教育功能。

幼儿园音乐教育课程的设计需要从观念上明确儿童是学习的主体，是以主动的姿态参与教和学的。因此，不能把课程和教育活动机械地理解为单纯的上课，或者是教师教、学生学的灌输知识的过程。课程设计要注意音乐、美术、语言、戏剧等各领域教学对儿童全面发展的整体性影响，把教学活动的各个要素加以综合，进行整体地思考，对每一个要素所起的教育作用进行分析，既要为当前的音乐教育具体目标所用，也要为儿童全面和谐发展的长远目标所用。因为儿童是作为一个整体的人参与到幼儿园的各项活动过程中去的，不可能将其割裂成各自孤立的发展方面进行教育。

幼儿园音乐教育要避免仅仅重视表现技能或艺术活动的结果，而忽视儿童在活动过程中的情感体验和态度倾向，相反要充分重视儿童的艺术创作过程。因为和作品一样，这也是儿童表达自己的认识和情感的重要方式。因此，要关注儿童的活动过程，并在艺术活动的过程中观察、支持、鼓励和宽容儿童富有个性和创造性的表达。儿童的艺术能力是在大胆表现的过程中逐渐发展起来的，教师的作用主要在于激发儿童感受美、表现美的情趣，丰富儿童的审美经验，使儿童充分体验自由表达和创造的快乐，并在此基础上，根据儿童的发展状况和需要，对艺术表现的方式和技能技巧给以适时、适当的指导。一定要克服过分强调技能技巧和标准化要求的倾向。

在这样一个基本的理解基础之上，幼儿园音乐教育课程的实施在遵循学前教育课程一般组织原则的前提下，还必须充分考虑两个方面的因素。一方面，必须适应儿童在音乐能力与音乐学习方面所表现出来的年龄特点和个体差异。现代音乐教育工作者认为，音乐能力是每个儿童与生俱来的一项基本能力，这种能力是潜在的、需要挖掘的能力，同时也具有丰富的多样性和十分明显的个体差异性。挖掘每个儿童潜在的音乐能力，使每个儿童在其原有水平上获得各自的发展是儿童发展的一项基本权利，也是幼儿园音乐教育的基本任务。另一方面，幼儿园音乐教育必须遵循音乐艺术美的规律，充分发挥音乐艺术美的感染力，以美的音乐形象来调动儿童的学习积极性，使儿童能够在音乐艺术美的气氛中，在轻松愉快的情绪中主动地学习。

幼儿园音乐教育活动的组织与实施过程是教师创造性地开展工作的过程。教师要从本地、本园、本人的条件出发，结合本班儿童的实际情况，制订切实可行的工作计划并灵活地执行。活动安排应该有相对的稳定性和灵活性，既有利于形成秩序，又能满足儿童的合理需要，照顾个别差异。教师直接指导的音乐活动和间接指导的音乐活动相结合，保证儿童在音乐领域有适当的自主选择和自由活动的时间。

教师直接指导的音乐集体活动要能保证儿童的积极参与，避免时间的隐性浪费。尽量减少不必要的集体行动和过渡环节，减少和消除消极等待现象。建立良好的音乐活动常规，避免不必要的管理行为，逐步引导儿童学习自我管理。

总之，幼儿园音乐教育活动的组织形式应该根据需要做出合理安排，因时、因地、因内容、因材料灵活地运用。幼儿园音乐教育课程必须围绕一定的课程教育目标，遵循一定的课程教育原则，完成一定的教学任务，教给儿童唱歌、舞蹈、奏乐、表演、音乐欣赏等方面的内容，并且在音乐活动的过程中，发展儿童的智力与才能，培养儿童从事音乐实践活动的各种能力，使儿童的认知、情感和社会性都得到全面发展，并且使儿童身心愉悦，情操得到陶冶。尤其需要强调的是，音乐是表演的艺术，幼儿园音乐教育活动必须培养儿童通过表演来表达情感的能力，并为儿童提供充分的表演的机会和条件，通过人人参与的表演活动，使儿童的感知、注意、记忆、想象、理解、情感等心理活动全部都投射到演唱、演奏等外显行为中，从而使儿童的积极的心理过程得到强化和激发。

学前儿童音乐教育课程要实现一定的教育目标，完成一定的教育任务，教给儿童歌唱、韵律活动、音乐欣赏等方面的内容，并且在这种学歌学舞的过程中，发展儿童的智力与才能，培养儿童从事音乐实践活动的各种能力，使儿童的认知、情感和社会性都得到全面发展，并且使儿童身心愉悦，情操得到陶冶。

一、常规性音乐活动

常规性音乐活动是学前儿童音乐教育活动中最具传统、最为常见的一种组织形式，是充分体现音乐艺术特点，最有效地发挥音乐活动审美教育功能必不可少的一种组织形式。

常规性音乐活动一般由三个环节组成。

（一）开始部分

音乐活动从一开始就要有音乐艺术美的气氛，充分体现出生动活泼、富有朝气的艺术科目的特点。因此，通常用音乐伴随儿童进入活动室，并按照本次音乐活动内容情绪的需要，或用进行曲伴随儿童精神抖擞地走步，或用律动曲和舞曲做律动和舞步愉快活泼地进入活动室，如交换步、手腕花及垫步、踵趾小跑步、进退步、小鸟飞、小鸭走、马跑等。

儿童入座以后，可以做律动练习、发声练习或听音练习，既做了节奏、发声、听音方面的基本训练，又调动了儿童学习的积极性，集中了注意力。

在开始部分经常做的节奏练习，可以采用前面介绍的“节奏模仿”“节奏应答”“人名节奏”等多种游戏形式和内容。此外，还有一种“人名接龙”游戏也很有趣，它是在熟练掌握人名节奏的基础上进行的：儿童围坐成一圈或半圆形，第一个儿童有节奏地说自己的名字，“我叫某某”，第二个儿童紧跟着用不同的节奏说出自己的名字，这样依次进行，直到结束。它要求儿童在说的过程中节奏紧凑，速度保持一致，更重要的是节奏不能重复，每个人必须说出与众不同的节奏。为此，儿童可以根据需要给自己的名字添一个字或减一个字，例如，“王小红”可以称为“小红”，“王红”也可以称为“小王红”，等等。注意全体儿童的节拍应该一致，否则就很难接得上了。这个游戏还可以变换形式，让儿童说别人的名字。比如第一个小朋友说最后一个小朋友的名字，第二个小朋友说倒数第二个小朋友的名字……依此类推。还可以增加游戏的难度，在男孩子和女孩子随机就座的情况下，请男孩子依次说出女孩子的名字，女孩子依次说出男孩子的名字。

发声练习是为了有计划、有目的地培养儿童的歌唱能力，使儿童能够更加准确、细腻、自如地控制自己的声音表情。通过有表情的声音来表现歌曲的情感内含，能够声情并茂地演唱歌曲。发声练习不是为了练技巧而练技巧，去追求高难度的、成人化的东西，而是要根据儿童自身歌唱发声的特点，以及儿童歌曲艺术表现力的需要，由浅入深、循序渐进地进行。发声练习要和本次音乐教育活动中歌唱部分的内容有机地结合起来进行，尽可能为歌曲的情感表现扫除技术障碍，从而使儿童能够流畅、自如、准确、生动、力所能及地去表现歌曲的情绪情感。同时，在富有表现力的、充满感情的歌声中使儿童自身的情绪情感得到陶冶和升华。

听音练习的目的是培养儿童较为精细、准确的音乐听觉分辨能力。它的方法主要是教师在键盘上（钢琴、风琴、电子琴、手风琴）弹出单音、双音、和弦、旋律音程或乐句，请儿童听辨并跟唱。如果幼儿园没有键盘乐器，也可以考虑用音叉或钟琴、钢片琴等有固定音高的节奏乐器来练习听辨单音，但是一定要注意保证乐器的音准质量。听音练习对于提高儿童敏锐、精细、准确的音乐听觉和歌唱的音准、乐感的形成都有很大的帮助。

听音练习还可以和视谱活动结合起来进行，即儿童不仅把听到的音唱出来，还可以在五线谱上指出来，或者自己在五线谱上写出来。“跳谱”游戏就是一种很好的形式：教师可以在活动室的地上画出较大比例的五线谱，或者做成五线谱的地毯，在听音练习中请儿童唱出听到的音，并跳到五线谱的正确位置上去。类似的方法还有很多，如做出五线谱音符的小卡片，在听音练习中让儿童把听到的音找出来，或者做一些五线谱音符的头饰、围裙等。我们不赞成把五线谱当成机械、枯燥的知识内容来教，但是五线谱毕竟是记录音乐、反映音乐的一种规范、有效、形象化的手段，五线谱的掌握无疑可以在很大程度上提高儿童音乐学习的效率和音乐表现的准确性。用游戏的方式，结合音高的听辨，将五线谱上一个个静止的音符和实际的声音效果联系起来，对儿童来说，五线谱不仅是完全可以接受的，而且是十分形象、有趣的。

常规性音乐活动开始部分的形式和方法，还应该考虑与本次音乐活动内容的呼应关系。如果音乐活动的内容是关于某种动物的，那么不妨做该动物的模仿动作进活动室；如果音乐活动要教一个三拍子的舞蹈，那么就可以做三拍子的舞步进活动室。还要注意开始部分的音乐及活动内容要经常加以改变，使儿童能够始终保持新鲜感。否则，儿童如果习以为常，不用心听音乐或做动作，形成了机械化的自动动作，音乐活动就失去美的意义了。

（二）基本部分

基本部分是音乐活动完成教育要求和任务的主要部分。这一部分通常可以安排 2 ～ 3 项音乐活动内容，如歌唱、欣赏、舞蹈，或欣赏、歌唱、节奏乐等。总之，内容安排应丰富多样，既要防止内容单一、一唱到底，令儿童感到单调，又不要内容太多，把音乐活动搞成大杂烩、大拼盘，分量太重，超出了儿童的接受能力。

一次音乐活动还要考虑教材的新旧搭配，注意难易适当。教材的内容和情绪类型既有变化又有统一，比如柔和抒情性的教材可以和活泼欢快的教材搭配。活动形式的安排要注意动静配合，从而使教学活动能够重点突出、生动活泼，保持儿童学习的积极主动性。

（三）结束部分

应当尽可能使活动结束在兴致勃勃、井然有序的气氛之中，使儿童欲罢不能，引起再次上音乐课的愿望。结束部分一般可以利用基本部分的最后一项内容，自然地过渡结束离开活动室，也可以专门选择律动或舞蹈动作来结束。

毫无疑问，教学工作是极富创造性和艺术性的一项工作，学前教育和音乐教育尤其如此，而学前儿童音乐教育就更是如此。学前儿童音乐教育课程的设计、组织和安排没有一成不变的模式，随时随地处在发展、变化和创新之中。它的形式是灵活多变的，但它所依赖的基础却是简单的两条：一是本班儿童在音乐能力及认知、情感和社会性方面的一般特点和个别差异；二是音乐艺术自身的创作、表演、欣赏的特点与规律。以此为出发点去选择教材、确定目标、设计方法才能做到有的放矢、卓有成效。

至于常规性音乐活动和综合性音乐活动，二者不应偏废，应当相互结合起来进行。不可否认，音乐是一门技术性很强的艺术，儿童自身音乐能力的发展也遵循一定之规，因此学习音乐尤其需要循序渐进，不能不讲章法，常规性音乐活动就必不可少。但从另一个方面来看，学前儿童音乐教育是以促进儿童对美的愉悦和身心的全面发展为目的的，而不是为了单纯掌握音乐的技能技巧，也不是为了单纯发展儿童的音乐能力。因此，必须将学前儿童的音乐活动与幼儿园全面发展的教育目标和其他各项有益的教育活动结合起来进行，这就需要适当地组织综合性音乐教育活动，来实现幼儿园整体教育、全面发展教育的要求。

从课程整体上说，各种音乐教育活动形式应当相互结合起来进行，综合各种形式的不同效用，而不应该厚此薄彼。从具体的教学活动上说，到底采用什么形式来组织内容，要根据教育内容的性质、范围和某个课题的容量灵活地选用。有的内容适合常规性的科目组织形式，有的内容可以用主题的形式，而有的内容则可以直接放入活动区，作为在某个时间内必须完成的任务，让儿童自己主动地去做。

总之，在选择活动形式组织教学内容时，应该从儿童的经验和能力，以及教学内容的实际出发，灵活地采用多种形式，为儿童提供各种不同的学习经验，而不要为了追求形式上的统一，受某个流行的“概念”的名称限制，只认定某一种单一的组织形式。事实上，形式本身并不能解决认识上的问题，选择适当的活动形式是受教育思想支配的。首先要弄清楚这种活动形式的教育作用是什么，是否适合所制定的教育教学目标和内容，是否适合儿童活动的方式，不能单求形式，为形式而形式，不顾具体教育内容和效果。

二、学前儿童音乐教育对教师的要求

现代学前教育对儿童教师角色的定位是儿童学习活动的支持者、合作者和引导者。教师应以关怀、接纳和尊重的态度与儿童交往，在交往中耐心倾听、努力理解儿童的想法和感受，支持、鼓励他们大胆探索和表达。教师要善于在艺术、科学、社会等不同领域中发现儿童感兴趣的事物，在儿童的游戏和偶发事件中挖掘隐含的教育价值，并能够运用教育智慧及时把握时机，积极引导。

也就是说，教师要关心儿童在各领域活动中的表现和反应，敏感地察觉他们的需要，及时以适当的方式做出应答，形成有效的、合作探究式的师幼互动，尊重儿童在音乐发展水平、音乐能力、音乐经验和音乐学习方式等方面的个体差异，真正实现因人施教，努力使每一个儿童都能在音乐领域中体验满足和成功的快乐。这就要求教师必须做到关注儿童的特殊需要，了解儿童的各种发展潜能，甚至不同的发展障碍，同时与家庭密切配合，共同促进儿童健康成长。

当然，更重要的是，要想完成幼儿园音乐教育任务，实现音乐教育目标，就必须合理有效地设计和组织好每一次音乐教育活动，将幼儿园音乐教育的目标具体落实到每一次音乐活动中去。这就要求教师自身必须具有较高的音乐水平，在音乐方面吹拉弹唱跳各种表演都能拿得起，最好具有一定的特长，尤其是钢琴演奏和自弹自唱要达到熟练、自如的水平；在音乐知识和对音乐的感受、理解能力方面也必须具有一定的基础。此外，在组织活动、设计教法、制作教具等方面要求教师注意积累教学经验，并且能够具有美术、文学等多方面的才能。试想一下，一个音乐教师如果自己在音乐方面概念不清、缺乏基本的音乐听觉能力、不会弹伴奏，甚至音准有问题，那么又拿什么来教育儿童呢？

（一）加强教学准备工作

强调幼儿园音乐教育教学工作的生成性、灵活性和创造性不是不要计划性，相反恰恰是对活动前的计划和准备提出了更高、更难的要求。只有当教师做到胸有成竹、有备而来，才有可能做到以不变应万变的灵活与创造。

因此，要想很好地完成学前儿童音乐教育任务，就必须合理有效地设计和组织好每一次音乐教育活动，将音乐教育的目标具体落实到每一次音乐活动中去。这就要求教师必须认真细致地根据音乐艺术的学科特点切实做好教学准备工作。

教师应该在平日的教育活动和专门的观察、测试中了解儿童的实际发展水平、音乐能力、性格特点、兴趣爱好等，做到既熟悉本班儿童的一般情况，又掌握个别儿童的特点。教师必须根据音乐艺术实践的特点，通过反复的弹、唱、听、动等自身的音乐表演实践来熟悉教材，进而分析处理教材。教师必须将教材烂熟于心，能够准确、生动、富有表现力地背唱，并能用正确、富有表现力的伴奏熟练地自弹自唱。要求儿童去唱、去做的动作和表演，教师自己一定要十分准确、熟练、生动地唱好、做好，并在此基础上进一步深入分析作品的艺术表现力，准确有效地处理作品，选择引导儿童参与和表现的最适当的切入点。教师还应当明确教材的主题内容、教育意义，根据本班儿童在音乐能力和认知、常识、社会性等方面的实际水平，确定教材的重点和难点。例如：是重点掌握切分音，还是重点让儿童学习感受音乐的情绪风格；或重点让儿童尝试自编动作；教材的难点在哪儿；是认知理解方面的，还是音乐的技能技巧方面的？进而选择恰当的教育教学方法。

也就是说，教师必须在熟悉教材的基础上，悉心备课，根据自身对教材的真实感受、理解和自己的特长，根据本园的场地、设备、资金等具体条件，根据本班儿童的实际发展水平，实事求是地设定每一次音乐教育活动的具体目标和要求，针对目标和要求确定具体的教育教学内容和教材，选择与目标、内容相适应的、灵活恰当的教育教学方法，设计详尽的教育环节、步骤与过程，确定教育活动的重点与难点，制订并写出周密、详尽的音乐教育活动计划，即教案。此外，在学前儿童音乐教育的教学准备工作中，教师还应当尽可能地根据儿童思维发展的年龄特点，根据每一首音乐作品自身的表现特点去布置场景、设置情境、制作玩教具，以丰富、鲜明和加深儿童对音乐作品的感性认识。

教师只有自己有音乐艺术的表演实践，又有对教材教法的深入分析，又了解教育对象的教育准备工作，才能组织好幼儿园的音乐教育活动，实施切实有效的音乐教育，做到因材施教、因人而异、有的放矢，切实完成音乐教育任务，实现音乐教育目标，使儿童的音乐能力和身心在愉快的音乐活动中得到全面发展。

（二）教师在音乐素质、教育观念、教学能力方面存在的问题

从总体上看，我国幼儿园音乐教师的整体素质有了很大的提高，教师队伍日益年轻化，专业素质日渐提高，教育观念也在不断得到更新。但是在学前儿童音乐教育教学中所反映出来的有关教师音乐素质存在的问题，也足以引起我们应有的重视。

有相当一部分幼师、中师，甚至高师毕业的音乐教师，在音准、节奏等

基本音乐素质方面都存在不同程度的问题。例如：有的教师在为儿童范唱时一错再错，缺乏起码的音高感觉；有的教师不能正确地为歌曲定调，有时候儿童唱的是一个调，教师的伴奏竟是另外一个调；有的教师节奏感比较差，在为歌曲弹伴奏时节奏掌握不好，忽快忽慢，令儿童无所适从；相当多的教师在节奏练习中不注意节拍重音，拍手示范四平八稳，没有强弱感觉；还有的教师缺乏应有的内心节奏感觉，不能用正确的、与儿童的演唱相一致的速度为歌曲伴奏，往往是前奏速度过快，前后速度不一致。即兴伴奏的问题最为突出，绝大部分教师在即兴伴奏中没有正确的和声布局，主和弦一贯到底，有的甚至在为小调歌曲伴奏时，从头至尾用的都是大调的主和弦，民族调式的和声色彩表现更是无从谈起。此外，教师的演唱演奏在情绪表现、艺术处理等方面也缺乏应有的艺术感染力。教师对于音乐作为一门声音的艺术显然认识不够，使用音响的质量过于马虎，更为普遍的是在听音乐的过程中随意关停，不考虑音乐的结构和段落的完整性。甚至在欣赏法国作曲家圣 - 桑的名曲《天鹅》时，有的教师竟然使音乐在“7”音上戛然而止，让人听了很不满足、很不舒服。

教师自身在音乐素质方面的这些不足和局限，带来了他们在音乐审美能力、审美趣味、审美境界等方面的欠缺。首先，这反映在教材的选择上，音乐性往往考虑得不够，相当多的音乐教材艺术上粗糙简陋，内容过于直白，缺少新意，经不起推敲和玩味，更谈不上风格的多样化，没有多大的审美价值，难以激发儿童对音乐美的体验和感受。其次，在教学要求上，教师把注意力放到了兴趣的培养上，克服了过去那种刻板的技能训练的倾向，这在一定程度上说是一个进步，但是分寸如果掌握不好就难免会失之偏颇。从现有的情况来看，儿童的演唱在音准、节奏、速度、音色等方面都缺少应有的训练，儿童的歌声没有表现力，儿童没有能力通过自己有表情的歌声来表达自己内心的情绪情感，这样的歌唱活动又有什么情感教育意义呢？儿童音乐素质能力的培养之所以长期得不到应有的重视，这在很大程度上是由教师自身的音乐素质所决定的。试想一下，如果一个教师自己对音准、节奏、速度、音色等音乐的基本表现手段缺乏一定的敏感度，不能听辨出正误、优劣，那又如何去要求儿童并纠正错误呢？

当然，这里面还反映了音乐教育观念上的问题，人们还不能正确、全面、辩证地来看待儿童音乐兴趣的培养和音乐能力发展之间的关系问题，尤其是对于当代先进的音乐教育思想、方法的吸收和学习还很不够，目前还仅仅停留在形式上的简单照搬阶段，对于其本质和精髓还缺乏深刻的理解和领会。

例如，奥尔夫教学法是以节奏训练为核心的，设计了很多质朴生动的节奏型来唤起儿童内心的一种节奏感应。在这种近似原始的、朴素的节奏练习中，仍然包含着一种跃动的生命力和音乐的灵感，在强弱分明的节奏中，能够让人感受到生命的脉搏。就拿最简单的拍手节奏来说，如果拍得疲疲沓沓而不是富有弹性，平平淡淡而不是强弱分明，越拍越快而不是速度均匀，声音干涩，缺乏色彩，那么这样的节奏练习不仅不能体现奥尔夫教学法的精神，而且对于儿童真正的节奏感的培养也是弊多利少的，因为这里缺少美感的激发。然而，正是在这一点上，我们的教师做得还很不够。简单说来，他们引进了拍手的形式，但是忽略了拍手的质量。

与此相连的另一个问题是，由于在幼儿园音乐教育活动中较多地运用了这些形式，占用了比较多的课时，而又不能保证其质量，唱歌、律动、舞蹈、欣赏等音乐能力的培养不仅在课时上被缩减了，而且得不到应有的重视，优美的歌声和优美的舞姿被乱七八糟的拍手跺脚声取而代之。这样的音乐教育活动根本无法体现音乐美的魅力，音乐审美能力的启迪和陶冶更是无从谈起。

（三）儿童音乐教师必须具备的音乐素质

一个好的儿童音乐教师，其自身必须具备三个方面的音乐素质。

第一，必须掌握足够的音乐知识和准确的音乐概念，包括基本乐理、和声、曲式、歌曲作法、配器等有关知识和概念，并能融会贯通地理解和运用这些知识来分析、处理、表现，甚至创作音乐作品，能够深入浅出地将概念转化为儿童能够理解和接受的生动有趣的形象化的东西。

第二，必须具备演唱、演奏、舞蹈、指挥、配器等音乐实践活动的能力，能够准确、生动、富有艺术感染力地再现和创造音乐作品的艺术魅力。这不仅要求教师具备一定的演唱演奏技巧，同时还要求具备第三个方面的音乐素质，也就是音乐素质中最妙不可言的一个方面——良好的音乐感觉。

第三，必须具备良好的音乐感觉。究竟什么是良好的音乐感觉？虽然对于这一问题至今还没有统一的答案，但是人们丝毫也不怀疑它的存在和它那独特的魅力。从最一般的意义上说，良好的音乐感觉首先依赖于细腻、敏锐、深刻的音乐听觉，以及在此基础上形成的内心独特的对音乐的感受和把握能力，这一独特性体现在他的音乐表达上便会形成恰到好处、恰如其分的演唱演奏处理，所谓“增之一分太长，减之一分太短”，就是这个意思。

作为一个音乐教师，只有真正具备了这三个方面的素质，才能真正享有音乐，才有可能把美好的音乐传达给众多的儿童。

就现有的情况来看，目前大部分幼儿园教师所具有的音乐知识和演唱、演奏技巧，从程度上说，应该是能够胜任现有学前儿童音乐教育课程对教师的音乐知识和技巧要求的，然而在对音乐理解的深度、音乐表现的艺术性，尤其在音乐感觉、音乐听觉能力方面还存在着明显的不足。例如，在教儿童做节奏练习时，教师的拍手示范没有丝毫的强弱变化，在范唱中缺少应有的音乐表情处理，显得比较平淡，这些都是属于表现上的问题。还有一个很常见的错误，在解释“音符”的概念时，为了增加形象性，教师往往把四分音符比喻为成人，把八分音符比喻为儿童，这不能不说是对四分音符和八分音符之间的倍数关系的一种误解，反映了他们对音乐知识掌握得不够牢固。这种现象或许可以这样来理解，中师或高师培养了一定的音乐技能和知识，但是在传授知识与技能的同时，怎样贯穿音乐感的培养和提高，怎样使知识和技能变成生动的音乐，这一问题没有得到相应的重视和很好的解决。

事实上，只有具备了纯正的音乐趣味、敏锐的音乐感觉、良好的音乐技巧和准确的音乐知识，才能够真正挖掘和表现音乐艺术的美，才能真正激发儿童对于音乐美的热情，才能真正胜任一个幼儿园音乐教师的工作。

三、学前儿童音乐教育课程的设计

具体说来，怎样落实学前儿童音乐教育课程，设计和实施幼儿园音乐教育活动呢?

首先，教师要根据幼儿园的总体教育目标，以及学前儿童的年龄特点和音乐能力发展水平，确定本学年、本学期、本班音乐教学的总体目标和具体任务。

其次，根据幼儿园近期的教育主题和教学安排，确定本月音乐教学的具体内容和要求，围绕主题，根据我们前面反复强调的关于教材的要求，选择与主题活动相关的、适宜的音乐活动教材。在满足主题活动要求的同时，充分尊重和考虑音乐艺术自身的客观规律和儿童音乐能力发展的实际水平，循序渐进地选择游戏、歌唱、律动、舞蹈、欣赏、表演、创编等多种形式的音乐教育活动，深入挖掘音乐艺术在主题教育活动中所具备的不可替代的、独特的情感教育、审美教育的功能，而不仅仅是从属的、“配菜”式或“拼盘”式的肤浅的、表面的教育功能，全面培养和提高儿童的音乐审美能力。

再次，周密设计和实施本周音乐教育活动的具体内容和方法。在这里，教学方法的选择可以有多种途径：一方面，既可以参考瑞吉欧的方案教学体系、多元智能理论等学前教育课程流派，又可以吸收奥尔夫教学法、科达伊教学法等现代音乐教学方法，融会贯通地加以综合运用。特别值得一提的是，在学前教育课程越来越走向综合化的趋势影响下，音乐教育活动的设计要在可能的情况下，充分考虑音乐与美术、语言、科学、社会等幼儿园其他教育活动内容的有机结合。另一方面，一定要注意这种结合是以不牺牲音乐活动自身的规律性和艺术性为前提的。这种结合应当是扬长避短，能够最大限度地发挥音乐艺术教育功能的最有效的结合，而不是不伦不类的、“拼盘”式的、四不像的活动。

当然，每一个音乐教育活动的设计，在正式实施以前，都必须以文字的方式落实到具体的教育计划上来。一般来说，一个音乐教育活动计划必须包括这样几个部分。

（一）本次活动的教育目标

通常既要有促进儿童发展的整体教育目标，如“培养儿童的合作意识”“增进小朋友之间的团结友爱”等，又要有音乐方面的明确的目标，如能够大胆地、有表情地演唱歌曲，或者“教儿童通过附点音符的演唱，表达欢快、喜悦的心情”等。

（二）教材分析

一方面，要分析教材在音乐表现方面的特点；另一方面，还要分析、确定教学过程中的重点和难点。

（三）教学准备

教学准备包括物质上的准备和非物质上的准备。像头饰、玩教具等都属于物质上的准备。非物质上的准备，包括儿童音乐能力方面的准备，教师为儿童的认知、理解在音乐和语言、社会等其他活动领域所做的知识、经验方面的准备，等等。

（四）教学方法和过程

应当尽可能详尽地写出教学环节、步骤与过程，做到心中有数。

（五）教学预期

教师应当在课前对活动有一个初步的预期。例如，关于儿童的反应，尤其是个别儿童的表现，教师应当有一个大致的估计，对于自己在教学过程中可能会“出彩”的地方或可能会出现的问题最好也有一个清醒的认识。这样，到了具体实施的环节，教师就会做到胸有成竹、有备而来。这种教学预期和我们现在所强调的教学工作的生成性、灵活性是不矛盾的，相反在本质上是一致的。只有教师在课前把功夫做深、做透，周密地考虑各种可能性，那么在面对儿童千变万化的问题时，才有可能做到以不变应万变，游刃有余。

四、学前儿童音乐教育课程的评价

音乐教育课程的评价是幼儿园音乐教育工作的重要组成部分，是了解音乐教育的适宜性、有效性，调整和改进工作，促进每一个儿童发展，提高音乐教育质量的必要手段。管理人员、教师、儿童及其家长都可以参与幼儿园音乐教育课程的评价。评价的过程，是教师运用音乐教育的专业知识审视音乐教育的实践，发现、分析、研究、解决问题的过程，也是教师自我成长的重要途径。幼儿园音乐教育工作评价应该以教师自评为主，园长及有关管理人员、其他教师和家长等共同参与评价。评价应自然地伴随着整个音乐教育过程进行，综合地采用观察、谈话、作品分析等多种方法。儿童在音乐方面的行为表现和发展变化具有重要的评价意义，教师应将其视为重要的评价信息和改进工作的依据。

《纲要》对幼儿园教育教学的评价工作提出了以下方面的要求。

（1）音乐教育计划和教育活动的目标是否建立在了解本班儿童现状的基础上。

（2）音乐教育的内容、方式、策略、环境条件是否能调动儿童学习的积极性。

（3）音乐教育的过程是否能为儿童提供有益的学习经验，并符合其发展需要。

（4）音乐教育的内容和要求是否能够兼顾群体需要和个体差异，使每个儿童都能得到发展，都有成功感。

（5）教师的指导是否有利于儿童主动、有效地学习。对儿童音乐能力发展状况的评估，要注意以下几点。

①明确评价的目的是了解儿童音乐能力发展的需要，以便提供更加适宜的帮助和指导。

②全面了解儿童的音乐能力发展状况，防止片面性，尤其是避免只重视音乐知识和技能，忽略情感、社会性和实际能力的倾向。

③在日常活动与教育教学过程中，采用自然的方法进行。平时观察所获得的具有典型意义的儿童行为表现和所积累的各种作品等，是评价的重要依据。

④承认和关注儿童在音乐能力方面存在的个体差异，避免用单一的标准评价不同的儿童，在儿童面前慎用横向比较。

⑤以发展的眼光看待儿童，既要了解儿童音乐能力的现有水平，更要关注其发展的速度、特点和倾向等。

也就是说，幼儿园音乐教育课程的评价要做到以目标为圆心，围绕音乐教育教学目标，对目标本身，对实现目标的方法、手段和可能性，对目标的落实情况或实现程度，对目标的实施过程，即教学过程中最具活力的人的因素，对教和学的双方，对教师与儿童做出全面的评价。

在这里，尤其要强调重视对幼儿园音乐教育教学过程的评价。因为音乐教育对儿童的影响作用是在音乐教育的活动过程中体现出来的，儿童的发展源于他们主动积极地与周围环境相互作用的音乐活动，而音乐教育的过程正是为儿童提供了这样的机会。重视对幼儿园音乐教育教学过程的评价是保证音乐教育目标的实现和计划的落实，提高学前儿童音乐教育质量的重要手段。

学前儿童音乐教育教学评价的重点可以放在以下几个方面。

（1）是否为儿童提供了与音乐教育目标相一致的音乐学习经验。

（2）所提供的音乐学习经验是否能有效地促进儿童在音乐和其他方面的和谐发展。

（3）是否既符合大多数儿童音乐发展水平的需要，又体现了对个体差异的尊重和照顾。

（4）是否符合儿童的兴趣和音乐学习特点，有助于他们形成积极的学习态度。

（5）是否有利于儿童的身心健康，使他们感到安全、自信和快乐。

（6）是否为儿童提供了人际交往的机会，特别是儿童之间相互学习和自由交往的机会。

（7）是否鼓励和引导儿童积极参与音乐活动，并在活动中灵活、主动地学习音乐。

（8）是否重视儿童音乐学习方法和音乐思维方法的指导。

至于评价的方法，我们倾向于根据评价本身目的和内容的不同要求，将绝对评价法和相对评价法、分解评价法和综合评价法、自我评价法和他人评价法、定性评价法和定量评价法综合地加以运用，对幼儿园音乐教育课程的过程和结果进行全面有效的评价。

鉴于学前儿童音乐教育作为艺术教育重在情感陶冶的学科特点，鉴于音乐艺术自身在定量化方面的难度和是否必要的问题，鉴于音乐教育对儿童身心发展所具有的潜移默化而不是立竿见影的教育效果，我们认为，幼儿园音乐教育课程的评价，尤其应该防止片面强调定量评价或绝对评价，而应重视对过程与结果、对课程中人的因素进行深入细致的、实事求是的描述与评价。

第二节　学前儿童音乐教育的原则

学前儿童音乐教育活动的组织必须遵循一定的教育原则。首先，应该遵循教育的一般原则，即尊重儿童的人格尊严和合法权利的原则，促进儿童德、智、体、美、劳诸方面全面和谐发展的原则，面向全体重视个别差异的原则，充分利用儿童、家庭和社会的教育资源的原则，教育的活动性和活动的多样性原则，等等。

这些原则具体体现在学前儿童音乐教育活动的过程和教育行为中，就是要注意挖掘幼儿园生活中可以利用的音乐教育因素，将音乐教育与儿童的生活和经验有机地结合起来。因为音乐来自生活，是对生活中各种活生生的现象和事件进行艺术的提炼和反映。对音乐的热爱源于对生活的爱，对音乐敏锐的感受和丰富细腻的表达能力源于对五光十色的生活的感悟和创造。对生活的热爱又能够进一步激发人们去追求音乐、追求艺术、追求美。

还有最根本的一条就是，承认音乐能力是每个儿童所具有的一项基本能力，这种能力是潜在的、需要挖掘的，具有丰富的多样性和十分明显的个体差异性。挖掘每个儿童潜在的音乐能力，使每个儿童在其原有水平上获得各自的发展，是儿童发展的一项基本权利，也是音乐教育的基本任务。这是现代音乐教育的一个基本主张。

当然，学前儿童音乐教育还必须遵循其自身独有的教育原则。

一、学前儿童音乐教育教学原则

（一）以“美”为核心的审美教育原则

学前儿童音乐教育应该是一种审美教育，它应该以美的形式、美的内容、美的方法、美的手段来加以组织，通过美的活动在潜移默化中赋予儿童一种审美的态度、眼光与情怀。

音乐是声音的艺术、听觉的艺术，学前儿童音乐教育活动必须充分发挥音乐作为声音艺术的基本特征，注意音乐的声音质量和音响效果，注意歌唱和乐器演奏的音色美，注意引导儿童用耳朵、用心灵去倾听音乐、感受音乐、理解音乐，注意引导儿童学习运用和创造美的声音手段去表情达意。

（二）音乐性、知识性和技术性相统一的原则

学前儿童音乐教育绝不仅仅是知识的教育或技能技巧的教育，而应该是音乐的教育、审美的教育、情感的教育。因此，在教育的目标、内容、方法、过程、手段等各个方面都必须以儿童对音乐美的感受和表现为线索，突出音乐本身形式与内容的统一，将音乐的知识与技术服务于音乐感受和表现的需要。音乐是表演的艺术，学前儿童音乐教育更要注意培养儿童通过自己真心实意的表演来表达情感、表现音乐的能力，注意为儿童创造丰富的表演情境，提供戏剧性的综合歌、舞、奏乐等各种形式表现音乐的条件、机会和可能，通过人人参与的表演活动，使儿童的感知、注意、记忆、想象、理解、情感等心理活动全部投射到演唱、演奏等外显行为中，从而使儿童的积极的心理过程得到强化和激发。

因为人们对音乐的一切感受、情感体验、想象理解等各种有意义的心理要素都可以在真心实意的表演中得到最充分的锤炼。

（三）感性教育原则

一方面，音乐是情感的艺术，情感贵在真实、朴素、自然。学前儿童音

乐教育应当追求返璞归真而不是哗众取宠的境界，应当紧紧抓住情感这一核心，用教师自己对作品、对音乐、对艺术、对儿童的真情实感去感染儿童、影响儿童，而不是仅仅追求表面的、外在的、肤浅的、没有持久生命力的东西。

因此，学前儿童音乐教育在活动的组织和方法的运用上，要充分运用感性的教育手段，教师应当切实从音乐这一核心出发，而不是从外在的、表面的形式出发，注意选择和运用感性生动的教学内容、方法和手段，最大限度地体现音乐作品本身所蕴含的丰富的感性内容，而不是理性的知识与说教。

另一方面，音乐既是最形象化的艺术，同时也是最抽象的艺术形式。因此，学前儿童音乐教育的课程教学既要充分调动形象化的手段，使儿童获得对音乐形象的生动的、感性的认识，同时也要注意引导儿童对优秀音乐作品中所蕴含的抽象的、理性因素的认识，从而使儿童能够在音乐作品中感受到理性与情感的高度和谐、自然的统一，并使自己的理性与情感得到平衡、健康的发展。一切概念性的、抽象的知识都必须建立在对活生生的音乐作品的感受、体验和理解的基础上去进行讲解，而不是去做枯燥乏味的、生硬的、逻辑的推理。

（四）面向全体与尊重个性相结合的开放式教育原则

学前儿童音乐教育要注意面向全体，面向每一个儿童，为每一个发展潜质不同的儿童提供形式和难度各异的表演和表现的机会。但同时，音乐又是最具个性化的艺术形式，毫无疑问，学前儿童音乐教育也应当成为富有教师鲜明个性的教学活动，应当充分尊重并爱护儿童在艺术活动中表现出来的个别差异，并使之能够在音乐活动中得到很好的发展。

学前儿童音乐教育应当是开放式的、充满活力的而不是封闭的、死气沉沉的，应当引导儿童关心和参与自己身边的、家庭的音乐生活，并给以积极的、正面的引导和教育。有条件的幼儿园还可以组织一些音乐兴趣小组，丰富儿童的音乐生活，使幼儿园音乐教育得到有效的延伸。

二、学前儿童音乐教育课程实施需要注意的问题

那么，到底应该怎样在学前儿童音乐教育课程实施过程中切实贯彻落实这些教学原则呢？如果在学前儿童音乐教育中，我们想真正做到教音乐，并通过音乐来进行教育，无疑就必须将教育观念和教材、教学内容扎扎实实地落实在每一个音乐活动之中。究竟怎样才能保证在每一次音乐活动中，在幼儿园音乐教育课程的实施过程中，确保儿童既学到音乐，又受到教育呢？

学前儿童音乐教育课程的实施需要注意以下几个问题。

（一）改善教学条件

必须改善幼儿园的音乐教学设施，配置必要的电教设备，以及钢琴、键盘乐器、节奏乐器、录音机、幻灯机、教学挂图、谱表、头饰、卡片等。

幼儿园音乐教学的物质条件不仅要提高数量，同时还应当在质量上下功夫。因为音乐是声音的艺术，因此音响器材尤其应该具有准确、良好的音质。

目前，很多幼儿园钢琴的音准和节奏乐器的音色都不能令人满意。这说明我们对音乐作为声音艺术的这一特殊性还缺乏足够的认识。使用音色难听、音准差的乐器如何能够培养儿童形成敏锐、准确的音乐听觉呢？

（二）更新教育观念

学前儿童音乐教育课程不再是单纯的知识和技能的培养，要注意培养儿童的内心体验和审美感受，用音乐本身去打动人、教育人，而不是仅仅依靠语言来解说音乐。要注意儿童的主动参与，注意对儿童的创造意识和创造能力的培养，重视儿童的全面发展，努力实施整体性教育目标，潜移默化地将音乐教育与儿童的品德教育、情感教育和个性培养等方面的教育内容有机地结合起来。

值得注意的是，近年来学前儿童音乐教育的理论观念虽说有了较为明显的改进，但是音乐教学实践还是没有完全脱离“表演”的窠臼。教学活动对教学过程本身的展示，教师教的过程，或者说教师引导或指导的过程，儿童学习和体验的过程，即如何解决问题的过程还是没有得到应有的重视和体现，

学前儿童音乐教育课程仍然存在一定程度的表演的痕迹。

（三）丰富教学内容

学前儿童音乐教育活动除了歌唱活动，还可以创造生动有趣的唱游、律动、游戏、节奏乐器演奏、感受与欣赏、舞蹈、表演和音乐创编等。可以以有趣、有效的适当的形式将节奏训练、听觉训练和发声练习贯穿始终；以灵活多样的形式培养儿童的多声音乐听觉能力，进行多声部的声势练习。例如，利用发声练习或师生问好来进行多声部练习，或组织多声部的节奏乐器演奏、合唱等。音乐创编活动也可以有多种形式。例如，自己为新歌命名，自己选择、发明不同的演唱形式，自己设计节奏型，用人体动作或节奏乐器为歌曲伴奏、自编舞蹈，等等。音乐欣赏活动也不应该是单一的、笼统的、被动的听，而要注意引导儿童学会记忆音乐作品的主题旋律，感受音乐作品的情绪表现，并尝试用色彩、线条、动作和乐器演奏来表达自己对乐曲的感受和理解。

（四）改进教学方法

学前儿童音乐教育应当努力根据两大特点，即教材特点和教学对象的年龄特点来选择适当的教学方法，改变过去教师唱一句、儿童跟一句的简单教法。音乐教学从不讲方法到注重方法无疑是一大进步，但问题在于方法只是一种手段，是为目的服务的，不能为了方法而方法。在方法和手段上，目前有的教师过多注重音乐外在的形象性和生动性，而离开了音乐的本意。例如，音乐活动中绘画、幻灯等教学辅助手段运用过多、过滥，语言讲解也往往喧宾夺主，不够精练，甚至有单纯为了增加趣味性而比喻不当的现象。例如，将四分休止符称为“哑巴大虫”，用爷爷、爸爸、哥哥、弟弟等来命名不同时值的音符，这些都是欠妥当的。此外，教学内容过于艰深的现象还时有发生，有的幼儿园甚至在音乐活动中不恰当地教很多生硬的乐理知识。从总体上看，目前学前儿童音乐教育存在的一个根本问题是在音乐教学中，音乐作为一门声音的艺术，其自身所蕴含的独特美和力量的挖掘还很不够，教学的改革过多地关注在表面的方法、形式和内容上，而缺少在深层次上、根本上对音乐美的分析，以及如何运用音乐自身的美来体现音乐教育的价值等这些基本问题的研究和探讨。因此，音乐教育以审美为核心就难免成为无源之水、无本之木。

要想彻底改变这一现状，就必须加强关于音乐内容与形式等一些基本的音乐美学问题的理论学习，加强对教师的音乐听觉能力、感受能力和音乐审美能力的培养，帮助教师切实提高音乐修养，从而在音乐教学实际工作中解决好“一碗水”和“一桶水”的关系问题。

第三节　学前儿童音乐教育的环境创设

一、为学前儿童提供丰富的音乐环境

和所有能力的发生、发展一样，学前儿童音乐能力的发展依赖于遗传、环境和教育三个方面的因素。遗传为音乐能力的发展提供必要的前提，环境为音乐能力的发展提供一定的可能性，有目的、有计划的音乐教育则使儿童潜在的遗传素质得到最充分的挖掘和激发，从而获得真正意义上的音乐能力。

我们坚信，音乐能力是普遍的、人人皆有的一种能力，音乐才能的个体差异更主要地显示了环境与教育的力量，遗传在这里所起的作用是非常有限的。一个肢体健全、智力正常、听觉没有障碍的儿童必然具备学习音乐所必需的生理基础和遗传素质。当然，如果我们要选拔钢琴家或者歌唱家等专业音乐人才，那么我们还需要考虑一些特殊的因素，如手的大小、手指的长度，或者声音的音质、音色等。然而，从最一般的意义上说，享受人类的共同财富——音乐文化是人们的一项基本权利，一个身心健全的儿童应该享有这样的权利，我们应该想方设法为儿童创设丰富的音乐气氛和音乐环境，尽可能为儿童潜藏的音乐能力提供充分发展的可能与条件。

我们知道，音乐是声音的艺术，那么听就应该是音乐活动中一项最重要

的实践。因为说到底，作曲家写在纸上的曲谱是静止的、无声的，它只有经过演奏家、演唱家的表演，变成丰富多彩、五光十色的音响，才有可能成为活生生的艺术，从而作为一种感官刺激，输送到听众的听觉器官中去，进而完成陶冶性情、净化灵魂等诸如此类的神圣而又美好的使命。可见，如果没有富有艺术感染力的、流动的乐音，没有对乐音的感知，便没有音乐的艺术生命。

学习音乐不仅是开发智力、培养情操的一种优雅的手段，虽然古今中外的人们无不对音乐教育寄予了任重道远的厚望，他们希望儿童通过学习音乐能够变得更聪明一些，更听话一些，更有礼貌一些，等等。但这其实只是音乐教育发挥作用的一个方面，对于儿童来说，音乐教育还有另一个更重要的方面，那就是为儿童创造良好的听音乐的环境，让儿童在美好音乐的熏陶感染中形成音乐能力。只有音乐能力得到了提高，对音乐有了悟性，才谈得上其他种种教育目的。正像学习数学可以锻炼提高人的逻辑思维能力，但你首先必须学会把每一道数学题都做得准确无误。只有先学会解数学题，才有可能确确实实地提高思维能力。学习音乐也是一样。音乐确实有启迪智慧、教化人类等种种了不起的功能，但是首先必须让儿童喜爱音乐，学会倾听音乐，理解音乐，从听觉到心灵都沉浸在音乐之中，他们才有可能感受到音乐中流淌的智慧和人格的力量，才有可能被它打动，从而使自己也变得更高尚，更有智慧。

那么，到底怎样才能理解音乐呢？要想理解音乐，听懂音乐，那就必须先得去听，先得去熟悉各种音响。这是一个很简单的道理，就好比儿童学语言，必须有一个语言环境，使其每天都能听到大人说话，这样，慢慢地儿童也就能听懂成人的语言，并且也会自己学着说话了。儿童模仿成人语言不仅在遣词造句方面，而且连抑扬顿挫等音调变化都能学得自然而生动，这自然应当归功于环境潜移默化的作用。学习音乐同样需要环境，需要让儿童能够每天接触音乐、听音乐，慢慢地，他们就能够一点一点地听懂音乐，进而也会学着表现音乐了。

笔者曾经对一个音乐感受能力发展较好的儿童进行过长期的观察和研

究。这是一个女孩，她在三岁半的时候，听到一首三拍子的舞曲就能跟上音乐的节拍拍手，并能清楚地区分出强弱拍；也是在这个年龄，她能根据教师教的一首儿童歌曲自己编出符合歌曲特点的舞蹈动作；她的音高感觉比别的儿童要好，唱歌时能把音唱得比较准。她的良好的音乐感觉是从哪儿来的呢？她的父亲是个教师，母亲是个医生，家里并没有乐器，她也从未进过音乐培训班，关键在于家里有着非常浓厚的音乐气氛。她的父母都是音乐爱好者，平时经常在家里听音乐。每天早晨叫醒儿童以后，就立即打开收音机，儿童的起床、穿衣、洗漱等一系列活动几乎都是在音乐的伴随下进行的。每天如此，儿童的节奏感自然而然地就培养起来了，对音乐的感受性也逐渐提高了。父母还经常鼓励儿童唱歌，鼓励儿童把在幼儿园学到的歌曲在家里表演给父母或客人看。这样，儿童对音乐表演的兴趣和能力也随之得到了提高。听多了，唱多了，音乐也就变得更可以理解了，欣赏能力也随之提高了。这些能力的提高又可以大大促进儿童对于音乐的技能技巧的培养。这个儿童进入大班以后，和全班小朋友一起开始学习手风琴，她是学得最快、拉得最好的一个。

可见，音乐教育不仅仅是技能技巧的教育，它还包括对音乐的感知、理解、欣赏、表达和创造等多种能力的培养。目前，很多幼儿园热衷于各种音乐兴趣班，什么钢琴班，小提琴班，但是学习音乐并不等同于学习乐器。教儿童学会一种乐器，掌握一定的演奏技巧，无疑会在很大程度上提高儿童的音乐能力，但它毕竟不能取代音乐教育的全部内容。这就是为什么有的人弹了一辈子钢琴，虽然技巧很好，但最终只能成为钢琴匠而成不了音乐家。所以说，要想对儿童进行音乐教育，使儿童获得一定的音乐素养，并不完全取决于乐器。

没有乐器也能学习音乐，那么，有了乐器，怎样才能把音乐学得更好呢？首先必须有一个音乐启蒙的好教师，这个教师不一定要有多么高超的演奏技巧，但至少必须具有良好的乐感、敏锐的听觉、正确的演奏技巧、深入浅出的教学方法，并且爱儿童，也为儿童所喜爱。同时，教师在督促儿童练琴的时候，不仅要关心儿童技巧上的进步，更要注意培养儿童的音乐感觉，应当努力为儿童创造一个良好的音乐环境，使儿童有更多的感受音乐的机会。在这里，多听是最重要的。在儿童每练一首乐曲之前，可以先让儿童听几遍某个演奏家的演奏，给儿童留下一个感性印象，便于儿童的模仿，这样可以大大提高学习的效率。不要以为这只适合于乐曲，练习曲也可以这样做。因为某些看似枯燥的练习曲到了音乐家的指间也能变成优美动听的旋律，因此早期的模仿对于儿童来说是非常必要的。当然，一旦儿童的技巧掌握到一定的程度，就应该鼓励儿童能突破框框，表现出自己内心的真实感受。此外，还可以经常带儿童去接触大自然，引导儿童感受自然的鸟语花香，体会自然的美与和谐，这对于帮助儿童更加深刻、细腻地体会音乐作品的意境，更好地表达音乐，都是非常有用的。

那么，到底应该如何为儿童创设一个音乐教育的良好环境呢？最主要的是取决于教师的教育观念，教师应当思考和回答这样一个问题："我为儿童音乐潜能的培养和发展是否尽了力？"并树立这样一个信念：儿童音乐能力的高低与幼儿园、家庭的音乐环境、音乐气氛，以及教师和家长对音乐教育的关心程度有着直接的联系。如果我们不能为儿童提供及时、有效的音乐教育环境，那么很遗憾，儿童与生俱来的对音乐的敏感与喜爱将会日复一日地丧失，导致成年以后对音乐及一切美的事物都麻木不仁，从而丧失了享受音乐这一灿烂文化的能力。这将是多么遗憾啊！

具体说来，教师为儿童提供的音乐教育环境，可以从以下几个方面着手。

首先，教师自己必须发自内心地喜欢音乐，喜欢唱歌，不仅会唱儿童歌曲、流行歌曲，并且还会唱一些中外民歌和优秀的经典歌曲等，在音准、节奏、音乐的表现等方面基本没有问题。

其次，教师能够有意识地在音乐活动、游戏活动和其他日常活动环节中经常带领儿童唱歌，和儿童一起唱歌，甚至把唱歌作为一种有效的教育手段自觉地加以运用。例如：有时候在午睡前，教师为儿童播放一些催眠的音乐，或者亲自为儿童演唱一首摇篮曲；有时候在儿童的游戏活动中，教师也可以兴之所至地融入儿童的游戏，情不自禁地为儿童演唱或表演节目；在幼儿园的一日生活中，教师可以每天安排固定的时间和儿童一起来欣赏音乐或者一起唱歌；在儿童的游戏活动或环节过渡时，教师还可以经常有意识地放一些合适的轻音乐作为背景音乐；甚至当儿童浮躁不安时，教师也可以尝试用音乐来稳定其情绪，使儿童平静下来。在教室的音乐活动区域应当为儿童提供足够数量的节奏乐器、声音材料，使儿童能够自主地选择活动内容，主动进行声音的探索活动和音乐游戏。

教师应该经常和儿童一起收听、收看广播和电视中固定的文艺节目，能够有意识地为儿童创造机会，组织儿童一起去听适合儿童特点的现场音乐会。

有条件的幼儿园还可以开设一些适合儿童特点的艺术兴趣班或启蒙班，为有兴趣的儿童提供进一步学习音乐的机会和条件。但是这些艺术启蒙班或兴趣班的开设必须以提高儿童的音乐兴趣与能力为目的，而不能以营利为目的。必须选择优秀的师资来任教，必须选择适合儿童年龄特点的教学内容和教学方法，不能把成人化的东西强加给儿童。不能拔苗助长，教儿童学习超过他们接受能力的、过于艰深的技能技巧。兴趣班的教师应当首先训练自己有一个敏锐的音乐的耳朵，能够听出儿童演奏的对错与好坏，并且能够以一种欣赏的眼光来看待儿童的学习，即使弹错了，也应报以宽容和鼓励的态度。还应当注意在学习音乐的过程中有意识地培养儿童的个性品质，当儿童学习音乐遇到困难或者感到厌倦的时候，教师应该耐心地启发和培养儿童的兴趣和意志，而不是采取体罚和强迫的办法，或者干脆放任自流。即使儿童学习音乐有些吃力，甚至在艺术启蒙班里只是中等以下的水平，教师也不应该失去信心。应当相信，只要教学方法得当，儿童的音乐能力一定能够得到发展。

音乐是表演的艺术，教师应当努力为儿童创造和提供更多的音乐表演和艺术表现的机会，最好能定期举办小小音乐会，为儿童提供表演和交流的舞台，使儿童能够把在课堂上学习的歌曲、舞蹈、器乐演奏等内容上升到音乐表演和艺术表现的程度。在适当的时机，教师以欣赏的态度和饱满的艺术热情参与儿童的表演，不仅会给儿童树立良好的榜样，也是最有效的激励，能够使儿童更加喜欢音乐、喜欢表演。教师可以有意识地把音乐表演作为一项有意义的教育内容，比如在儿童得到表扬的时候，请他为小朋友表演一个节目，或者请他点一个别的小朋友来表演节目，甚至教师也可以亲自为儿童表演一个节目，作为一个最高的奖赏。

另外，在日常生活中，有时候儿童会兴奋地自发唱歌，甚至唱个不停。只要他没有影响其他人，教师就应当以欣赏的态度鼓励他用歌声表达自己的情绪。并且还应该经常启发儿童用听觉去观察和了解世界。例如，经常引导儿童倾听风声、雨声、流水声、鸟鸣、钟声、汽车声等周围环境中各种各样有趣的声音，以培养儿童听觉的敏锐性。有条件的话，教师还可以进一步和儿童一起想办法用人声或物质材料的声音来模仿上述各种有趣的声音，以培养儿童对声音的敏感和表现力。教师还可以非常有兴趣地和儿童一起玩一些声音游戏。例如：在空的玻璃瓶或空罐子里，装上细盐、瓜子或糖块等不同的东西，摇晃发出不同的声音，请儿童根据声音的不同判断罐子里装的是什么；或者利用幼儿园现有的物品和儿童一起发明和制作一些打击乐器，并利用这些自制的打击乐器和儿童一起进行节奏游戏。

喜欢音乐的教师最好还能够熟悉莫扎特或贝多芬等一些著名音乐家童年的故事，并乐意讲给儿童听。幼儿园的环境布置能够有意识地选择与音乐有关的装饰品或图片。例如，大音乐家的肖像画，关于音乐表演的名画或挂历、乐器静物装饰画、贺卡，或微型吉他、小提琴等摆设，等等。

二、学前儿童音乐教育课程环境的创设

《纲要》指出："幼儿园应与家庭、社区密切合作，与小学相互衔接，综合利用各种教育资源，共同为幼儿的发展创造良好的条件。幼儿园应为幼儿提供健康的、丰富的生活和活动环境，满足他们多方面发展的需要，使他们在快乐的童年生活中获得有益于身心发展的经验。"

《纲要》还指出："环境是重要的教育资源，应通过环境的创设和利用，有效地促进幼儿的发展。幼儿园的空间、设施、活动材料和常规要求等应有利于引发、支持幼儿的游戏和各种探索活动，有利于引发、支持幼儿与周围环境之间积极的相互作用。幼儿同伴群体及幼儿园教师集体是宝贵的教育资源，应充分发挥这一资源的作用。教师的态度和管理方式应有助于形成安全、

温馨的心理环境；言行举止应成为幼儿学习的良好榜样。家庭是幼儿园重要的合作伙伴。应本着尊重、平等、合作的原则，争取家长的理解、支持和主动参与，并积极支持、帮助家长提高教育能力。充分利用自然环境和社区教育资源，扩展幼儿生活和学习的空间。”

那么，怎样在学前儿童音乐教育活动中体现和贯彻《纲要》的基本精神呢？

儿童的身心发展和学习特点决定了儿童是在活动和游戏中学习的，幼儿园课程不仅仅体现在课表、教材、课堂教学或作业中，而是蕴藏在环境、生活、游戏和儿童喜闻乐见的各种活动中。而活动环境如何设置，教师如何与儿童交往等又受到教育者的教育观、儿童观、课程观等观念与意识的影响。幼儿园课程蕴含在环境、材料、活动和教师的行为中，潜移默化地发挥着促进儿童健康成长的作用。

例如，关于“爱”的人文主题教学，除了我们前面提到的教师的教学准备工作、内容和教材的选择，还有很重要的一个环节，就是教育环境的创设。

教师要把自己对爱的某种也许还带着局限的理解，转换成儿童置身其间可以感受和触摸的环境。充分挖掘和利用环境对儿童情绪情感的暗示作用，将抽象的爱变成一种可触、可摸的氛围，自然地包围着儿童。例如，可以利用假期幼儿园装修的机会，把班里的墙壁粉刷成那种很淡很淡的浅红色，因为这种温馨的色调和班里原来朴素简单的白色相比，更容易带给儿童一种充满了爱和安宁的气息。但是由于墙壁的面积比较大，一定要注意颜色千万不要太深，因为大面积的深色很容易使人浮躁和厌倦。在墙面的布置和装饰上，可以选择一些较为具象的心形图案、温柔慈祥的母亲形象和天真无邪的儿童形象等带给人温暖的、爱的、联想的人或物；也可以选择一些较为抽象的暖色系列的色块或对称、和谐、优美的图案。墙面布置的总的原则应该是简单、明快、温馨、大方，色彩的搭配尤其要注意颜色不能太多，更不能太杂。从儿童对色彩感知的年龄特点来看，儿童偏爱明亮、饱满、浓重的颜色，所以很多幼儿园在布置墙面时往往喜欢用上许多鲜艳的颜色。其实，长期处在这样的环境中，会使儿童对色彩的感知阈值降低，不利于儿童形成对色彩变化的更为细致的感受。颜色过多、过杂可以说是幼儿园室内环境布置中的一个较为常见的通病。除了墙壁，儿童活动室里的整个环境布置都可以重新设计和考虑。在条件许可的情况下，整个家具的配置从色调、款式、材质上来说，尽可能显得温馨、柔和、协调，一些装饰物和玩教具的摆放也都应该尽量考虑使儿童感到方便和亲切。

与此同时，还可以在幼儿园的日常教育活动中渲染爱的氛围，带领儿童以自己的一颗爱心切身地去发现爱，去感受爱。最容易为儿童所感受和理解的自然是亲人的爱，是教师的爱。教师可以利用家园联系册、家长会、家访、每日接送孩子时与父母的短暂交谈等多种形式与家长进行沟通和交流，让家长了解自己的教育思路与想法，转变家长只关心孩子的智力发展、重视知识与技能培养的陈旧教育观念。一方面，这样做是为了取得家长的认同和支持；另一方面，也可以唤醒家长被琐碎的日常事务日益消磨的对爱的体验与反思，并将自己对孩子、对家人的这种爱的情感与气氛弥漫在温馨和谐的家庭生活中，增进亲子关系。也就是说，教师应当学会将儿童的家庭和他们的家长当作一种有效的教育资源来加以利用。

具体说来，在进入“爱”这一单元主题活动之前，教师可以要求家长配合幼儿园的教学工作协助完成这样几件事。

（1）回忆、体验和强化自己对孩子、对亲人、对家庭的爱，并试着用语言充分地将自己对孩子、对爱人的这种深深的爱的情感表达出来，在家里进行交流。如果愿意的话，最好能写一段文字，表达父母对孩子的爱，在适当的场合与气氛中念给孩子听，并请孩子带给教师。（中国人讲究含蓄，往往不习惯、不善于用语言充分地表达出自己的情感，甚至在家庭生活中，在孩子面前也是这样。这在家庭教育中表现出来的问题就是两个极端，要么是期望过高、要求过严，要么是偏袒、溺爱。这两者都不是真正的爱。）

（2）选择一件家长自己最喜爱的、能充分表达“爱”的情感的任何形式的艺术品，可以是音乐、绘画、诗歌、故事、舞蹈等。通过艺术作品和孩子一起分享和交流对“爱”的体验，试着告诉孩子自己为什么喜欢这件艺术品，它是如何将爱的信息生动、准确、细腻地表达出来的。

（3）爸爸和妈妈分别为孩子唱一首“摇篮曲”，并录下音来请孩子带给教师，在适当的时候和全班小朋友一起分享。

（4）请爸爸妈妈和孩子一起，共同选择一张最能表现一家人亲情的照片带给教师，用来布置活动室。

要求家长参与艺术活动的目的，是增进亲子关系，同时更丰富和增进父母自身对艺术的感受和理解，进而帮助家长自觉地认识到艺术最重要的功能是情感表达，而不仅仅是智力开发，更不是枯燥的知识学习与技能训练。唤醒家长自身对艺术的感悟和理解，对于扭转家长的艺术教育观念是至关重要的，而这又只能通过艺术欣赏实践本身来实现。

有了教师的精心准备和家长的有效配合，我们离“爱”的主题越来越近了！

当一个新的单元主题开始进入的时候，教师应当想方设法使这第一次课显得有些与众不同，从而和以前的单元主题区别开来。

教师可以在美术活动或游戏手工活动中，和儿童一起把他们从家里带来的照片布置起来。既可以装饰活动室，又可以使儿童在有空的时候互相介绍自己的爸爸妈妈，常常体会家庭和亲人的爱。活动室的四周可以点缀温馨淡雅的花朵，给孩子创造一种清新美好的气氛。

教师的服饰尽量不要穿运动装或职业套装。因为职业装的刻板容易与孩子产生距离感，而运动装给人的感觉则不够沉稳。教师可以选择颜色柔和、大方、休闲的棉毛织品，以便于和孩子产生亲和感。

三、幼儿园音乐教育活动区的设置

在幼儿园音乐教育教学过程中，应该把音乐活动和其他的日常教学活动相互结合起来进行，从而使音乐活动延伸到幼儿园教育的各个领域之中。例如，在语言、美术、体育、手工劳动等活动中都可以同时包含有意义的音乐活动。

这样，就需要在活动室里设置一个音乐教育活动区，为儿童提供一个比较稳定的音乐活动场所，使每个儿童都能够按照他们自己的能力水平和他们自己确定的学习进度去自由地使用各种乐器和丰富多样的音乐材料，使每个儿童都能够有机会在音乐方面充分地进行练习和实践。如果我们为儿童提供的音乐材料都是非常新鲜有趣的，为儿童安排的各种音乐活动都是非常有意义、有价值的，都是他们所喜欢的，那么儿童一定会非常乐意、非常主动地在音乐活动区去开展这些有意义的音乐活动，从而长久地保持他们对音乐的自发的、浓厚的兴趣。一般来说，音乐区的各项活动都应该和幼儿园音乐课程所涉及的各项教育活动有计划、有目的、有系统地配合起来进行。实际上，音乐活动区的设立就是为儿童建立一个进行声音实验探索和其他音乐表现与创造活动的实践场所。

音乐活动区通常可以设置在活动室的角落里，并尽可能远离儿童经常活动的核心区域，这样会尽可能使音乐区的活动能够不受干扰地进行。也可以用屏风将音乐活动区和其他区域隔离开来，既能够保证儿童不受干扰、集中精力地去学习，同时也可以防止音乐活动区所发出的各种声音干扰其他区域的活动。当然，也可以不用屏风，而是用帘子、硬纸板、书柜等做隔离物。当然，音乐活动区的位置和摆设如果长久不变，也许会使儿童感到厌倦，失去兴趣。偶尔变换一下音乐活动区的位置和摆设，可能会给儿童和教师带来一些意想不到的新鲜刺激，重新激起儿童对音乐活动区活动的兴趣。

当儿童已经学会仔细地倾听音乐，合理地使用音乐活动区的活动材料时，他们通常会非常乐意在音乐活动区里和小伙伴一起，或者独自去倾听音乐节目。例如，广播电台中的音乐节目和许多录音音乐。这时候，教师就应该及时为儿童提供必要的设备，鼓励他们去倾听他们自己喜爱的音乐节目，并学会与其他儿童交流与分享音乐带来的快乐。儿童喜爱的音乐图画书应该成为音乐活动区的必备材料。这样，儿童就可以经常从中选择一些他们自己喜爱的歌曲自主地来演唱和表演。一些与音乐有关的生动的画册和音响图片也是必不可少的。而可爱有趣的小木偶也可以大大增添音乐活动区的情趣。音乐活动区当然少不了乐器，如木琴、钟琴、西斯特、沙球、双响筒、小鼓等奥尔夫乐器，还可以考虑一些自制乐器如铃鼓、响铃、拍板、刮擦器、摇动器等，以及橡胶、木质、毡质的各种敲打器和音叉，装有由木料、金属、塑料、纸板等制作的各种发声物品的小盒子等。此外，一些生活中常见的物体也常常在音乐区活动中被用来充当发声体，例如：一些带硬壳的物体，如椰子、核桃之类；各种各样的盘子、杯子，玻璃的、搪瓷的、塑料的等。我们可以从生活中找出许多这样的物体，从中选择一些放在音乐活动区里，帮助儿童探索声音的奥秘。教师还可以利用这些物体为儿童组织一个节奏乐队，儿童用他们自己所熟悉的物体来演奏音乐一定会有更大的兴趣和热情。需要注意的是，这些乐器和发声材料无论存放在什么地方，教师都要进行必要的管理，以保证乐器和材料不被损坏，从而保证演奏的音质和音色。

第六章　音乐教育与学前儿童创造力的发展

第一节　创造力概述

音乐与创造力之间无疑存在着密切的联系。音乐这种无影无形，以流动着的乐音直接诉诸人的听觉和情感的艺术形式，一直享受人类创造力的青睐，它的产生集中体现了作为人的本质力量之一的创造力。而人类艺术和思想发展的历史也告诉我们，音乐不仅直接来源于人类多姿多彩的创造力，更是激发个体创造力的重要源泉。从古至今，多少文人墨客和素以理性著称的科学家，都曾经从音乐中汲取创造的灵感与营养。著名物理学家爱因斯坦就是其中最突出的一例，他曾这样说道："我的科学成就很多都从音乐启发而来的。"他酷爱巴赫、贝多芬、勃拉姆斯的乐曲，从古典音乐中他感到了大自然的和谐之美与物理理论的和谐是相通的。在一定程度上甚至可以这样说，是"音乐启发了爱因斯坦对宇宙的观察，进而发表了著名的相对论"。我国建筑学家梁思成也是一个技术高超的小提琴手，多年的音乐熏陶，使他设计的建筑恰如优美的音乐线条给人以和谐之美。

正因为如此，通过音乐教育培养儿童的创造力，一直成为现代音乐教育孜孜不倦的追求之一。在一些音乐教育比较发达的国家，许多音乐教育体系都非常注重发展儿童的创造性。奥尔夫音乐教学法的核心就是让儿童的歌唱、演奏、形体动作与舞蹈融为一体，通过这种发自个体内心的"元素性"的音乐活动，让儿童在主动地、愉快地感受音乐、表现音乐和创造音乐的过程中，充分发展自己的想象力与感受力，体验音乐创造的快乐与喜悦。科尔曼儿童创造性音乐教学实验，更是直接以发展儿童的创造性为目的，通过歌唱、律动、演奏和即兴音乐创作的活动方式，让儿童在创造性的音乐教学活动中，自然地学习和体验音乐，表达他们与生俱来的音乐潜能与创造力。

在中国，随着创新精神和创造能力的培养成为素质教育的基本目标之一，音乐教育工作者对创造力问题的关注与热情也在与日俱增，以发展儿童创造力为主要目的的音乐教育活动在幼儿园也开展得越来越频繁。

但是，当越来越多的音乐活动把儿童创造力的培养放在更为显著或重要的位置上时，对音乐本身的关注与思考却受到了忽视。我们发现，更多的人是从某种创造力的概念或思维特征（最常见的就是发散性思维）出发来实施音乐教育的。这虽然无可厚非，但在实践中，却容易导致无视音乐自身的规律与审美特征的倾向，出现了许多在活动中任意肢解音乐作品，甚至脱离音乐的本质属性的舍本逐末的做法。这样的教育活动即使能够促进儿童创造力中某种品质的发展，也只能是非音乐性的活动，与音乐本身却没有本质上的联系，也就从根本上弱化了音乐促进儿童创造力发展的极其宝贵而又独特的价值与功能。

笔者认为，既然要想通过音乐教育来发展儿童的创造力，这种活动本身必然首先要合乎音乐的本质属性和规律，否则又怎么称得上是音乐的活动？换句话说，开展促进儿童创造力发展的音乐活动，其前提应该是音乐确实具有促进人的创造力发展的功能。因此，我们首先必须弄清楚音乐与创造力之间是否存在着一种内在的必然联系。如果有，又是怎样的一种联系。也就是说，必须明确创造力的产生机制是什么，同时搞清楚音乐活动的本质属性何在，人的音乐审美活动呈现出怎样的特点和规律。之所以这里特别强调了“音乐审美活动”，是因为只有当音乐作为一种客观存在，被作为审美主体的人所感受、体验和参与时，才能对人的身心活动产生积极的影响。也就是说，对音乐本质的探讨必须纳入审美主体的因素。只有准确地把握上述两个问题，揭开音乐与创造力之间的内在联系，才能找到我们通过音乐教育活动发展儿童创造力的根本出发点和落脚点。

一、创造力的产生机制

所谓“创造力”就是根据一定目的，运用一切已有信息，产生出某种新颖、独特并具有社会或个人价值的产品的能力。毫无疑问，创造性活动是一种除旧布新的活动。问题在于：新事物的创造究竟是以什么为条件的？新意象、新思想、新产品的产生到底是由什么引起的？也就是说，创造力产生的机制究竟是什么？

在长期的研究中，人们提出了许多理论概念来解释这种过程。

（一）发现假设理论

持发现假设理论的研究者认为，新思想的出现是由各种知觉复制的一种漫无目的的巧合所引起的，或者是由人们偶然发现的某些外部因素所引起。其代表人物是沃尔特·坎农（Walter Cannon），他提出了一长串在他看来是由于偶然所造就的发明者的名单，这其中包括著名的航海家哥伦布、生物组织中电现象的发现者加尔瓦尼等人。

虽然某些创造力研究者已倾向于将偶然的机遇作为一条解释原则加以采用，但是这种理论所揭示的似乎更多的是对幸运机会的消极等待，还远远没有触及创造力产生的真正的内部根源，吉尔福特（Guilford）也坚决反对任何把偶然实践作为创造发明的解释原则，因为这样的解释“停止了人们对世界的探索”。

（二）重组假设——联系主义的观点

重组假设的倡导者包括里博（Ribot）和韦尔奇（Welch）等经验主义心理学家。受大卫·休谟（David Hume）和约翰·洛克（John Locke）的“智力能动学说”的影响，里博把创造活动划分为几个阶段：开始时，意识必须分离为几种不同的形态，以便从知觉束缚中解放出单独的意象，并使其能够重组；这些状态随即进一步重组并产生联想，即为一种新的组合填充。这种联想主义的观点受到不少心理学家的支持，沃尔夫冈·柯勒（Wolfgang Kohler）就是其中的代表，他甚至认为创造性思考就是将先前没有什么联系的事物联系起来。例如，著名的阿基米德在测量王冠体积的时候，就是把洗澡时出现的现象和体积测量理论巧妙地联系起来了。在创造性思维的过程中，的确存在着把先前没有联系的观点或理论联系起来加以思考的现象，但是这个理论对创造力心理学的影响不太大，因为它的基本缺陷在于，对所有创造现象都从已经发生的情况去加以解释。换言之，人的思想、意象或行为看起来是由早期事件和铭刻在心的联想所预定的，这就在一定程度上排除了新颖性、特异性产生的可能。

（三）格式塔理论

作为心理学的一个重要学派，格式塔心理学坚决反对联想主义，而是关注人类的思维等高级心理现象，试图对人类的心理从整体上进行把握，由此形成了对创造力问题的独特见解。

格式塔心理学派关于创造力问题的基本观点在马克斯·韦特海默（Max Wertheimer，以下简称“韦特海默”）的《创造性思维》一书中进行了详细的阐述。韦特海默认为，创造力规律是知觉领域规律的特殊表现，创造是从结构不完整或不令人满意的情境向结构协调的情境的更替。在创造性思维中，个人所面临的问题情境的结构和需要的特征（漏洞、干扰、肤浅性等）会引起人的某种紧张，而人总是有一种探索情境的真正问题和结构的实质的欲望，想从模糊的、不适宜的关系走向明晰的关系，这就是一种“完形”意识。在真正的创造性思维发生时，人就会依靠这种完形意识，不断地确定问题情境的整体结构，从而重新组合和揭示结构的中心，最终走向新的情境。

韦特海默阐述了创造性思维产生的条件，例如：不要受已经发展的习惯的束缚；不要机械地工作，必须把注意力放在整体问题上；以开放的思想不带任何偏见（自我中心）地逼近问题的解决方法等。

应该说，韦特海默对创造力产生机制的论述，已经开始深入创造力问题内部的心理过程了。他的问题结构说对后来的创造力研究也有着深刻的影响。但是他的一些观点仍然是值得推敲的，如果人的心理领域真的存在着一种对不合理结构或情境的“无法忍受”的本能，那么为什么有的人可以对之熟视无睹，从而产生错误的推论呢？此外，他的创造力思维理论与一般问题的逻辑解决之间似乎也没有本质上的差别。而且这种理论可能更适合于解释知觉现象中的创造性思维，对于其他更广阔领域的创造现象也缺乏说服力。

（四）精神分析学派

著名的精神分析学家弗洛伊德认为，在无意识、无理性的第一过程和自我控制、有理性的第二过程之间，存在着一种精神分裂。创造力的源泉就在无意识的第一过程之中。当无意识的欲望没有被压抑而是得以升华并且自我和谐时，就可以导致创造力的出现。正如儿童在假想游戏中通过扮演成人角色从而满足自己对现实的改善愿望一样，成人则通过创造来满足自己的欲望，而个体早期童年生活的经历会直接影响他今后的创造产品。

显然，弗洛伊德是从创造力产生的动机的角度来解释创造行为的。但是他还没有揭示出创造过程的内部心理机制。因为虽然在某些情况下，人会为了改变不令人满意的现实状况而产生创造的意图，但是正如美国当代心理学家 S. 阿瑞提（S. Arieti，以下简称“阿瑞提”）所批评的那样：“对现实的不满足仅仅是由于产生挫折和神经病吗？关键的问题是要弄清，一些天才的男女为什么能够把他个人以前或新近的经验当中所产生的感触和动机转变为创造性的生产力。”应当说，阿瑞提的批评是深刻而准确的。

尽管继弗洛伊德之后，精神分析学家卡尔·古斯塔夫·荣格（Carl Gustav Jung）又提出了创造过程来源于“集体无意识”的观点，企图摆脱局限于个人经验范围的创造力理论。但是，他仍然没能对这样的“原型”怎样创造出新颖、独特的产品做出更多的解释。

但是不管怎样，精神分析学派在阐述创造力产生的心理根源时对个体无意识力量的重视，给后继的创造力研究者们以极大的启发。阿瑞提就是其中之一。

（五）阿瑞提对创造力本质的揭示

美国当代心理学家阿瑞提在其代表作《创造的秘密》中阐明了自己对创造力心理过程的独到见解。为了论述创造力产生的内部机制，他提出了原发过程、继发过程和第三级过程这三个概念。简单地讲，“这三个过程就类似于无意识过程、意识过程和审美的升华过程。无意识的欲求构成了原发过程的主要内容，体现为意象、内觉等概念活动构成了继发过程的主要内容，体现为有意识的思维，这两个过程的完美匹配是第三级过程的主要内容，创造的精神就蕴含其中”。

为了说明原发过程与继发过程相互作用的机制，他又提出两种思维逻辑：一种是在继发过程中使用的所谓“亚里士多德”逻辑，也就是正常理性思维的逻辑；一种是统治原发过程的旧逻辑，这种“旧逻辑”按照“相似即同一”的原则，在无意识中把本不相连的事物或情境联结在一起——从不同事物中发现共同属性，并借助共同属性将其等同起来。旧逻辑与继发过程逻辑相结合，就可以在一种知识体系或领域与另外一种知识体系或领域之间发现相似之处，从而创造出独创而有价值的产品。作为原发过程、继发过程及其完美匹配的第三级过程的结果，就是在原本看来毫无联系的事物之间觉察到一种相似和同一。

在阿瑞提看来，创造力就意味着在原本看来毫无联系的事物之间觉察到一种相似和同一，而这种发现“相似和同一”的能力在很大程度上又取决于意象、内觉等无意识过程的功能发挥。

阿瑞提认为，与依赖于外在感官的知觉相反，意象纯粹是一种内心活动的表现，它可以再现不在场的事物，以及与这一事物相连的内心情感。当然意象并不是凭空产生的，意象中出现的形象又来源于人的知觉记忆，是对记忆痕迹的加工润饰。人的意象主要有视觉和听觉两种，但是对于大多数人来说，视觉意象起着主要的作用。大多数意象都是朦胧、含混、模糊的，它不是对记忆痕迹的忠实再现，而是不完全的复现，也正因为意象与原来的知觉形象之间存在着差距，是对原知觉的变形或歪曲，它才能把人从死板的真实再现中解放出来，为新东西的引入创造了前提。因此，我们可以认为意象就是最初的创造力萌芽，是一种创新。

对于某些人来说，意象阶段的创造在其思维过程中占有绝对的优势。爱因斯坦在给朋友的一封信中就曾提道：“写下来的词句或说出来的语言在他的思维机制中并不起任何作用。他的认识过程开始于视觉型和肌肉型的意象。语词后来参与进来，但纯粹是以听觉的形式参与进来的。”他写道，他能随意地再现这些意象并把他们结合起来，他大量地运用意象并能从意象直接进入最抽象的思维。根据阿瑞提的阐述，我们认为这种所谓的“意象”应该就是一种形象性较强的想象活动，这种想象虽然依赖于人的记忆，但创造的成分更多于再现的成分，因此更类似于人的创造性想象。

阿瑞提还重点考察了与创造力过程密切相关的“内觉”，即无定形认识，也就是不能用形象、语词、思维或任何动作表达出来的一种认识。内觉是与概念相区别的，而概念是一种成熟的认识形式，能够被体验到或产生了它的人明确地表达给其他的人。阿瑞提指出，人的某些心理过程的发生不具有表现性（也就是没有形象），如惊愕、忧郁、疑惑等心理反应都属于“不能详细准确加以分析的体验”。内觉是对过去的事物与运动所产生的经验、知觉、记忆和意象的一种原始的组织。这些先前的经验受到了抑制而不能达于意识，但继续产生间接的影响。内觉虽然超越了意象阶段，但由于它不能再现出任何类似知觉的形象，因此不易被认识到。同样，它也不能导致直接的行动，不能转化为语词的表达而停留在前语词的水平。它虽然包含情感的成分，但并不能发展为明确的情绪感受。由于内觉难以与他人分享，我们可以把它看作一种在简单的心理活动受到抑制之后所体现出来的情感倾向、行为倾向和思维倾向。内觉的内容只有在被转化为其他水平的表现形式时才能被传达给别人，如语词、音乐、图画等。没有这种转化，对内觉本身的表达几乎是不可能的。不过他认为，移情就是一种传达，在很大程度上它形成于相互之间的内觉所产生出的基本的领会。那些内觉水平占优势的人，就可能从别人那里体验到较强的移情感受。

当内觉发生转化，从而找到了某种可供传达的形式时，就为创造性时刻的到来提供了前提。在创造性产品产生之前，它们往往是以内觉的形态预先存在于人们的心灵之中。有创造力的人常常自觉或不自觉地选择逃避某种既定的或所谓正确的秩序体系，或者说当他们处于这样的概念体系中时会感受到某种欠缺或不圆满。所以他们往往让精神活动中的一个部分退回到无定形认识的阶段，回复到那个模糊不定的心灵世界中去。在这些有创造力的人那里，这种内觉认识处于一种不确定的状态，他们总是在寻找一种形式、一种能够带有确定结构的组合。当某种合适的形式被找到之后，创造性的产品也就应运而生了。在阿瑞提看来，离内觉认识阶段距离最近的创造力形式就是音乐和抽象的视觉艺术。音乐并不必然是在模仿溪流或鸟鸣之声，同样抽象艺术中的色、线、形也许并不是再现任何自然存在的事物，而是企图表现艺术家的内觉生活。内觉认识与音乐之间的这种微妙联系在哲学家那里曾得到过证实。尼采在他的《查拉图什特拉如是说》一书中曾经提到过音乐。1883年2月的一天，在一个意大利小村庄里，他“从对于音乐所产生的那种突然的、深刻的决定性转变中”体验到一种他喻之为“预兆”的感受。那天他发现“音乐的长生鸟在我们头顶上盘旋，装饰着比以往任何时候都更加美丽、更加闪亮的羽毛。”他所说的这种感受正是内觉中的认识。

在作为原发过程的意象和内觉阶段，个体的心理活动能够暂时脱离意识的或正常的理性思维的轨道，主要受一种旧逻辑思维的制约，它有助于个体在事物之间发现新的“相似与同一”，从而为创造提供了前提。因此，如果我们能够充分挖掘意象和内觉认识中的心理潜能，创新的概率就会大得多。

但是，原发过程中呈现的内容毕竟是散乱的、模糊的，并不能直接称其为创造产品。这就需要借助继发过程思维（逻辑理性思维）对这些混乱的、原始的认识内容（发现的相似或同一）进行筛选、鉴别、检验，赋予其能够被社会所认可的概念形式，通过一级过程和二级过程的完美匹配，新颖、独特而又有价值的产品才能被创造出来。

阿瑞提的三级过程理论是迄今为止有关创造力过程及机制的学说或论述中较为深刻和有说服力的一种理论。不过，他还没有回答的问题是，究竟是什么原因促使创造者退回到原发过程的思维活动中，去寻找新的“相似与同一”？在芜杂散乱的意象和内觉认识中，创造者又是以怎样的标准来挑选可以构成创造性价值的思维内容？或者说，是否存在着这样的标准与动机呢？

（六）戴维·玻姆论创造力的本质

戴维·玻姆（David Bohm，以下简称“玻姆”）是当代著名量子力学家和科学思想家，他在20世纪60年代至20世纪80年代曾就创造力问题做过深入的分析。他以自玻尔、爱因斯坦以来物理学在认识和方法上的深刻变革为背景，阐述了创造力的过程本质。

在他看来，科学家进行创造的根本目的是学习新颖的东西，从其所知觉的世界中发现有规律的序。规律性之所以美丽，主要不是因为程式或在预测方面的效用，魅力在于科学家领悟一定的一体性和总体性，或者说整体性，它构成被感觉为美的某种和谐。这一研究主题是以“科学探讨富于美感”为核心的，支撑美感的冲动会使创造者产生学习知觉新的关系序的力量，而此种学习的效果又仰仗于对差别和相似的敏感力。

在玻姆看来，凭着对相似和差别的敏感力，人们能在“客观的”自然界和心灵本身中知觉到新的和谐和美的结构序。他指出，牛顿和爱因斯坦都曾有过这样的创造性洞识，它们导致了在思想和经验的许多领域有着广泛应用价值的崭新概念结构。但是这种美感并不单纯取决于审视者的个人观点，它是序、结构及和谐总体所组成的动力演化过程之产物，心灵本身中所产生的整体与美的感受，也同样显现在自然界中。而对潜在创造力的一个主要障碍，就是“力图回避对于冲突的觉察”，心灵自然的灵活性被麻木所取代。因此我们需要耐心地、持续地关注混乱的表现，而这本身就是一个首要的创造行动。

可以看到，这一理论与格式塔心理学对创造力产生机制的解释有着异曲同工之妙，它们都强调情境结构的重要性。对它们来说，创造都意味着从一种不完善的序或结构走向另一种完善、和谐的结构。不过，玻姆论更偏重于创造过程中人的审美需要，并提出了“科学探讨富于美感”这样的研究思想。这一见解对于创造力的研究者来说不无启发。而且它对阿瑞提的三级过程论可以起到关键的补充作用，尽管阿瑞提已经提出了原发过程与继发过程的完美匹配形成创造的第三级过程，从而发现事物之间的“相似”乃至“同一”这样精辟而深刻的创造力产生机制说，但是对于人们究竟是选择怎样的事物特征作为其“相似或同一”之处，阿瑞提却着墨不多，而玻姆从审美心理的角度回答了这一问题，提出“支撑美感的冲动”有助于人们对差别与相似性的敏感发现。也就是说，人们更倾向于选择那些在结构上有助于产生和谐与美的事物特性来作为将不同事物相联系起来的“相似之处”，从而生产出有价值的创造力产品。

综合阿瑞提和玻姆的观点，创造力就是在原发过程与继发过程的相互结合与匹配的三级过程阶段中产生的，主体对“完美和谐的秩序与结构”的内在追求使其心理活动暂时退回到“意象”“内觉”等无意识的原发过程中去，在这里，旧逻辑思维发挥着决定性的作用，使主体发现了事物之间的新的“相似或同一”的联系，再通过理性的逻辑思维的调节和筛选，最终形成新颖、独特的符合主体的某种审美需求的创造性产品。

二、音乐与创造力的内在联系

人类社会的审美对象从总体上大致可以分为自然美、社会美和艺术美三类，在这三类对象中，艺术美最具审美意义，是一种典型的、集中的审美对象。作为独立类型的艺术美，又包含了各种艺术门类，它们各具特点与规律。在人类历史上，许多哲人都曾试图对艺术的门类进行划分。德国古典美学的奠基人伊曼努尔·康德（Immanuel Kant），以语言为标准，将艺术划分为词、姿态和音乐三类；其后的弗里德里希·威廉姆·约瑟夫·谢林（Friedrich Wilhelm Joseph Schelling），根据理想和现实的关系，将艺术按照由现实向理想层次的递进划分为音乐、绘画、雕塑等几种类型；黑格尔则依据理念内容和物质形式相统一的原则，将艺术划分为象征艺术、古典艺术和浪漫艺术三大类别。19世纪法国著名的艺术理论家伊波利特·阿道尔夫·丹纳(Hippolyte Adolphe Taine)更是大胆地将艺术划分为两个部类，一类是绘画、雕塑和诗歌，另一类则是建筑与音乐。纵观人类艺术思想史，无论人们怎样划分艺术的种类，音乐都始终是自成一体的。也就是说，音乐艺术至少在很多情况下，都是被作为有别于其他艺术种类的一个独特的艺术形式来确立其身份的。艺术思想史的这一特点，不仅表明了音乐艺术在整个艺术领域所占有的特殊位置，更重要的是，它表明音乐艺术相对于其他艺术形式而言，具有更多的特殊规定性。

音乐审美感受的特殊规律正是由音乐艺术的特殊本质所决定的，音乐审美规律与创造力之间的内在联系，也恰恰体现在音乐艺术的特殊本质属性之中。

（一）音乐的表现性特征为审美主体创造性的发挥提供了前提

一千多年前，一个叫伯牙的人在山中弹琴，心中想着表现高山，一个叫钟子期的打柴人听到后就说“巍巍乎若泰山”，伯牙想着表现流水，钟子期马上领悟说“荡荡乎若流水”。后来钟子期故去，就再也没有人听得出伯牙在弹什么了。伯牙痛失知音，伤心之至，摔了自己的琴，从此不再弹琴。这就是在我国历史上传诵已久、妇孺皆知的“高山流水”的故事。它暗示我们，音乐中应该有着明确的表现内容。“懂”音乐的人，就应该能够听出音乐中表现的是什么；而无法听出音乐的表现内涵的人，就是不懂音律的人。在广播、电视中也充斥着种种关于音乐的解说，这些解说告诉听众，某个音乐作品表现的是诸如“爱情”“生命的意义”或一些自然景象、某种戏剧情节等。但是，音乐审美实践表明，在欣赏大多数的“无标题音乐”时，听众很少能够从音乐中听出，更无法用言语准确地说出音乐表现的是什么。作曲家的创作意图——音乐的表现内容，似乎就像一个等待破解的谜一样困惑着音乐爱好者。“读不懂”“看不懂”在文学和绘画领域似乎是现代派艺术出现以后的事，但是“听不懂”则从一开始就成为音乐欣赏者的问题。

是“知音”如此难觅吗？是我们大多数人的音乐欣赏能力太低了吗？问题恐怕远远不是那么简单。音乐除了乐音的运动，究竟能否表现客观现实或者人类的深刻情感。如果不能，那么音乐的意义何在？如果能，那么这种表现具有怎样的特征，为什么如此难以领会？在“能不能听懂音乐”的问题上，实际上包含着比我们想象的要复杂得多的音乐美学的核心问题。

1. 音乐作为一种声音艺术的非视觉性和非语义性

我们知道，任何一个艺术门类作为客观存在的外部世界同该种艺术作品所展示的东西之间在形式上都存在着差别。在不同种类的艺术中，这种形式上的差别性在程度上是很不一样的。在绘画艺术中，尽管画面上所呈现的事物与现实生活中的客体之间存在着形式上的差别，但对于欣赏者而言，绘画作品同它所表现的外部世界之间的关系还是比较容易把握的，它们之间的相似性是一目了然的（当然，现代的抽象派作品也许是个例外）。文学作品虽然不能直接展示可见的视觉形象，但是语言文字的巨大功能却可以间接地再现广阔的生活情境、复杂丰富的心理状态和思想境界。对于一个具有一定文化素养、生活经验和想象能力的读者来说，对这些东西的把握也并不是太难的事情。

就这一点而言，音乐同绘画、文学等艺术形式有着很大的不同。在没有其他艺术手段渗入（如文学、诗歌、舞台艺术）的纯音乐中，音乐直接展示的音响外形同现实世界中的可视形象、复杂的思想情感等东西之间存在着极大的形式上的差别，音乐的音响外形对可见的视觉形象，特别是对纯属精神领域的思想情感的依赖关系在形式上非常间接、非常隐蔽，甚至非常疏远。而产生这种差别的根源就在于音乐所使用的特殊的物质手段。音乐的物质手段既不是造型艺术中使用的石块、颜料，也不是文学、诗歌中使用的文字、词汇，也不是舞台艺术中使用的形体动作，而是声音。音乐的物理形态就表现为一些具有一定频率、一定振幅、一定波形的声音在时间中先后或同时发响的组合体。这个声音组合体具有两个基本特征。

首先，它没有可供视觉感受的形、色、状，它是非视觉性的，因此不能显示空间的造型; 其次，它和语言的语音不同，它不是任何现实世界中的事物、事件或人的情感、思想、观念的符号，它是非语义性的，不能直接传达概念和思想。由此可以推论，音乐不能像绘画、雕塑那样直接描摹对象的形状、色彩、位置等视觉感受，因此没有表现视觉性内容的能力；音乐也不能像文字那样直接传达概念与逻辑关系，因此没有表现认识性内容的功能。也就是说，在大多数情况下，人们无法从音乐中获得视觉性和语义性的领悟，正如人们在聆听法国作曲家阿希尔 - 克劳德 · 德彪西（Achille-Claude Debussy，以下简称“德彪西”）的作品《亚麻色头发的少女》时，就既不可能“看”到少女，更“看”不到亚麻色的头发。因为音乐“既不是在它之外独立存在的某种东西的符号，也不是它的相关体”。

音乐物质手段的特殊属性制约了音乐表现的范畴——音乐的非视觉性

与非语义性使得音乐难以直接表现现实生活中种种确定的形象和明晰的概念意义，从而造成了音乐作品同外部世界在形式上的极大差别。这样，音乐对外部事物的依赖性便非常容易遭到质疑和否定。

2. 音乐表现什么

既然音乐不能直接表现视觉性和概念性的内容，那么音乐能够表现什么呢？或者，音乐是不是就不具备表现性了呢？千百年的审美实践告诉我们，音乐的确是一门具有丰富表现力的艺术。在很多情况下，人们从音乐中获得的审美体验，绝不仅仅是纯听觉的感受，形象的联想、概念的领悟，特别是情绪情感的体验，在音乐审美活动中是非常活跃的。悲伤与快乐的情绪体验，波涛汹涌的大海与美丽的田园这样的视觉意象又常常会出现在审美主体的感受中。

问题的关键在于，音乐以其特殊的艺术表现方式和手段，当它以主要诉诸听觉的艺术方式来反映生活时，它能够表现什么？

人类生活中产生的各种情感体验，作为人类内在的心理文化，具有感性体验的丰富多样性，伴随着各种精神活动，其中充满着各种意识活动与深层心理潜意识活动的相互交织，却始终处于情感的运动状态之中。就产生内在情感体验的动因来讲，是可以确定的，但就这种体验的不可言状的生命运动形式来讲，却是难以用语言文字或视觉形象直接表现出来的。然而，人类却在实践中发现，人所创造的乐音这种艺术符号及其音响结构的运动形式，可以用来直接展示人的内在生命情态。那么，音乐又是如何揭示、表现人的情感生活的呢？

在音乐美学理论的研究中，就目前的研究成果而言，人们一般都倾向于接受这样的看法，即认为乐音的运动与人的心理活动具有某种异质同构的关系。根据格式塔心理学美学理论中关于艺术形式与情绪情感活动的异质同构理论，这种对应关系可以视为情感的动态结构与乐音运动结构的对应关系。这一理论认为：世界上的所有事物都具有“力的图式”，无论是外部物理世界，还是各种艺术形式及人的内在情感活动，都具有一定的力的作用模式。无论是大海的波浪、峰峦的起伏，还是书法的曲折线条、音乐旋律的起伏婉转都与心理力的结构模式具有某种对应的关系。正是外部事物与内在情感“力的图式”的相似，才有可能激起人对外部事物的审美经验，从艺术品的形式中感受到充满活力的生命运动形式。

音乐与人的内在情感活动之间之所以存在着对应的关系，就在于“二者都是在时间中展示和发展的，在速度、力度、色调上具有丰富变化的、富于动力性的过程”。首先，从结构形态来说，音乐与情感同在时间流程中展开、变化；其次，在体验的形式上，由于音乐可以给人以急驰、缓行、高涨、低落、紧张、放松、增强、减弱的感觉，因而与人的情感活动形式——情绪状态的体验具有同构关系。例如，“乐”是人的高兴、快乐的情绪状态，这种情绪运动呈现出一种跳跃、向上的运动形态，其色调比较明朗，运动速度与频率比较快。而表现“乐”的感情的音乐，一般也采取类似的动态结构。钢琴曲《牧童短笛》的中段，表现的是牧童在田野里无忧无虑、尽情玩耍的喜悦情绪，音乐采用了跳跃向上的音调、快速活泼的节奏和明亮的音色；雅科布·路德维希·费利克斯·门德尔松·巴托尔迪（Jakob Ludwig Felix Mendelssohn Bartholdy）的《e 小调小提琴协奏曲》第三乐章的主部主题，所表现的基本情绪也是欢快、明朗和乐观的，音乐采取的也是与这种感情的运动形态相类似的活跃、跳动的旋律进行，以及快速的节奏和小提琴高音区的明亮音色。相反，“怒”的情绪一般是一种突然迸发的、向上和向四周扩展的运动，这种情绪运动的特点在于它的爆发的突发性和较强的力度。柴可夫斯基的交响幻想曲《罗密欧与朱丽叶》中，表现家族之间格斗的愤怒情绪，就运用了富有突发性的节奏、较强的力度、不协和的和声和不规则的大跳等手法。

总之，具有一定频率、振幅等性质的音响在按一定的规律组合在一起时，所引起的心理体验中的高低、强弱、节奏、紧张感等反映是不以人的意志为转移的，因此音乐引起人的情绪体验往往是不可避免的。我们前面说过，由于音乐的基本材料——音响所具有的两个根本属性：不具有空间造型性；不是类似于语言的声音符号。因此，大多数音乐不能明确地表现出视觉性与概念性的内容。所以，在音乐中再现的，不是引起情感体验的外界事物与动因，或者情感生活中的某些理性因素，它所再现的，只是情感的动态结构，即情绪状态。虽然，音乐的物质材料决定了它不能直接再现具有语义性、形象性的概念内容，但是音乐的音响却还具有其他方面的非对应性的表现特征，它可以通过模仿、象征、暗示等手段，在主体的想象、联想及其他心理活动的参与下，令主体感受到某种带有形象性的或意义性的表现内容。

音乐中的模仿一般是指用音乐中的音响来模仿现实或自然界中的其他声音，即用声音来模仿声音。这种声音的模仿只是针对同类物质而言的，或者说，是针对那些用同一感官——耳朵去接受的物质现象而言的。对于不同类的物质或用不同感官去接受的物质对象，如颜色、气味等，音乐是无法去模仿的。例如，对鸟叫的模仿，总是先抓住纤细、柔美的音色特点，然后是鸟叫所特有的节奏。这种模仿在音乐作品中很常见，尤其是对鸟叫的模仿，古今中外都有许多优秀的例子。例如，德国作曲家贝多芬在其《田园交响曲》中，分别用长笛、双簧管和单簧管模仿夜莺、鹌鹑和布谷鸟的叫声。除了鸟叫，对雷声、雨滴、时钟等声音的模仿都曾在音乐作品中出现过。

象征性也是音乐声音所具有的表现特性，主要体现在用声音象征声音以外的其他事物。比如，法国作曲家德彪西的管弦乐曲《大海》第一乐章，作曲家用定音鼓的弱奏表现大海的平静。大海的平静是一种状态，主要依靠人的视觉去感受，作曲家在这里用声音象征视觉形象的依据是，人们既然能听到如此弱小的声音，周围一定非常平静。音乐声音的象征性，除了针对某种状态，还能针对某些概念。比如，用小号的音色象征光明，用铜管乐象征英雄凯旋。这种象征性主要是通过声音的某种属性表现出来的，如力度、音色、音高与音程的变化等。

除了模仿和象征，音乐中的声音还具有暗示的功能。暗示与模仿和象征不同，模仿是指照着现成的样子或现象学着做，它直接指明了要模仿的对象；象征是用一种现象去表现另一种和它在形式上完全不同的现象，它间接地给人指明了想象的方向；暗示则难以有这种指明的作用，它需要主体自己去领会，对于非自然性和非语义性的声音来说，暗示具有特殊的意义。音乐声音中的暗示性主要是寓意性，它通过声音造成的特殊气氛来暗示某些事物和现象。比如，柴可夫斯基的《第六交响乐》的引子，用大管沉闷的音色、微弱的力度、迟缓的节奏和盘旋在不稳定音上的旋律进行所造成的惨淡气氛，暗示了乐曲悲剧性的内容。罗伯特·舒曼（Robert Schumann）的《春天》则通过流动性的声音营造明快和充满生机的气氛，暗示万物苏醒、春回大地的气象。

但是，无论是模仿、象征还是暗示，音乐的表现形式与它所要表现的内容之间总是存在着一定的距离，作为欣赏者的听众，是不能直接体验到这些表现内容的，他们必然是在产生一定的情绪体验的基础上，借助想象、联想、意象、理解等心理过程，才能对音乐的表现内容进行观照。音乐表现的间接性直接影响了音乐的审美特征。

3. 音乐表现的审美特征与审美主体创造力的发挥

音乐表现所具有的这种特殊规律决定了在音乐审美活动中，必然包含了人的创造性因素。我们说过，音乐审美体验中产生的情绪运动是一种自然的、直接的反应过程。但是要让审美主体产生情感体验，意会到音乐中的深层次的表现内容，就不是那么简单的事情了。情感的认知活动必须借助审美主体的想象、联想、理解等心理过程才能真正实现。而音乐本身是不能直接提供和表现情感内容的，它必须通过主体的主观体验才能最终达成表现的目的。从这个意义上说，音乐审美活动是最能引发审美主体的主动性、想象力乃至创造性的活动。虽然不排除音乐审美活动中存在着大量的自我意识自觉控制下的心理体验过程，但是音乐所直接引发的是人的情绪运动，这种情绪体验常常是直觉的、无意识的过程。而就情感的内容而言，由于没有客观的可见可感的具体形象作为依据，这种体验虽然在性质上具有一定的方向性，但是体验的具体内容又是因人而异的，并且是非具象性的，它更类似于阿瑞提所说的“意象”“内觉”等潜意识的心理活动中所获得的内容，其形象是模糊的、不明确的，但又是主体可以确确实实地感受得到的，它难以言传，却又真实地存在于我们的审美心理活动中，它的未定形，也给了主体广阔无垠的想象和创造的空间。

可见，音乐表现的特殊审美规律决定了音乐不仅能够表现人的情绪情感，更能激发和调动审美主体的能动的情绪情感体验。音乐的物质手段虽然限制了音乐对概念和具体形象的描绘与表现，但它却能通过种种非对应性的表现手段，调动起人的深层的心理体验过程，为主体创造性的发挥提供了前提。

（二）音乐的音响形式是合乎逻辑规律的美的结构

就艺术而言，内容决定形式。艺术所要表现的内容决定了艺术所采用的形式结构。但是对于音乐来说，由于音乐艺术所使用的基本材料是那些既无造型性，也无语义功能的声音，在对这些声音进行艺术化的组合过程中，人们对声音的组合形式有着特殊的审美需求，这种审美需求对音乐作品的优劣总是起着决定性的作用。再好的内容解说假如没有良好的音乐语言也不能达到应有的审美效果；反之，很多音乐作品虽然没有明确的现实或情感内涵，但是能够使人产生充分的审美享受。尽管音乐所要表现的内容对音乐的形式同样也具有一定的制约作用，但是好的音乐内容并不一定能带来良好的音乐组织样式。因为音乐中的平衡、音与音的连接、和声的进行等音乐的基本组织形式，并不完全是由音乐所要表现的内容来决定的。也就是说，音乐中的形式因素具有相当大的独立性，而且这种相对独立性在音乐中比在任何其他艺术中要强烈得多。

音乐形式构成的基本规律是与人的听觉心理密切相关的。从听觉的感知心理来看，人们更加自然地倾向于那些听觉上悦耳和谐的音响，这种自然的心理倾向决定了人们对声音及其组合效果的追求。因此，乐器的发展在相当长的时期内都追求声音的圆润、饱满、优美，对声音的结合也多以谐和为基本特征。从音高的选择中也可以看出人的听觉心理规律的制约作用。人的耳朵能够听到 20 ～ 20 000 Hz 的广阔音域，然而有趣的是，全世界所有民族音乐中所使用的音乐都基本上是在 20 ～ 4000 Hz。可见，作为音乐艺术的声音材料的使用范围比人的听觉范围窄得多，而且即便在这一范畴内，人们也并没有使用一切可能的音高作为音乐的声音材料，而是不约而同地只按照一定的频率间隔选取使用。以 440 ～ 880 Hz 这一频率段为例，中国的民间音乐大都只从中选择了 5 个特定频率的音高作为音乐中所采用的音高，也就是我们所说的五声音阶。而现在普遍使用的 12 平均律，就是将这一频率段平均分为 12 份，也就是说在这样一个频率范围内，人们最多只选择了 12 个音作为音乐的音高材料，而不再做音高上的细分。尽管不同民族所选择的音列的各音之间的频率间隔不尽相同，但就其间的可选择的音高范围来说，人类表现出了相当大的共同性——不同民族音乐的音高之间的频率间隔大致相似。这种相似表明了人类听觉审美感知的共同法则。

人类长期的音乐实践表明，由人的听觉审美心理所决定的音乐形式结构具有高度的逻辑特征，这种逻辑规律反过来又指导着音乐的创作、表演和欣赏。虽然在某种程度上音乐是最具有感染力的一种艺术形式，但它却始终都无法脱离这种理性规律的约束，音乐的逻辑规律存在于音乐各个要素之中，包括音阶、调式、节奏、旋律、和声、复调和配器等，并综合体现在曲式之中。

以音阶为例，它的形成是人们在现实连续不断的声音中选择并加以合理安排而成的。尽管有多种不同的体系，包括乐律和音节，但几乎全是以八度音程为限，再加以划分的结果。八度之所以重要是因为它最为协和，既符合音的物理－数学规律，又为人的听觉所接受和承受。从音乐史可以看出，音阶往往是通过数学思考而被肯定下来的。早在几千年前，我国就通过实践找到了七声音阶和十二律，并在春秋战国出现了“三分损益律”；同样，古希腊也出现了毕达哥拉斯律，二者都同样体现了五度相生的律制，说明这是由理性所主导的。目前，通用的十二平均律本身也是一个纯理性的产物，它便于转调，消灭了其他律制中异名同音之间的差异，满足了对位、和声与转调的要求。

在节奏方面，规律性的痕迹也非常明显，节奏本身应是均匀反复的，并以偶数为基础，形成各种均匀的节奏群，如所谓正规节奏的4、8、16、32小节系列等。节奏的变化，如切分音，或加速、放慢也常常要求有一种偶数的重复。在旋律的起伏中，理性的因素也显而易见。

旋律的表现功能要求它以类比暗示、象征等方式来反映现实，也包括模拟人类的感情音调，以及现实中存在的某些声音。但它只能通过具有一定逻辑关系的有限声音来表现，就是现实音响也要被加工、改造、服从于一定的音阶调式。

除此之外，音乐要素中的和声、复调、曲式等更是直接而充分地体现了音乐中的形式逻辑规律，在音乐的音响运动及其组合中包含着的这种严密的数理逻辑规律形成了音乐所独有的形式美。音乐的形式不仅是符合人的审美心理需求的音响的运动及其组合，更渗透着抽象的理性因素，是一种有序化的符合人的审美需要的逻辑结构。显然，对美的形式结构的追求和理性的把握正是创造力的产生机制中不可或缺的动因。

（三）音乐审美体验的过程与创造力的内在联系

1. 音乐审美体验的过程

无论是音乐的表现内容，还是音乐形式美的逻辑，都必须通过审美体验过程才能为主体所把握和领悟。因此，探讨音乐与人的创造力之间的联系，必须落实到人的音乐审美体验的过程上去。

人对音乐的审美过程可以大致划分为三个环节：音响感知、情感体验和理性把握。音响感知就其性质而言，是音乐审美主体凭借听觉去感性地把握与领会音乐音响及其结构形式的心理活动，它是整个音乐审美体验过程的前提和基础，同时又构成了对音乐形式美的欣赏，而音乐形式美中的逻辑因素却使得对音乐的音响感知自然地渗透着理性把握的因素，自觉的理性分析可以让审美主体在倾听的过程中顺利和准确地抓住音乐作品的形式结构，把握其中的丰富性和有序性，从而使音乐的听觉审美感受更加深刻和丰富。

当然，对儿童来说，更主要的还是感性地听与领会乐音的运动，音乐“好听”还是“不好听”，成为决定他们审美体验的首要前提。这个看似感性的，甚至情绪化的判断，却体现了儿童自己的审美情趣与偏好，儿童的音乐美感正是在这反复感知体验的过程中逐步形成的。对音乐形式美的直接感知，是一颗审美的心灵成长的基础。但是也不能否认在这个直接的、感性的感知过程中，如果能够有成人的教导和指引，让儿童在感性体验的同时，理解音乐中的一些形式逻辑因素，儿童对音乐的形式美就会有更多的感受与体会。事实上，在现代音乐教育的理论与实践中，有许多人已经注意到通过自然的参与音乐的过程，让儿童逐步了解音乐作品在节奏、旋律或曲式等要素上的一些规律和特点，这就已经具有了理性把握的成分在内。而实践也证明，即便是年幼的儿童，也完全能够在成人的帮助下，理解和掌握这些音乐作品在形式上的特点，从而加深他们对音乐的感知与体验。

而音乐的情感体验又有什么特点呢？我们前面曾提到过，音乐的刺激一旦发生，人就会自然地产生情绪的运动，虽然音乐的表现内容具有间接性、非具象性，但是在情感认知活动的调节下，审美主体是能够体验到音乐作品所表达的情感性内容的。音乐的情感体验是一种复杂的心理现象，它需要调动审美主体意识、无意识中的各种心理过程，需要有想象、联想、意象、理解等多种活动的参与，而且由于音乐本身难以传达具体的、确切的情感内容，对它的体验在很大程度上存在着模糊性和不确定性，因此这一体验过程更容易直觉地引发人的深层心理中的“意象”“内觉”等活动的参与。不过，即便是这一看似感性的过程，也离不开理性因素的参与。主体的音乐素养、直接或间接的生活体验等都会影响音乐情感体验的内容和深度。

其实理性把握的因素始终贯穿于音乐审美体验的过程中，而且它还有一个独特的功能，就是对音乐作品的哲理性内容和社会意义加以理性的认识和理解。这一层次的审美经验往往更容易被那些具有一定的音乐鉴赏能力和经验，以及深厚的生活体验的人所体会到。当然对于儿童来说，理解起来就比较困难了，而且儿童所接触的音乐作品也很少具有深刻的哲理性意义，因此这个层次的音乐审美活动我们不必做太多的要求和期待。儿童更喜欢形象生动的音乐作品。但不管怎样，音乐在形式和表现内容两方面的特殊本质都决定了音乐审美感受是一个感性和理性两方面因素相互交织与渗透的复杂的心理过程。“在音乐作品中，人们获得的音乐形式上的逻辑特征既不是枯燥的逻辑学上的三段论，也不是冷冰冰的数学公式，而是以丰富的情感表现为依托的理性，同时人们从音乐作品的内容中获得的丰富的情感体验，也不是恣意放纵的情感，而是理性驾驭之下的情感。”音乐这种具有极高的形式逻辑性与情感渗透力的艺术形式，充分体现了理性和情感的高度统一，音乐的本质就在于它是理性的逻辑与深蕴的情感的平衡与统一。

2. 音乐审美活动直接体现了人的创造力

看来，音乐确实具有促进个体创造力发展的独特功能，而这个功能必须来自音乐的本质属性与审美规律，是音乐与生俱来的、内在的功能。

让我们再回忆一下，什么是创造力呢？创造力就是在原发过程与继发过程的相互结合与匹配的一级过程阶段中产生的，主体对“完美和谐的秩序与结构”的内在追求使主体的心理活动暂时退回到“意象”“内觉”等无意识的原发过程中去。在这里，旧逻辑思维发挥着决定性的作用，使主体发现了事物之间的新的“相似或同一”的联系，再通过理性的逻辑思维的调节和筛选，最终形成新颖、独特的符合主体的某种审美需求的创造性产品。这就是创造力产生的根本的心理机制。可见，创造力并不是纯粹理性思辨的产物，在其产生发展的始终，主体的审美需求和各种深层的心理活动内容都发挥着十分重要的作用。

而音乐恰恰是这样一种既在形式上具有高度的逻辑理性与美感结构，又蕴含着丰富的情感内容的东西。在音乐的审美活动中，主体不仅需要动用自己的理性对音乐的形式美进行把握和理解，更要充分调动自己的想象、联想，乃至深层心理中的“意象”“内觉”等活动内容，对音乐的情感因素进行观照和体验。从这个意义上说，我们可以认为音乐审美活动与创造力的内在机制之间存在着一种异质同构的关系。音乐审美活动本身就直接体现了主体的创造力，是主体利用各种心理过程对音乐的美进行主动的、创造性的欣赏和体验的过程，一个人如果能够从音乐中产生真正的审美体验，并按照音乐的审美规律对音乐的美进行观照，那么他就必然需要发挥作为主体的创造性。这正是音乐与创造力之间最本质的内在联系，也是我们开展促进儿童创造力发展的音乐教育活动的根本依据。

第二节　音乐教育促进学前儿童创造力发展的策略

一、选择符合音乐美学标准和儿童音乐听觉审美需求的音乐作品

音乐促进儿童创造力发展的独特价值在于，音乐审美体验的过程与创造力的心理活动过程有一种内在的契合。也就是说，儿童创造力的发展是以在活动中产生了审美的体验和感受为前提的，这就要求音乐活动中使用的教材必须符合音乐美学标准，作品应该具有形式上的美感。音乐是听觉的艺术，儿童对音乐的感受是从听开始的，一个音乐作品还必须符合儿童的音乐听觉审美需求和发展水平，才能使儿童对它产生愿意听、愿意感受的愿望，才能真正地激发他们对音乐的情绪情感体验，从而才有可能促进他们展开丰富的想象和联想，并对这些想象和联想加以创造性的表达。从另一个方面来讲，不符合音乐美学标准和儿童音乐听觉审美规律的音乐作品，也难以给予儿童美的享受，无助于儿童心灵中“完形”的生成，不可能建立一颗审美的心灵，创造力的发展也就无从谈起。

那么，什么样的音乐作品能既为儿童所喜爱又符合他们的听觉审美规律呢？一般说来，为儿童所喜爱的歌曲在音乐表现性上具有以下特点：旋律朴素而富有表现力，节奏型简单而鲜明，调式特征明显，曲式结构多重复，音响丰富逼真。作品所反映的思想内容多是切近儿童生活的，是儿童所熟悉和能够领会的。通过作品教给儿童的知识道理和音乐能力，是儿童能够理解和掌握的。这样的作品才是有生命力的，能在儿童的心灵深深地扎下根。

还有一类专供儿童欣赏的乐曲在音乐的表现手法和表现内容上具有突出的特点。如圣 - 桑的《动物狂欢节》、谢尔盖·谢尔盖耶维奇·普罗科菲耶夫（Сергей Сергеевич Прокофьев）的《彼得与狼》、柴可夫斯基的《胡桃夹子组曲》等，都是音乐形象鲜明逼真、曲式结构在重复中呈现鲜明的对比、

音响效果丰富多彩、旋律流畅的作品，它们所反映的内容也是在儿童的实际生活和幻想世界中经常出现的。我们知道，由于音乐的物质手段在表现性方面存在着许多局限性，如它难以表达形象性的、语义性的内容，因此在一些纯音乐作品中，常常需要借助模仿、象征、暗示等手法来表现具体的情感内容，而儿童思维的具体形象性和直观性决定了他们往往很难准确地把握音乐作品的内涵，所以我们在组织学前儿童音乐欣赏活动时，就应该注意选择那些音乐形象比较鲜明、突出，并在一定程度上为儿童所熟悉的音乐作品，这样才有可能引发他们对音乐的真切的情绪情感体验和审美兴趣，才谈得上激发主体内部的心理活动过程。也就是说，儿童的这种审美趣味是与他们的心理年龄特点相吻合的，教师在为儿童选择音乐作品时，必须首先尊重儿童内心的选择标准，满足他们的审美需求。

二、音乐教育活动方式与音乐作品的美学特点相适宜

目前，在学前儿童音乐教育中存在着一种认识上的误区：片面地认为，只要在音乐活动中采用了带有一定创作色彩的教学手段和活动方式，就可以促进儿童创造力的发展。但实际上，无论什么样的教学手段，都必须建立在对音乐作品的准确分析之上，都必须服从于音乐的审美规律，并与音乐作品本身的特点相适应。而且，这些手段的使用必须适中，不得干扰或误导儿童对音乐的真实体验。因此，在运用文学化、美术化、舞蹈化的辅助手法时，就需要特别地慎重。音乐表现的一个核心特点就是非具象性，一味地让儿童把自己对音乐的情感体验用具体形象化的表现手段表达出来，是不完全符合儿童的音乐审美规律的，甚至还有可能在一定程度上造成音乐体验的非音乐性和无效性。当然，一些音乐形象十分鲜明的音乐作品还是可以采用外化的体验方式的，毕竟这有利于儿童积极地调动想象、联想及深层的心理活动过程，有助于创造力的直接表达与显现。

三、给予儿童充分的音乐审美体验

音乐是二度创作的艺术，写在乐谱上的音乐在绝大多数情况下，只有通

过表演的环节，使音乐为儿童所亲身感受和体验，才能发挥其各种功能。那么，要想在音乐教育活动中发展儿童的创造力，就必须充分挖掘音乐美的因素，给予儿童足够的感受音乐的时间和空间。我们在观察中也发现，儿童对音乐的投入够不够，时间是否充分，往往影响他们的创造力表现水平。例如，在音乐活动《狮王进行曲》中就有这样一段情节。

案例 4：《狮王进行曲》

教师播放了一段音乐，并对其中的节奏进行了初步的分析。

教师："在'噢——呜！'的声音之后，出现的是'嘣嘣嘣嘣嘣嘣'，刚才我们是用拍手来表现这段声音的节奏的，想想看，狮子会不会和我们一样也会拍手呢？那狮子会做什么动作呢？在'嘣嘣嘣嘣嘣嘣'的声音中，它会怎样表演？"（教师拿出一个狮子头饰戴在自己的头上，随即启发儿童想象出狮子的各种动作，并生动地表演出来。）

教师："现在我们再来听一遍刚才的音乐，回忆一下刚才狮子叫了几声？要做不同的动作哦，我来看看哪头狮子做得最好。"

教师播放录音，并率先表演起来，在教师的带动下，儿童一边看着教师一边跟着动了起来。但明显是在模仿教师，自由表演的成分不多，注意力更多地放在了教师的动作而不是对音乐的感受上。

教师显然也发现了这种尴尬的状况。

教师："我们再来听一次，你们自己来做动作，好吗？"这次教师有意减小了动作的幅度，并不时地躲到儿童的身后去。有几个儿童开始和着音乐的节奏独立表演了起来，神情十分专注。我们看到，在儿童听完第一遍音乐之后，教师就要求儿童表演出狮子的动作。结果，音乐响起之后，大部分儿童都还沉浸在音乐的刺激中，根本顾不上动作的表演。教师见此情境，便自己率先做出各种夸张的动作，于是儿童的注意力又都被吸引到教师身上，纷纷模仿起来，这时我们还难以发现儿童有主动的探索与创造。但是当教师主动调整了策略，把儿童的注意力从外在的动作引向音乐之后，儿童的表现才自然起来。

在这个活动随后的环节中，教师又对音乐进行了逐段的分析，并让儿童反复倾听和体验音乐描述的形象与情节。所以，活动的最后，当教师再次要求儿童进行音乐表演时，儿童的表现就上了很大一个台阶。大多数儿童都能跟随音乐的节奏、力度、旋律的进行做出惟妙惟肖的动作，完全沉浸在对音乐的自在体验中。

看来，组织学前儿童的音乐教育活动，不能急于求成，应当多给儿童一些时间和空间，儿童会在与音乐的自然天成的“亲密接触”中，表达出他们自己无穷的想象力和创造力。

四、用适宜的手段帮助儿童理解音乐形式上的审美特征

创造力虽然离不开主体思维的发散性，以及想象、意象、内觉等心理过程的调动，但是其产生机制的一个重要方面，是理性的调节和对美的结构的追求。当然，对于思维发展水平还比较低级的儿童来说，要让他们表现出高度理性的逻辑思维是不太可能的，但这并不意味着我们不能给予他们这方面的刺激材料和一定的感受机会。音乐是理性与感性完美结合的产物，它的形式结构中充满着丰富而有序的理性逻辑。因此，我们在开展学前儿童音乐审美活动时，除了要关注音乐带来的情绪情感体验，还应采取适宜的、符合儿童理解水平的手段，让儿童对音乐作品的各种要素（节奏、旋律、调式、曲式等）有充分的、感性的认识，对音乐的结构特征有完整的理解和把握，这对于他们心灵中“完形”的生成是非常必要的。让儿童自己创编乐曲的节奏，并即兴伴奏，以及用各种象征的手法来表现乐曲的曲式结构都是让儿童感受和理解音乐的形式美的有效手段。

为了让儿童理解音乐的曲式结构，教师首先让儿童反复倾听整首作品，并从配器、音色、节奏、旋律等几个方面让儿童辨别音乐乐句之间的细微区别。在此基础上，教师让儿童选择不同的水果来代表旋律的变化与再现，并按照音乐发展的先后顺序在黑板上加以描画。这样，音乐的曲式结构就以形象化的方式，清晰地呈现在儿童的面前，它抓住了儿童思维的具体形象性，把抽象的音乐要素用儿童可以理解的方式表现了出来。这种理解因为是建立在儿童原有经验的基础之上，并且是通过儿童的反复感知和体验所得出来的，

所以对儿童来说是有意义的理解，有助于其心灵中“完形”的生成。当然，在这个活动过程中，教师的主要用意并不在于发展儿童的创造力，但就活动本身可以帮助儿童理解音乐的形式逻辑和表现特征这一点而言，它对儿童创造力的发展起到了一定的潜移默化的影响。我们认为，创造力的培养并不一定在于让儿童有直接的外化的主动表现。在音乐教育活动的全过程中，都渗透着培养儿童创造力的契机。

五、儿童主体性的发挥与教师的适宜引导相结合

音乐的体验是自己自为的，谁也不能代替儿童对音乐的体验与感受。因此，在音乐活动中，始终应该坚持的一个原则就是要发挥儿童主体性，尊重儿童自己对音乐的理解与感受。但是，由于音乐审美体验在本质上的非具象性特征，处于具体形象思维阶段的儿童往往难以准确把握音乐的表现内容与特征，这就需要教师从音乐作品的选择开始，就对儿童的音乐审美体验进行适宜的引导，帮助他们澄清头脑中模糊的、不明确的意象与感觉，这也有助于增强儿童的自信心和对音乐的兴趣。培养儿童的创造力绝不意味着彻底的“放任自流”，我们常常都可以看到儿童在所谓的“自由”的状态下，无所适从的表现。音乐既是最能打动人心的艺术，又是距离我们的理解最遥远的艺术。在这种情况下，儿童的创造力就离不开教师的支持。

第七章　学前儿童音乐教育的评价与价值取向

第一节　学前儿童音乐教育的评价

一、学前儿童音乐教育评价的作用和原则

学前儿童音乐教育评价是学前儿童音乐教育工作的重要组成部分，是以学前儿童为对象，对其音乐教育方面的效用给予一种价值上的判断。它是一种整体的评价，不仅包括对儿童音乐学习结果和发展状况的测量和评价，而且包括对音乐教育本身价值，以及音乐教育活动中教师的观念、态度、价值观和活动组织形式、教学目标、师幼互动等系列教育活动信息的判断和评定。学前儿童音乐教育评价能够有效地调整和改进音乐教育实践工作，是促进儿童发展、提高教育质量的必要手段。

（一）学前儿童音乐教育评价的作用

学前儿童音乐教育评价具有促进音乐教育教学可持续发展的功能，其作用具体表现在以下三个方面。

1. 鉴定作用

学前儿童音乐教育评价的一个重要作用，就是检查或鉴定教育工作是否达到教育目标或达到的程度。评价可以是全面的、综合的，如按照学前音乐教育的目标，判断正在进行的幼儿园音乐教育内容的选择、教育过程的组织，以及教育方式方法是否有助于达成学前教育的目标体系，或从教育活动的效果判断音乐教师各方面达到目标的程度。评价也可以是单项性的，如评价儿童在音乐活动中某方面的发展水平，可以使教师重新审视教育过程、组织方

式和儿童的活动方式对儿童发展的作用，便于针对不同的儿童因材施教。总之，通过评价鉴定，可区别优劣，也可为实施合理的音乐教育活动提供客观的依据。

2. 诊断功能

通过评价，可以及时发现现实与预定目标之间的差距和问题，明确努力的方向，对提高教育效果、改善今后教育工作做到心中有数。例如：以音乐活动中儿童的知识及能力水平来诊断音乐教育的目标和内容；以儿童在音乐活动中的兴趣、情感及个性等态度方面来诊断音乐教育活动方法和环节设计等方面的科学性、合理性。总之，通过音乐教育评价，可以及时发现音乐教育中存在的与儿童特点不相适应的问题，以便进行音乐教育的改革。

3. 激励功能

评价过程一般伴随着一定的心灵效果。通过严肃、认真、负责、有说服力的评价，特别是适宜的评价与奖励制度相结合，可以使被评价者在认识自身工作实态的同时，产生进一步改进工作的内在需要与动机，改善意识，调动积极性。学前儿童音乐教育评价的激励功能从另一角度还反映了评价对教育改革的强大推动力。

（二）学前儿童音乐教育评价的原则

学前儿童音乐教育评价的原则是进行儿童音乐教育评价活动时必须遵守的基本要求。在音乐教育活动中，教育评价原则不仅具有理论参考价值，而且具有实践指导意义。其基本原则包括以下四个方面。

1. 客观性原则

教育评价的客观性原则要求在进行儿童音乐教育评价时，评价者不能单凭主观经验或直观感觉来评定和判断教学质量或儿童发展能力与水平，而必须采用客观、公正、科学、实事求是的态度展开评价。只有这样，才能真正发挥评价的作用，从而促进音乐教育的深入开展。

2. 全面性原则

为了更好地发挥评价在促进儿童发展和教师成长中的作用，音乐教育评价活动应该坚持全面性原则。评价时既要有对儿童音乐学习和发展情况的评价，又要有对教师教学和指导情况的评价；既要对所有儿童的音乐活动进行整体性评价，又要对个别儿童进行特殊评价；既要有来自自我的内部评价，又要有来自外部的同行或家庭、社区多渠道的评价；等等。总之，学前儿童音乐教育评价工作必须连续不断地对音乐教育活动的各个组成部分和各个构成要素进行全面的评价。

3. 针对性原则

音乐教育评价活动应该具有针对性，即评价工作要围绕当前存在的主要问题进行评价，以便更有效地促进问题的解决或改善。如果评价缺乏针对性，泛泛地、笼统地进行评价，那么则不能对改进教育教学工作起到切实的推动作用，使评价缺乏实用性，流于形式。

4. 建设性原则

学前儿童音乐教育评价活动应该具有建设性。也就是说，评价的目的在于总结经验、找出问题和改进音乐教育教学工作的质量。即使是竞赛、评估、观摩、交流、工作质量评定等工作，也不能只是以评出优劣等级为目的，而要以改善、提高音乐教育为目的。只有这样，才能使评价的效益最大化。

二、学前儿童音乐教育评价的指标体系

学前儿童音乐教育评价的指标体系由两部分构成：一是学前儿童音乐教育评价中所涉及的具体范围，即评价的内容；二是对评价尺度的具体规定，即评价的标准。

学前儿童音乐教育评价有两个方面：一方面，从学前儿童音乐教育活动实施情况进行评价；另一方面，从学前儿童音乐能力发展状况进行评价。

（一）学前儿童音乐教育活动实施情况评价

对学前儿童音乐教育活动实施情况的评价，主要是针对音乐活动中的目标、内容、方法、过程、结果等方面的具体评价。

1. 活动目标的评价

活动目标是指教师期望活动所达成的教育结果。活动目标的评价一般包括三个方面：一是评价活动目标体系；二是评价活动目标内容；三是评价活动目标的适宜性。

活动目标体系的评价，即评价活动目标的设计是否与单元目标、年龄阶段目标、音乐教育的总目标有内在的逻辑关系。学前儿童音乐教育的目标体系是一个完整而有序的统一体，活动目标是总目标、年龄阶段目标的具体化，每一个活动目标的实现，都向阶段目标和终极目标迈进了一步。因此，评价音乐教育活动目标时，应该从目标体系的统一性出发，分析该目标是否与其上一级目标紧密联系，以此来评价目标的合理性。如一位教师在一次韵律活动中，将目标定义为：有节奏地随音乐做“小鱼游”的模仿动作。从活动结果看，儿童在模仿教师所做的动作时，节奏掌握得比较准确，动作模仿得也很“相似”。可以说，该活动目标的设计是合理的。但对照儿童音乐教育的总目标，就会发现这位教师忽略了发展儿童创造性的教育目标。因此，这一目标是不够完善的，可以将其调整为：有节奏地随音乐创造性地做“小鱼游”的模仿动作。

活动目标内容的评价，即评价活动目标的设计是否涵盖了认知、情感态度、操作技能三个层面的具体要求。完整的活动目标是由以上三个要素有机构成的，所以教师在设计活动目标时，应根据教材的内容和儿童的情况，有针对性地制定相应的具体的目标。当然，在确立这三个层面的目标时，可以根据实际情况做到主次分明、先后分明，不可人为地“硬凑”。

活动目标适宜性的评价，即评价活动目标的确立是否与儿童的实际情况相适应。虽然年龄阶段的目标概括的是某一年龄阶段儿童发展的一般趋势和教育的一般要求，但对于不同的班级、不同的儿童还会存在一定的差异性。因此，评价活动目标还必须看教师制定的目标是否与本班儿童的实际水平和发展的特点相适应，如某青年教师在一次公开观摩活动中看到一个小班韵律活动——《扶老公公走路》。于是，青年教师准备将这个活动推荐给自己班上的儿童，并将其中的一个目标定为有节奏地随音乐创造性地做“扶老公公走路”的模仿动作，享受并体验其中的乐趣。谁知，在活动实施时却发现，儿童显得被动、手足无措、紧张且毫无乐趣。究其原因，是自己班上的儿童缺乏实际观察和创造性表现的基础，缺乏合作表演的经验。因此，这种不能与儿童实际情况相适应的教育目标，会直接对活动过程产生障碍，从而影响活动目标的达成。

2. 活动内容的评价

活动内容是实现活动目标的中介。对学前儿童音乐教育活动内容的评价重点在于对音乐教育活动内容的选择和设计组织两个方面。

由于音乐教育活动的内容、材料的选择与儿童的实际情况是相互影响和相互制约的，在评价活动内容的选择的时候，必须考虑各个相关因素，从活动的整体效果来评价各个因素的存在及其状况的合理性。如在《扶老公公走路》的那个例子中，内容和材料对于上公开课的那个班级来说是合理的，而对于模仿这个活动的那个班级来说是不太合理的。

而对于音乐教育活动内容的设计组织方面的评价，则要关注活动内容各部分之间的过渡、衔接和组织安排是否流畅，活动内容各个部分所占的比例是否合理，教学难点和重点是否突出，教学目标是否明确，等等。

3. 活动方法的评价

活动方法是实现活动目标的基本手段和途径。学前儿童音乐教育的活动方法是教师的“教”法和儿童的“学”法的统一。

活动方法的评价主要涵盖四个方面：一是活动方法的选择和运用是否与教学目标和教学内容相适应；二是活动方法的选择和运用是否符合儿童的年龄特点和接受能力；三是活动方法的选择和运用是否强调并体现了儿童的主体性和自主性；四是活动方法的选择和运用是否能够有机地与音乐活动的设计及教学环境、设施相联系。

例如：组织在音乐欣赏活动《金蛇狂舞》时，在一个场地大、人数少、儿童自律性发展比较好的大班中，教师让儿童结成两列长龙，随音乐在教室中游走，表现过新年时舞龙灯的喜庆场面，并借此活动感受旋律，以进一步锻炼儿童的自控能力、合作能力和感受欢腾性质音乐的能力；而在另一个场地小、人数多、儿童自律性发展比较差的大班中，教师就因地制宜地将儿童的座位排成六列长龙，让儿童坐在椅子上随音乐表现舞龙灯的欢乐场面。这样做既可以满足儿童感受、表现欢腾场面的需要，又可以避免秩序混乱和身体冲撞。这两种设计方法对各自的班级来说都是非常合理的。

4. 活动过程的评价

活动过程是指活动中师生相互作用的过程。音乐活动过程评价是一个综合、动态的评价过程，评价对象包括教师、儿童及其他方面。从改进教育工作的目标出发，评价的对象主要是教师在音乐活动中的行为。具体来说，主要包括以下三个方面。

（1）教师的精神面貌。教师的精神面貌主要是指在音乐教育活动中，教师的精神是否饱满、教态是否亲切自然、讲解是否清晰准确、示范是否到位并具有吸引力等。

（2）教师的组织指导。教师的组织指导是指在音乐教育活动中，教师对活动的安排和组织是否紧凑、有序；是否能有条不紊地追求活动目标、执行活动计划；是否能根据儿童的实际情况灵活地调整活动目标和计划；是否能有效地激发儿童自主地学习、独立地思考；是否给儿童提供了适时、适度的具体帮助；是否注意针对儿童的个别差异进行指导；等等。

（3）教师的角色扮演。教师的角色扮演主要是指在音乐教育活动中，教师是否为儿童创设了适宜互动的教学环境；是否能将教学目标巧妙地体现在活动设计中；是否能巧妙熟练地运用角色变化引导儿童积极主动地学习；是否能为儿童的情感交流和沟通创造机会和条件；等等。

5. 活动结果的评价

活动结果的评价主要是指从儿童的行为表现中反映出来的教育结果，它包括以下三个方面的评价。

第一，评价儿童在活动过程中的参与和学习态度，如注意力是否集中，表现是否积极、主动等。

第二，评价儿童在活动过程中的情绪、情感反应，如精神是否饱满，情绪是否愉快、轻松、自然等。

第三，评价儿童对活动预期目标的达成情况，如知识、技能是否被儿童掌握。

（二）学前儿童音乐能力发展状况评价

对学前儿童音乐能力发展状况和发展水平的评估，一般可通过观察、谈话、问卷、测试等方式进行。此外，由音乐教育专家、学者及权威机构所制定的儿童音乐能力发展的标准化测量工具和测验，也为真实地了解和评价儿童的音乐能力发展倾向和水平提供有价值的参考。以下介绍三种选自国外的具有代表性的儿童音乐能力测验。

1. 《西肖尔音乐才能测量》

20 世纪初，由美国音乐心理学代表人物卡尔·E. 西肖尔（Carl E. Seashore）编制的《西肖尔音乐才能测量》，是世界上第一套标准化的音乐测量工具。整套测试包括六个测验项目。

（1）音高感，即音高差别感受性（用音高差别感觉阈限来测量，让被试者试听两个不同频率的单音，要求回答第二个音与第一个音相比是高还是低）。

（2）音强感，即音强差别感受性（用音强差别阈限来衡量，让被试者试听两个不同响度的单音，要求回答第二个音与第一个音相比是响还是轻）。

（3）时值感，即音长、音短差别感受性（用音长短差别阈限来测定，让被试者试听两个不同时值的单音，要求回答第二个音与第一个音相比是长还是短）。

（4）音色感，即对音色和音质的区分能力（让被试者试听两个谐音有所差异的单音，要求回答两个音的音色是相同还是不同）。

（5）音高记忆，即在重复呈现某些彼此无关的音时，能发现某音音高变化的能力（让被试者试听两条连续音高，每条含三至五个音，要求回答音高有何不同）。

（6）节奏感，即在重复呈现敲击的节奏时，发现节奏变化的能力（要求被试者听两个节奏音响，回答节奏是相同还是不同）。

《西肖尔音乐才能测量》开创了音乐测验的先河。当然，这套音乐测验并不是针对学前儿童的，它被广泛运用于发现音乐潜能在不同个体身上存在的差异性。如不同个体可能对音高或音强的微小差异的感受性不同，对节奏或音色的微小差异感受性不同，以此作为音乐才能测验工具。可对儿童个体音乐成就进行早期估测或诊断，为音乐教学中因材施教提供有效的参考。

2. 《初级音乐表象测量》

继《西肖尔音乐才能测量》之后，西方音乐教育界相继出版了一系列有代表性的音乐才能测验。值得一提的是，当代美国著名音乐教育家和心理学家埃德温·戈登（Edwin Gordon）在1965年出版了他的第一套《音乐才能测量》。随后，于1979年又出版了一套针对更年幼的测验对象（幼儿园至小学三年级儿童）的测验手册——《初级音乐表象测量》，并由此提出，在年幼儿童音乐能力倾向测验中，更强调的是“直觉反应”和“表象”（audition）在音乐才能发展中的重要性。

这套《初级音乐表象测量》手册包括两个子测验：音调测验和节奏测验。每个子测验包括40个测项，每个测项在音调测验中是成对的音序列，由2～5个时值相等的音组成。成对的音序列或完全相同，或改变其中一个音。节奏测验则是由音高相同的音组成的成对的节奏型。它们有的完全相同，有的拍子或音群的组织不同。每个测项里，每对片段中间隔5秒钟。所有的测项均为电子合成。测验的任务是要求儿童听辨这些成对的片段中第一个片段和第二个片段是相同还是不同。为便于学龄前儿童回答测验的问题，戈登特别设计了一些儿童熟悉的图形，如汽车、匙子、帽子、船等，用来代表各个测项。同时，还设计了笑脸和皱眉面孔的图形，供儿童选答。若测项中成对的片段相同，儿童就在两个同样的笑脸图形上画圈；如果不同，就在一个笑脸和一个皱眉面孔图形上画圈。

戈登的《初级音乐表象测量》关注的是儿童直接的听觉印象和音乐表象作用两种能力，并以这两方面来组织和设计测验的项目及材料。因此，通过测量，既能使教育者了解儿童这两种能力发展的天生潜能，也能帮助教育者为促进儿童这两种能力的发展寻找后天的音乐经验。

3. 日本的儿童音乐能力诊断测量

这是一个由日本音乐心理研究所编制的标准化的测验工具，该测验的适应对象为 4 ～ 7 岁的学前儿童。测验材料及指导语全部采用录音播放的方式提供给儿童。另外，该测验采用书面选择答题的方式，答题册上所有内容都用形象直观的图画显示，且画面精美、富于童趣。儿童答题时仅需要根据判断画圈或打叉。因此，这套工具可以在大面积的集体测量、评价工作中使用。

整套测验包括五个部分：

第一部分：强弱听辨 —— 画面包括 1 个例题和 4 个测试题。每题 1 分，共 4 分。每题由 1 对音量不同的音乐片段组成。要求被试者听辨并指出各组中音量较强的那个片段，并在相应形象下的方格内画圈。

第二部分：节奏听辨 —— 画面包括 1 个例题和 4 个测试题。每题 1 分，共 4 分。每题由 1 对鼓声节奏组成。要求被试者听辨并指出各组中的 1 对鼓声节奏是相同还是不同，若相同便在相应画面中的方格内画圈，否则打叉。

第三部分：高低听辨 —— 画面包括 2 个例题和 8 个测试题。每题 0.5 分，共 4 分。前 4 个测试题由 1 对单音组成，后 4 个测试题由一对音乐片段组成。要求被试者听辨并指出各组中的 1 对单音或音乐片段中较高的 1 个，并在相应形象下的方格内画圈。

第四部分：音色听辨 —— 画面包括 1 个例题和 5 个测试题。每题 0.8 分，共 4 分。每题由 3 个不同乐器的形象组成。要求被试者听出录音中播放的音乐是何种乐器演奏的，并在相应形象下的方格内画圈。

第五部分：音乐欣赏 —— 画面包括 6 个测试题，共 4 分。每题由 2 个性质不同的画面组成，如热闹的公园、安静的田野、老牛拉车、骏马奔驰等。要求被试者听出录音中播放的音乐更接近于哪幅画面所描绘的内容。

利用上述几种儿童音乐能力发展的标准化测验工具对儿童音乐能力进行早期测验，一方面有助于发现儿童的音乐天赋，另一方面可以较好地了解、评价儿童音乐发展的水平及音乐能力发展的优势和劣势，以便有针对性地为儿童提供适宜的音乐环境，进一步合理地调整和改进音乐教学。

当然，在借鉴国外音乐测验量表的基础上，还应该结合我国本土文化的特点及我国音乐学科教育和儿童实际发展状况，编制适合我国的儿童音乐能力测验项目，并付诸实践，这是一项极其重要而又有价值的工作。

三、学前儿童音乐教育评价的方法

对学前儿童音乐教育活动进行评价，需要有一定的方法。评价的方法实际上是收集信息的方法。评价时，最好综合运用多种方法，收集来自教师、儿童、家长、领导、同行等多方面的信息，作为评价的客观资料，为科学的教育评价提供依据。概括地说，学前儿童音乐教育的评价方法主要有以下五种。

（一）观察法

观察法是学前儿童音乐教育评价中重要的方法之一，是通过有目的、有计划的即时观测，对观测结果做出评估的方法。

通过观察可以获得大量的评价信息，及时了解教育活动的运行状况，还可以通过观察得来的反馈信息，及时调整活动的内容、方法和组织形式。在音乐教育评价活动中，通过对儿童音乐行为表现的观察了解，对整个教育活动的效果进行分析。因此，观察法是一种行之有效的评价方法。

观察法的运用可以通过多种途径来进行。其中，最常见的是在自然情况下进行观察。通过这种途径，可以记录发生在儿童日常生活中的最真实的、自然的、自发的音乐活动。而对于在日常生活中不易观察到的情况，教师可以根据评价指标人为地创设环境、场景等相应的条件，从而使儿童自然地表现其发展状况。

（二）谈话法

谈话法，亦称“问答法”，是教师与儿童通过面对面的交谈收集评价信息的方法。谈话法可以较快地了解儿童音乐表现行为的原因，以此评价信息为参考，及时地调整和改进音乐教育。

利用谈话法收集有关信息时，教师要注意，谈话目的要明确，提问要简单，要在轻松、自然、亲切的气氛中进行。教师应耐心启发或等待，切忌斥责、批评儿童或表现出急躁情绪。

（三）测验法

测验法是借助标准化的测试题目，通过或口头或书面或操作的方式，评定学前儿童音乐教育中相关问题的方法。

通过测试法能否获取客观真实的数据，关键在于测验题目。对学前儿童音乐能力发展的评估而言，可以借助之前所介绍的几种具有代表性的测验。当然，还可以自编具有一定效度、信度和区分度的测验题目。

（四）问卷调查法

问卷调查法是指通过向教师、领导、同行及家长发放问卷调查表，来收集评价信息的一种方法。音乐教育评价中利用这种方法，可以对获取的数据进行统计分析，从而进一步指导并调控音乐教育活动。

（五）综合等级评定法

为了在评价中获得对音乐教育活动的总体印象，在学前儿童音乐教育活动评价中还可以采用综合等级评定法。这一方法是从纵向和横向两个维度确定评价指标的，这种方法既可以对活动的各种因素进行分析与评价，又可以对活动的各种状态进行分析与评价，从而得到综合的评价信息。纵向包括构成音乐教育活动的各种因素，主要有活动准备、活动组织、活动指导、内容掌握等方面；横向包括教育活动各因素在运行过程中的状态及等级。根据这两个维度制成综合等级评定表，教师在活动评价中，只要在相应的位置上打上钩即可。使用此方法，可以获取多重评价信息，评价者借助这些信息材料，既可以对教育活动进行定量分析，又可以对教育活动进行定性分析，还可以对教育活动进行因子分析。

第二节　学前儿童音乐教育的价值取向

学前儿童音乐教育作为教育的一部分，与其他学科教育有着共同的属性，但也有其特殊性，这种特性体现出两个方面的含义：一方面是指儿童音乐；另一方面是指用音乐进行教育。由此提示我们既不能把学前儿童音乐教育理解成纯知识、纯技能、纯艺术性的音乐教育，也不能脱离了音乐艺术本身的特殊规律及儿童音乐心理发展的规律。只有把两方面有机地结合在一起，才能真正使学前儿童音乐教育成为建立在音乐艺术基础之上的，儿童积极参与的音乐实践活动。

关于艺术教育的价值，西方历来有两个理论流派：一是本质论，它是以美国美术教育家 E. W. 艾斯纳（E. W. Eisner）和格利（Gurley）为代表的，强调美术教育的主要价值在于它对个人经验的独特贡献，认为美术能力是教育的结果，非自然发展的结果；二是工具论，它是以英国美术教育家赫伯特·里德（Herbert Read）和美国美术教育家 V. 罗恩菲尔德（V. Lowenfeld）为代表的，主张通过艺术教育促进儿童人格的健全发展，促进儿童创造性的发展。虽然提出这两派理论的是美术教育的一些专家，他们直接讨论的是美术教育的价值，但是这样的观点也影响到整个艺术教育。纵观音乐教育的发展史可以发现，正是因为人们对“音乐教育”这一术语的含义的认识和理解不相同，所以人们对学前儿童音乐教育含义的把握也存在着一定的差异。

长久以来，对音乐教育价值的理解也常在两种观点之间摇摆：一种观点强调音乐的“内在价值”，认为音乐是人的一种社会文化才能，儿童接受音乐教育的最主要动力在于能从事表演和表现活动，能体验到自我表达和创造的快感，这种观点显然与本质论是一致的；另一种观点则更强调音乐的“功利价值”，认为音乐可促进其他能力的发展，儿童接受音乐教育能促进运动能力和节奏感的提升，得到书面和口头语言的进步，促进认知和思维的发展，习得社会性交往和合作的技能，因此音乐教育能够为实现人类的其他发展起到催化剂的作用，这种观点显然更多地受到工具论的影响。从这样两种不同的观点中可以看到，前者认为艺术教育的目的就是艺术本身，而后者则认为艺术教育的目的在于儿童创造性和人格的发展。由此，也就可以把学前儿童音乐教育分为以音乐为价值取向的学前儿童音乐教育和以教育为价值取向的学前儿童音乐教育。

一、以音乐为价值取向的学前儿童音乐教育

以音乐为价值取向的学前儿童音乐教育是以音乐为本位，以教育为手段，对学前儿童施以基本的音乐知识、技能的传授，从而使儿童获得音乐艺术内涵的教育。音乐作为人类文化的重要组成部分，在人类社会发展中发挥着重要的作用和功能。音乐不但有其本身的内在价值，同时作为人类的一种文化现象与艺术形式，也是人的发展的固有组成。同样，音乐与儿童的发展也是紧密联系在一起的，儿童天生就带有热爱和探索音乐的倾向，音乐是儿童早期的社会体验之一，是儿童生活的一部分。以音乐为价值取向的学前儿童音乐教育，重视、强调音乐的本体功能，把它作为传播、延续和发展人类音乐文化方式的最初阶段，旨在为音乐本身内在价值及其音乐功能的实现打下基础。

二、以教育为价值取向的学前儿童音乐教育

以教育为价值取向的学前儿童音乐教育，是把音乐作为教育的手段和媒介。通过音乐教育，通过听、唱、跳、奏等音乐实践活动促进儿童身心的健康成长，培养儿童的审美情趣，引导儿童良好的个性及创造性的发展。音乐教育和德育同属于社会意识形态范畴，都具有一定的阶级性，两者互相影响、互相促进。人们对音乐教育的德育功能的认识由来已久。苏联儿童音乐教育家卡巴列夫斯基曾经说过：“艺术课程与技术课程的原则区别，就在于任何一个真正的艺术作品都要有道德因素和美的因素。”

音乐是一种情感的艺术，鲜明的音乐形象能主动地反映和影响人的思想感情，它对儿童德育所起的重要作用，并不是以说教论理的方式进行的思想品德教育，而是以音乐强烈的艺术感染力来影响儿童，浸入儿童的内心世界，潜移默化地培养儿童热爱祖国、热爱集体、关心他人等良好的道德品质，从而产生相应的行为力量。

所以，音乐教育是对儿童进行德育的最佳方式。众多的事实和研究结果也向人们揭示了，音乐教育确实具有发展智力、培养创造意识等智育功能。人们知道，智力的构成因素是多方面的，如心理学中表述的感知、观察、记忆、想象、创造等思维能力。而智育的根本目的是促进智力的发展，在学前儿童的音乐教育过程中同样需要运用这些心理过程。例如，通过辨音游戏等活动使儿童的听觉感知能力更敏锐，通过音乐欣赏丰富儿童的想象、联想和创造等。正是因为音乐教育与智育有着共同的教育心理机制，才使音乐教育对培养和促进儿童智能发展大有裨益。

此外，音乐教育隶属于艺术教育，它是美育的重要组成部分，因而学前儿童音乐教育的美育功能更是不容置疑。它作为向儿童实施美育的主要途径之一，负有培养儿童的审美情趣、丰富儿童的审美情感，发展儿童的审美感知、理解和创造能力的重要使命。正如苏联早期教育家卢那卡尔斯基所言："进行美育教育，不是只简单地教会儿童一种艺术技能，而是系统地发展感受能力及创作能力，使儿童热爱世界上一切真、善、美的东西，并且能动手美化这个世界。"德育、智育、体育、美育和劳动教育作为构成全面发展教育的各个组成部分，它们之间是相辅相成、互相促进的。音乐教育作为美育的主要内容之一，虽然首先承担的是审美教育的任务，但是它对德、智、体、劳各方面教育都有着积极的参与价值和教育效果。因此，以教育为价值取向的学前儿童音乐教育把"审美"作为其区别于其他教育的特殊性质，使音乐艺术的独特之美渗透于整个教育之中，旨在通过音乐的审美过程来塑造儿童完美的人格，培养儿童的创造性，促进儿童身心的健康成长。

第八章　多元智能理论视野下学前音乐教学研究

第一节　多元智能理论与学前音乐教学

音乐智能是记忆、辨别、感受、创造和表达音乐的能力，包括对节奏、音高、音长和音色的感受性。由此可见，学前儿童的音乐教育可使儿童获得身心的全面发展，在儿童成长教育过程中占有非常重要的地位，人们有充分的理由重视音乐教育，肯定音乐教育能够让儿童在接受教育的过程中身心得到全面发展。

一、学前儿童音乐的教育特点

音乐是智慧的教育，它是曼妙的语音、灵动多彩的画面、生命的律动的融合。音乐在人们的生命中流淌，有音乐相伴的生活更加富有创造力、想象力，会更加丰富多彩。音乐教育的目的是让儿童在音乐的海洋里穿梭，通过音乐用耳朵感受世界、用心灵来聆听世界、用自己的幻想与创新来打造世界，用自己的双手来创造更加美丽的世界。每个儿童都需要音乐，每个儿童都有接受音乐教育、体验音乐文化的愿望和权利，音乐应该伴随着儿童的成长和生活。音乐作为儿童生活的一部分，与儿童的成长发展有着密不可分的联系。

（一）音乐是儿童认识世界的一种方式

婴儿在出生时仅仅是被动地感受这个世界，此时他们与这个世界是统一的。随着年龄渐渐增长，儿童与自然界分离独立，开始把世界放在自身外部来加以观察。在音乐活动中，儿童开始主动感知和认识世界。音乐是儿童童年的律动，儿童按照自己的律动无规则地兴奋地跳动则成为舞蹈，感情受到触动时所发出的愉悦的声音则组成了歌曲。自然与音乐有机和谐地统一，使儿童充分地抒发了对世界、对生命的感受。

（二）音乐是儿童自我表达的一种重要途径

人们在这个世界上总要表达自己的价值，儿童同样也具备这样强烈的自我表现的渴求。“自我表达是音乐的主要功能之一，这种功能是音乐的各种特性决定的，它符合幼儿身心发展的特点和学前教育的规律。”①

首先，音乐的自由和开放为儿童提供了丰富的自我表达途径。它允许儿童的即兴发挥，并赞同儿童自由参与，允许参与者自己的信息与外在的信息进行广泛交流；其次，音乐是具有宽容性的，它可以接纳不同智力水平的儿童，给所有儿童表现自我的机会；最后音乐也最具有包容性，会面向所有儿童，平等地对待每一个儿童。所以，音乐是带领儿童认知世界、感知世界的有效途径之一。

（三）音乐是儿童进行情感交流的工具

音乐带有强烈的愉悦性与感染性。音乐可以轻而易举地走进人的内心世界，打动人的情感世界。当人们欣赏一部优秀的音乐作品时，那动人的旋律足以打开人们的内心，开启人们心灵的各个角落，通向充满想象的世界。学前儿童的音乐也充满了丰富的情感色彩，儿童会在情感丰富的歌曲中感受到关爱，也会在诙谐的音乐中获得想象的喜剧画面。凡是有明显的音乐形式，又符合儿童已有的生活情感经验与愿望的作品，都可以使儿童内心愉悦、兴奋和满足。不仅这样，儿童常常通过音乐来表达自己内心的情感世界——喜悦、兴奋、哭泣、忧伤，来满足自己情感的交流与需要。儿童的情感在音乐中更易于被激发，更易于显露，他们的情绪与音乐产生共鸣，所以他们总是积极地以强烈的情绪去感应音乐的多种表现形式，并在其中流露出丰富的情感，在这种共鸣的情感中获得愉悦。

① 徐春艳. 学前幼儿音乐教育 [M]. 上海：复旦大学出版社，2012：66-67.

（四）音乐是儿童教育中充满游戏性的活动

游戏是学前儿童的一种学习方式，是儿童的主要活动之一。儿童能够通过游戏活动，认识和探索新鲜的事物。儿童的游戏活动具备审美、创造美的诸多特点。儿童会在游戏中忘我地玩耍，比如在游戏中他们可以制造情境，利用小道具，把自己设定成某个动画里的人物。同时，音乐活动中也是充满了游戏性的，音乐中的游戏活动也可以发展儿童的想象力、创造力、表现力等。儿童的音乐教学活动形式主要有歌唱、身体律动及节奏的训练，包括唱、听、动、感受音乐、记忆音乐等音乐活动。这些活动对于学前儿童来说都可以以游戏的形式进行。在音乐教学中，可以有效地利用音乐活动的游戏性来开拓、发展儿童的多种能力。

二、我国学前音乐教育存在的弊端

近几年来，学前教育的课程改革使我国现在的学前音乐教育水平有所提高，但是一些教学活动并没有明显的改善。对于音乐的学习大多以律动开始，练声、教唱新歌曲等单一的课堂教学模式。教学活动的内容遵从统编的固定教材，这种教学模式的弊端主要表现在以下三方面。

（一）音乐课程系统，缺乏自主性

教材知识结构能够科学地按照由浅入深的顺序编排，但是难以兼顾不同地域、不同环境的差异性和儿童已有经验的不同。音乐教学缺乏自主性，缺乏各学科领域之间的相互渗透，音乐教材也缺乏一些具有地域特色的音乐植入，使音乐教学活动脱离儿童的生活经验，更缺乏活力与生机。

（二）教学方法单一，缺乏兴趣培养

在现有的儿童音乐教学活动中，教师的教学方法易受到限制，基本上是以简单的律动导入、直接教唱歌曲，再进行以单纯的舞蹈教学、器乐演奏为主的单调的教学模式。应该根据儿童的能力和特点，进行拓展、加以延伸，使教学的形式多样化，让教学内容更加丰满，设置满足儿童身心全面发展需

要的新的教学方法。多元智能理论注重多种智能的相互协同发展，优势智能可以带动弱势智能。而单一的只注重知识传授的教学形式，往往会使儿童对学习音乐失去热情和兴趣。

（三）注重知识传授，缺乏创造力和个性发展

当前，许多教师仍然把学前音乐教学活动中唱歌、舞蹈等内容作为教学的主要内容，以让儿童会唱歌曲、会跳舞蹈为主要教学目标。这种过于注重知识的传授的教学，忽视了儿童个性的发展和对音乐创造力的培养。有效的音乐活动可以带动儿童多种智能共同发展。多元智能理论中指出，每一种智能都有自己的独特性，在发展的过程中都能够显示出它不同的信号。因此，要注重因材施教，教学的形式、方法都要多元化。

三、多元智能理论在学前音乐教学中的现实作用

（一）学前音乐课程可以促使儿童全面发展

音乐教育有助于开发儿童的右脑，增进大脑的功能。人的大脑分为左脑和右脑两个部分，左右脑的分工各不相同。左脑主要控制思维活动，如语言能力、数学逻辑思维能力、概念的构成、分析能力等；右脑则控制综合性的思维活动，如在音乐、空间知觉、距离判断、图形感知等能力。人的大脑虽然左右有不同的分工，但是它们并不是独立存在的，只有在整个大脑都同时运作，并能很好地协同合作时，才能更有效地发挥其整体的功能。音乐活动具有抽象、分析和理解加工功能，有效的音乐活动可以促进大脑的发展。例如，在音乐歌曲表演活动中，运动感觉中枢及记忆、语言同样积极运作；而在音乐欣赏及创作活动中，记忆加工、输出的功能将启动，进行创作。由此可见，音乐活动和全面的音乐训练可以使人的大脑的各部分功能得到不同程度的发展与训练，学前儿童可以通过音乐活动得到不同能力的共同发展，使得儿童在成长过程中得到全面的发展。

多元智能的理论也如上所述，每个人的能力都是由不同的智能组合而成的。不同的能力有强有弱，这种能力的差异就会让每一行业产生佼佼者。

即便在同一学科、同一行业里，逻辑思维、语言能力、分析能力不同的人对待同一问题的解决方法也会大相径庭。既然这些能力的差异性和能力的倾向性越来越清楚，传统的统一教育方式就不能使不同儿童得到统一的发展。也就是说，人们之间的差异性要求教育方法也应该与不同的人相适应，教师应该针对不同的教学对象采用面向全体、照顾个别的教学方式，这样具有不同能力的儿童的优势就会得到全面的发挥。

对于学前儿童的音乐教育而言，教育者应该更得加努力了解每一个教学对象在音乐方面所擅长的智能和不足的智能；在实施音乐教学活动的过程中要更加灵活，有效地帮助儿童在他们所擅长的音乐技能方面获得更大的提高，同时要利用优势智能来带动弱势智能，使儿童的弱势智能得以进步和提高；要帮助每一个儿童在音乐活动中得到自信，使儿童的各项能力得到全面的提高；教师也可利用每一名儿童自身不同能力的相互组合，来帮助他们获得身心的全面发展。

例如，在学习儿童歌曲《走路》时，有的儿童喜欢欢快的节奏，表示小兔子走路时会站起来蹦蹦跳跳，表现小鸭子时会随着音乐加以想象，左右摇晃身体来表现小鸭子走路时的窘态；有的儿童则喜欢跟着欢快的旋律高唱，还可以用声音表现出不同角色；有的儿童则喜欢安静地欣赏。儿童出现不同的表象、状态，正是他们身上所拥有的不同能力的体现。这时教师不必要求所有的儿童都步调一致，也不应直接阻止儿童随着音乐进行的体态律动。教师应该利用多元化的方法，采取开放的教学心态看待这一现象，尽可能鼓励儿童大胆地表现，可以让安静欣赏的儿童在欣赏完歌曲之后，大胆地讲述自己理解的歌曲内容，感受到他们所联想的事物；让爱跳舞与爱唱歌的儿童共同合作表演，激发、促进他们对音乐的表现欲望。总之，要洞察每个儿童所擅长之处，让他们的强项智能得到充分的发展。在表演结束后，教师应该针对不同儿童的表演给予不同的鼓励，树立他们的自信心。

（二）学前音乐教育可以帮助儿童养成健全人格

新的教育改革后，在《纲要》中把学前教育的课程分为“科学、语言、艺术、健康、社会”五大领域，同时在学前儿童的课程中也强调了让儿童在活动中达到“感受”“体会”“欢乐”“趣味”“认知”等教学目标，儿童可以通过音乐课程在情感认知、合作、人际交往等方面促进健全人格的形成。

多元智能理论中的音乐智能并不是为了培养音乐家而设计的，而是通过音乐教学活动的实施激发儿童对音乐的兴趣与热情，并激发儿童学习音乐、探索音乐的欲望。通过音乐使儿童的多方面能力得到开发，塑造儿童健全的人格。

在儿童的音乐教学活动中，要以多元智能为理论基础，进行多元化教学，明确课程教学目标，扩展教学活动内容。例如，在音乐教学活动《我的好妈妈》中，教师可以向儿童提问：“小朋友们爱你们的妈妈吗？”（儿童自由回答）“你是怎样表达对妈妈的爱的呢？”（儿童可以用自己的语言表达对妈妈的爱）教师可与儿童交流，引导儿童：妈妈上班很辛苦，每一个小朋友都应用自己想到的方法，表达对妈妈的爱。这样就体现了多元智能中的人际交往智能，让儿童学会体谅父母。再如，儿童歌曲《蚂蚁搬豆》，教师可以先通过图片故事，提问：“小蚂蚁见到一颗大豆子，很高兴，但是凭自己一个人力量是不能把豆子搬回洞里与大家分享的。如果你是小蚂蚁，你会怎么办呢？”（在这里，教师可以引导小朋友自由地回答、想办法）根据儿童的回答，最后教师可以总结，并引导儿童要互相帮助，大家团结力量就可以把事情办成，这也充分体现了人际交往智能。在活动中可以加入角色扮演的音乐游戏，让儿童跟着音乐的节奏集体合作搬运东西，在游戏合作中充分锻炼儿童的运动智能。以上的案例可以充分说明，在音乐活动中融合多元智能理论，可以使儿童在音乐活动中形成健全的人格。

（三）学前音乐教学中要有多元化评价

新时代的音乐教育主张每个人都有热爱音乐、享受音乐、接受音乐教育的权利。每一个人的音乐智能都不尽相同，他们的音乐智能的外在体现各有差别。所谓的“音乐天赋”，通常包含音乐智能的多方面表现，如对音准节奏的掌握能力、音乐的创作才能、音乐的表演才能等几个方面。以上几个方面的音乐能力也可以细分出多种能力，如音乐表演才能中节奏的准确掌握，弹奏钢琴时手部肌肉灵活性的展现，进行音乐表演时能够把握好整个音乐的流畅性，等等。用多元视角去划分音乐智能，必然会形成多样的音乐能力表现形式。有的人可以从音乐的意境中展开想象，即兴创作出身体的律动‘有的人则可以从音乐中展开联想，进行二度创作；有的人还可以在抽象的音乐中产生丰富的画面，并用优美的语言描绘出来。

学前儿童在音乐活动中的音乐表现能力也大不相同，在组织音乐教学活动过程中，教师及时准确地对儿童表现的音乐能力进行评价，从而了解每一个儿童在音乐中的不同表现。根据儿童的表现从不同的角度来评价儿童的音乐能力，要对儿童的音乐能力进行全方位、多元化的评价。

第二节　多元智能理论在学前音乐教学中的应用策略

一、学前音乐教学与多元智能理论相融合

学前音乐教学结合多元智能理论，促使儿童音乐教育多元化，通过音乐教学中的多元化主题、情景的设计，使学前儿童各方面的能力在接受音乐教育的过程中得到发展，多元智能的介入也使学前音乐教学发展更加多元化。

（一）为发展儿童多元智能而教

霍华德·加德纳（Howard Gardner）教授提出人有八种智能，并且八种智能不是独立存在的，通过后天的培养可以使这八种智能相互促进，儿童阶段是其中一些智能发展的关键时期。学前儿童音乐活动对发展儿童的多元智能有不可忽视的重要作用，儿童在有效合理的音乐教学活动中获得身心的愉悦和满足，并能发展促进儿童多种能力共同发展。音乐活动可以强化儿童某一项优势的智能，可以让儿童的优势智能带动弱势智能的发展，使儿童在成长过程中得到更全面的身心发展。在教学内容的设计、教学效果的评价、教学环境的布置，以及教学模式的选择上，应该把开发儿童多元智能放在首位。

因此，教师设计学前儿童音乐教学活动过程时，应该立足于“开发儿童多元智能”的理念。

（二）以多元智能理论为引领核心

加德纳反复地对教育工作者提出建议：“应以多元智能为教学的切入点，达到对某一学科、领域或主题有深入的理解。”①实践家戴维·拉齐尔（David Lazear）在对多元智能的研究中进一步认识到：“既然我们能够认识到各种不同的求知方式，我们就能够练习它们，并使它们更好。”②生活中要反复使用智能，这样就能让智能在熟练的基础上发展得更快。在教学中可以通过多元智能的引领，从多元化的角度去认识儿童，在多元的教学活动中发展每一个儿童的能力。

例如，在万圣节化装舞会的主题活动中，教师可以让儿童随意选定自己喜欢的角色进行扮演，每个人物在出场的时候要演唱一句自编的歌曲，或是再加上漂亮的动作来造型，在这样的音乐主题中对西方的节日有所了解。在准备的过程中，教师可以让儿童分组讨论，相互帮助。儿童都会有自己的想法并积极地准备，有的儿童会扮演公主，她就会用动听的声音配上自己优美的动作；有的儿童会扮演海盗，他创编的歌曲中就会出现低沉而有力的声音。每一组的儿童都会互相指导，帮助同伴在“舞会”上有更完美的表现。

在这个过程中，教师应观察每一个儿童的表现，让儿童反复地练习，发展多元智能。儿童在活动中能够主动与同伴交流、分享经验，最后可以在同伴面前自信地展示自己。

二、多元智能理论运用于学前音乐教学的实施策略

学前儿童的年龄特点，决定了学前音乐教学的主要途径。学前儿童天性喜欢游戏，喜欢贴近生活的、有带入性的情景画面。多元智能理论中的主要

---

① 霍华德·加德纳. 再建多元智能 [M]. 台北：远流出版事业股份有限公司，2000：55-60.

② 戴维·拉齐尔. 学习之路：教给学生和家长多元智能 [M]. 朱晓峰，译. 北京：教育科学出版社，2004：66-70.

观点也是以主题性、情景性的带入活动让儿童置身其中，感受与体验情景游戏所带来的快乐，促使他们能够主动接触、探索与发现，从而来发展他们的多元智能。

（一）以音乐为主体的游戏活动

学前儿童的音乐首先给儿童带来的是快乐，在音乐教学中加入音乐游戏，最能让儿童感受音乐带来的乐趣。在音乐游戏中，通过“听辨、模打、模唱”等方式开发音乐智能的同时，带动儿童其他能力的提高。在音乐游戏教学过程中，可以让儿童“随乐而动——走进音乐、随乐而知——感知音乐、随乐而歌——走进歌唱、随乐而奏——敲敲打打、随乐而作——小小创作”，把音乐游戏细化，其中的元素贴合多元智能理论。

例如，儿童歌曲《小老鼠上灯台》，这首儿童歌曲可以加入音乐游戏，不仅让儿童对学习歌曲产生兴趣，同时也使相关联的智能得到展现。

（1）播放音乐，引发联想。教师：“今天老师带来一首特别有趣的歌曲，小朋友们仔细听一听，歌词里面唱了什么？”儿童对歌词进行记忆，教师带着儿童有节奏地说歌词。

（2）进行音乐游戏。教师：“小朋友们，在唱歌的同时，要用你的动作来表现歌词里小老鼠的诙谐动作。”让儿童熟悉自己创编的动作，教师带领儿童进行分组游戏，找出一名儿童扮演老鼠妈妈，带领其他小老鼠去偷油。在唱到“小老鼠上灯台”时，跟着节奏爬上椅子，在唱到“叽里咕噜滚下来”时，跟着音乐的节奏从椅子上下来。

（3）引导鼓励儿童对歌词进行创编表演。

（二）以音乐为主题的教学活动

音乐学科虽然是一门独立的学科，但是它的教学内容、发展的能力却不是孤立的。学前音乐教学主题的设计，在能把各领域统一起来，内容变得灵活宽泛，减少了教学活动的局限性，适合各个年龄段的儿童的智力水平。“一个主题就是一个超越了学科和内容领域的统合概念。课程不再是一堆不相干的技能和内容的碎片，而是源自主题并与主题密切相关的知识。”[①]所以，主题活动下的音乐教学活动不仅仅是发展儿童音乐方面的能力，而是以音乐为主要媒介，涉及更加广泛的内容，将与之相关联的其他领域的知识内容贯穿在一起，这些内容糅合在音乐教学活动中，开发了其他领域的知识，这是与多元智能理论相统一的。

例如，一个以“蔬菜”元素为主题的活动，通过这样一个主题活动的展现，通过音乐活动重新认识蔬菜。这样既能让儿童体会音乐的美妙，又可以鼓励儿童不挑食，把这样的主题融入教学当中，既新颖又符合儿童的兴趣点。

活动案例：歌曲《蔬菜汤》。

（1）通过谈话活动让儿童说一说自己最喜吃的蔬菜。教师带领儿童模拟买菜的场景，让儿童挑选自己喜欢的蔬菜，播放歌曲《蔬菜汤》，手和脚跟着音乐做律动。

（2）教师让儿童说出都买了什么蔬菜。带领儿童演唱第一段时，要注意“红”“圆”“香”这几个形容词出现的顺序。当儿童介绍完蔬菜，就可带领儿童制作蔬菜汤，做汤之前要把蔬菜洗一洗，儿童用自己想象的动作表现洗菜的场景，跟着音乐律动。（运动智能）

（3）蔬菜洗好了，可以带领儿童切菜。提醒儿童在切菜的过程中应该注意什么，引导儿童说出使用刀具应该注意安全。让儿童跟着音乐大胆表现切菜的律动。（自省智能、运动智能）

（4）播放歌曲《蔬菜汤》，让儿童一边欣赏一边记住歌词。学唱歌曲，分组合作来表演怎样做蔬菜汤，并让大胆的小朋友展示表演。（音乐智能）

（5）在结束歌曲演唱律动之后，让儿童讨论自己平时不爱吃蔬菜的事情。让儿童知道蔬菜里面的营养对身体是非常有益的。（语言智能、自省智能）

（三）设置音乐情境开发多元智能

人类在不同的社会环境下能得到不同的文化体验。婴儿从出生开始，在

① 托马斯·R.霍尔.成为一所多元智能学校[M].郅庭瑾，译.北京：教育科学出版社，2003：108-110.

成长中接触到的各种文化领域中的素材可以促使其智能得到多元的发展。在《多彩光谱》项目中，儿童每天都在教室中接触大量益于启发、运用多种智能的素材，还有数十个多种多样的活动“角”。有时候教师还可以用语言创设情境，让儿童觉得置身在环境当中，儿童可以从这种创设的模拟环境中得到快乐的体验，这也是一种很有效的学习方式。在学前音乐教学中，教师可以根据教学的内容，创设与音乐活动相关音乐情境。例如，教师可以用语言描绘，让音乐具有很强的画面感，使儿童产生联想，在生动的画面中欣赏音乐。在教室中设置音乐活动区角，在区角中投放大量的打击乐器和吹奏乐器，使儿童可以用手亲自去操作。还可根据音乐表演环节中角色的需要，为儿童准备头饰或衣饰，让儿童选择自己喜欢的角色进行表演。通过这样的手段来为儿童设置音乐情境，能够激发儿童对音乐的学习兴趣，帮助儿童提高音乐的学习能力。

活动案例：诙谐曲《颠倒歌》。

（1）音乐律动，以《我爱我的小动物》导入新课程。

（2）教师以故事的形式设悬念：“小朋友一定都知道好多动物，我们来听一听今天歌曲里面的动物和我们知道的动物有什么不一样。”播放歌曲，让儿童回答歌曲里的动物有什么不同。（语言智能、音乐智能）

（3）用生动的语言描绘。学习歌曲时教师出示动物头饰，让儿童带上自己喜欢的头饰。教师用语言描述情景，让儿童发挥自己的想象，如：“在大森林里，小老鼠成为不可一世的大王，威武地走在所有动物的前面，而平日里威风凛凛的狮子王却成了老鼠的随从，走在老鼠的后面，哆哆嗦嗦地听小老鼠发号施令。远处，一只小小的蚂蚁扛起了一棵大树，大象却没了力气，像一只泄了气的皮球，瘫软地坐在地上。”这样诙谐颠倒的情景，激起儿童学习歌曲的兴趣。（空间智能）

（4）教师请儿童根据歌曲诙谐的内容，进行情景表演。扮演小老鼠的儿童要演出老鼠的威风，蚂蚁的扮演者要做出大力士扛起大树的动作，大象的扮演者要甩甩鼻子表示没力气，其余的小动物的扮演者要跟着音乐的节奏，走在老鼠的扮演者的后面。儿童可以相互交流，互换角色，教师要鼓励儿童

相互指导，合作表演。（音乐智能、身体运动智能）

（5）指导儿童分组分角色演唱歌曲，要求每一组要按角色唱出自己扮演角色的歌词，每一组都有角色轮换。并尝试以小组为单位进行创作，把歌词里面的动物改变一下，教师可以指导、鼓励儿童。（音乐智能、人际交往智能）

在音乐情境中去体验音乐，可以提高儿童对音乐的学习兴趣，帮助儿童提高音乐能力。音乐情境的设置可以给抽象的音乐增添画面感，推动儿童大胆地展开想象，积极地表现对音乐的感受，在开发儿童音乐能力的同时也促进了其他能力的发展。

三、多元智能理论视角下的学前儿童音乐的教学评价

音乐教育评价是学前音乐教学的重要组成部分，教师应该利用评价手段了解音乐教学活动对儿童发展的适宜性和有效性。首先，要改进工作、提高教学质量，制定合理的音乐教学评价方式，促进儿童身心得到良好的发展；其次，按照多元智能理论，也应力求全面地从多个角度、多元化的方向进行评价。在不同的教学环境中，不同评价方法能够促使儿童的多方面智能得到意想不到的良好发展。

（一）音乐教学评价要兼顾全面性和多元化

“学前儿童音乐教学评价是对音乐教育活动中各个组成部分和各个构成要素进行全面的评价。”[①] 教师在音乐教学活动中要掌握儿童学习音乐和发展的情况，对儿童在音乐教学活动中表现的情况和反应做出评价；要对儿童在音乐活动中所表现的情感、兴趣、能力等做出一般的、整体的评价；要承认儿童在音乐教学活动中表现的差异性，对个别儿童的能力的差异性做出评价，使评价能够及时发挥诊断作用，保证评价不伤害儿童的自尊心。通过音乐教学评价找出儿童的强项能力，并找出兴趣点，带动弱势能力的发展。例如，在儿童歌曲《哈巴狗》的歌唱教学中，教师请儿童表达自己对音乐的体

① 黄瑾．学前儿童音乐教育 [M]．2 版．上海：华东师范大学出版社，2006：189.

验和感受时，有的儿童可以大胆地大声跟随音乐哼唱歌曲，但不能用身体来表现音乐；有的儿童则用身体动作来表现小狗的憨态，但不能大声唱出来；有的儿童可以用语言来描述听到的情境，但不肯用歌声和身体的动作表现。教师应该及时对儿童做出全面的评价，以帮助儿童在音乐教学活动过程中得到更全面的发展。鼓励能够哼唱的儿童带领大家合唱，让能够表演律动的儿童在前面跳舞，最后请能够用语言描述画面的儿童来为大家创编故事。在活动过程中，教师通过全面的教学评价及时针对不同儿童进行调整与指导，让儿童能够在音乐教学活动中体验到快乐与自信。

（二）音乐教学评价要有主体性

音乐教学评价始终要以儿童为主体，并要以公正、公开、科学、实事求是的态度来进行。在对每一名教学对象（儿童）做出相应的评价时，坚决不能做出主观的、带有个人感情色彩的判断，必须坚持公平、公正的原则。在音乐教学评价过程中，教师要以儿童为主体，要考虑儿童在不同音乐内容中所擅长的音乐能力不同。在音乐教学评价过程中，对儿童优秀的音乐能力给予充分的肯定，通过优势能力渐渐平移，带动弱势音乐能力的提高。例如，在歌曲《颠倒歌》的教学中，教师可以引导儿童进行表演，有的儿童选择自己喜欢的动物进行律动表演，有的儿童则用有表情地演唱的方式来表现，儿童在音乐活动中可以通过自己的想象与创造来表达对音乐的情景再现。儿童在分角色时也可以相互讨论，最后进行集体的点评。教师鼓励并赞赏儿童创编的表演形式。

在这个过程中，儿童能够大胆地创造表演，在集体点评中完成了对自我认知的评价。因此，音乐教学中主体性评价得到了多元的发展。

（三）音乐教学评价应注重情境化

学前音乐教学活动要设置有一定的审美性和音乐性的音乐情境，使儿童在接受音乐教学活动的过程中处处感受到音乐情境所带来的音乐美和身心愉悦的美。在活动中注重对音乐情境的评价，为儿童创设与音乐教学活动相符的音乐环境，这样可以给儿童提供已有的情境经验，帮助儿童在音乐活动中展开想象。对音乐活动投放的材料或道具进行评价，评价设计与功能是否符合学前儿童的操作与需要。准确的音乐情境评价可以设置正确的音乐环境，投放适合的音乐操作材料，并充分发挥环境和材料的作用，这样就能使音乐教学活动反映出儿童智能发展的真实水平。在教学过程中，要始终把评价与音乐教学环境相联系，淡化评价与教学之间的界限。

在音乐教学中，可以通过正确的环境布置与材料的投放来为儿童设置情境，可以让儿童自然体会到身临其境的感觉，激发儿童学习音乐的兴趣，以及对音乐探索的欲望。例如，在学习歌曲《雪花》时，首先把儿童带入布置有好多雪花吊饰的活动室，激发儿童学习的兴趣，然后可以通过多媒体课件让儿童观察雪花的形状，教师再用语言描述冬天雪花飘落的情境，让儿童仿佛置身于一片白雪皑皑的冰雪世界。把儿童带入情境后，教师可以请儿童跟随音乐用自己的动作去表现各种雪花，同时也可以通过唱歌、语言描述等方式来表现自己内心对冬天及漂亮雪花的想象。教师可以通过儿童对雪花的表达方式来引导儿童填词，并教唱歌曲，如“雪花雪花满天飘，你有几朵小花瓣。我用手心接住你，让我快来数数看！”儿童能够熟唱歌曲后，教师可以引导儿童创编歌词，进行创作表演。

在整个音乐教学过程中，教师要对儿童做出及时准确的评价，并给予儿童肯定与鼓励。这样音乐环境设置能够使儿童十分热情地投入音乐活动中。在活动过程中，儿童可以通过自信的表演、大胆的创作来表现他们内在的其他潜能，而注重音乐的情境评价可以使教师能够清楚地掌握儿童最真实、最自然的智能展现。

第三节　多元智能理论视野下学前音乐教学活动设计

音乐智能是人的智能中最早被发展的，每一个人从出生开始就有音乐的智能，人人都可以在音乐中体验到快乐。音乐学科不是孤立、闭塞的，它是开放多元的活动，学前音乐教学活动不是单纯培养儿童音乐中的某一项技能，而是通过音乐教学活动可以“促成个性自由和谐发展，提高人的整体素质；发展多向思维，启迪智慧的增长，促进身心协调健康地成长”[①]。要通过学前儿童音乐教学发展儿童的多元智能，那就要从实践教学出发，在实践中研究、探索更符合儿童发展的教学内容。

一、多元智能理论下学前儿童音乐教学方法

加德纳教授认为：“没有独一无二且被普遍认同的以多元智能为基础的课程设计模式。教师们都非常喜欢设计最符合自己及自己学生兴趣的教学方法。”[②]现有的教学方法形式多样，教师要在其中探索出适合学前儿童兴趣需要，符合学前儿童身心发展及年龄特点的教学方法。

在音乐课程设计中，教师可以借鉴多元智能的理论框架，但是在教学中针对不同的儿童，面对有差异的教学环境始终没有一种唯一的、理想的音乐教学方法。当前，幼儿园课程中较常见的教学方法有情境式教学、主题性教学、游戏性教学、合作式教学等方法，在这些幼儿园常见的课程教学方法中融合多元智能理论，能更好地开展学前音乐教学活动。

人们可以从音乐中得到情感的体验，音乐艺术的审美是通过情感的体验和形象的思维来完成的。人们需要用心去感受、聆听音乐，体会音乐蕴含的

① 曹理. 普通学校音乐教育学 [M]. 上海：上海教育出版社，1993：25-26.

② 坎贝尔. 多元智能教与学的策略 [M]. 霍力岩，沙莉，等译. 3 版. 北京：中国轻工业出版社，2004：144-145.

美好。所以，音乐教学以体验教学模式为主，并协同其他知识的共同体验。这样，在发展儿童音乐的审美能力和感悟能力的同时，也促进了儿童其他智能的发展；音乐有重唱、合奏合唱等集体合作完成的内容，这就更加强调了音乐中集体合作的重要性。能够成功的人士，一定善于合作，在处理问题时，善于合作的人能够与他人合作、沟通、协调，共同努力取得成功。当今的教学改革，着眼于儿童在活动中能够主动发现和探究问题，教师在音乐活动中设置一定的情境，引导儿童独立思考、主动探究，从中发现问题，并在其中获得知识、技能、情感及自我的认知态度。这样的启发探究式的音乐教学方法不仅能够使音乐能力得到提升，在活动中也有利于儿童之间的交往，提升儿童的语言表达和自我认知能力的培养。这样的音乐活动增强了儿童的主体地位，激发了儿童对活动的探究欲望。多元智能理论与音乐教学相融合的教学方法还有很多，笔者主要通过体验式、合作学习式和启发探究式三种教学方法来探讨、研究。

（一）体验式教学方法

体验是指“以学生主动参与教学活动，直接亲身体验作为教学的主要形式”。体验的过程体现了儿童在活动中的主体性。音乐教学活动以审美为核心，在音乐活动中用心体验，才能发现音乐的美。儿童在音乐中的情感体验与音乐的本身发生碰撞，产生共鸣，这样儿童就真正开启了音乐之窗。在音乐活动中，儿童可以通过歌唱、律动、音乐欣赏等内容去体验感受音乐带来的乐趣，但是学习音乐是在时间的基础上慢慢累积的，所以要帮助儿童多体验、多倾听、多累积、多感受。

案例教学：《森林狂想曲》

活动过程：

（1）倾听感受音乐，展开想象（播放音乐《森林狂想曲》）

教师：今天老师带小朋友们来到了大森林，我们来听一听森林里的音乐会。在音乐中你们都听到了什么？看到了什么？森林里除了动物还有什么呢？（设置情境，引导儿童感受音乐，进行想象）

教师小结：森林里有许多可爱的动物，还生长着茂盛的植物，更有美丽的景色。

（2）欣赏图谱、装扮动物。（各种动物头饰）

教师：森林里的音乐真的是太美妙了。快看把谁给引来了？（教师带上蝴蝶仙子的头饰）小朋友们好！我是蝴蝶仙子，我给大家带来了一张森林地图。我们一边听音乐一边看地图。（教师跟着音乐用手势进行指导，儿童观看图谱感受音乐）

教师：小朋友们看懂了吗？

①森林里都来了哪些动物？（图谱每一乐句下各有一个动物头像）

②波浪线代表它们出场的动作，小朋友们想象一下，可以帮小动物设计一个漂亮的动作。（教师可以利用蝴蝶仙子的角色为小朋友示范一个乐句的动作，指导儿童随着音乐的强弱，飞行高低要有变化，注意节奏的控制）

③图谱中小圆点是表示什么的？（停、休息、看风景）可以让儿童用动作来表示音乐的静止。

（3）倾听感受音乐，角色扮演

教师：森林里的小动物听到这么好听的音乐，都纷纷赶来了。下面我们分成四组合作进行音乐表演，每组六名小朋友，可以选择自己喜欢的小动物，也可扮演小花、小草、大树等植物。（教师可以进行指导，不同的动物、不同的植物动作要有不相同的层次，在乐句末尾处要有停顿造型）鼓励儿童互相欣赏，给予同伴评价。

（4）集体表演

教师与儿童随着音乐进行集体表演，感受音乐带来的快乐。注意在乐句结束时，每个角色都要有不同的造型。这首《森林狂想曲》中蕴含着浓郁的大自然的气息，音乐中不仅包括自然中各种响声，还有自然界中多种小动物的声音，让儿童能够在音乐中产生身临其境的感觉。在音乐表演过程中儿童要认真聆听、用心感受，才能投入音乐表演中，这就又证明了在音乐教学活动中体验教学方法的重要性。儿童参加《森林狂想曲》活动，不仅能够让他们动起来，更能让他们主动交流起来，符合多元智能教学理念。这个音乐活动发展了儿童的音乐智能、语言智能、人际交往智能、运动智能、自然观察智能等能力。

（二）合作学习式教学方法

学前儿童在音乐活动中的表现、表演大多数是以集体合作的形式完成的。在音乐教学活动中通常以这种合作、互助的教学模式引导、鼓励儿童大胆地与同伴沟通交流，来促进儿童的人际交往能力和语言组织能力等。每个人从出生开始就逐渐步入了社会，而在社会中需要和形形色色的人打交道，并要在集体、团队中共同协作来完成工作任务。儿童接受学前教育的这一阶段，是他们最初融入小集体，学会在集体中生活的重要阶段。因此，学前音乐教学中，教师应该有效运用音乐教学活动中合作学习模式的教学方法来提升儿童的交往能力、沟通能力、共同协作的能力，帮助儿童提升人际交往智能、语言智能、身体运动智能。

案例教学：《五只鸭子》

（1）谈话活动，导入主题

复习歌曲《五只鸭子》。

教师：小朋友们，我们上一次学习了一首好听的歌曲，故事里面讲的是关于鸭子的故事，小朋友们还记得吗？（鼓励儿童大胆回答，故事里有谁？发生了什么事情？）

教师小结：五只调皮的小鸭子很可爱。

教师：小朋友们，让我们用歌声来把小鸭子的故事讲给大家听吧！可以用你的动作来表现小鸭子的滑稽可爱。

（2）教师示范击鼓，激发兴趣

教师：鸭妈妈叫唤一次，五只小鸭子都跑回了家，我们大家都很喜欢它们，那么我们就用鼓声来表扬它们吧。鸭妈妈最先来表扬，我们听一听，看一看鸭妈妈是怎么敲鼓的。（引导儿童关注音乐的间奏，跟着音乐敲鼓）

（3）儿童尝试敲鼓演奏

教师：谁愿意尝试用鼓声来表扬小鸭子？（强调音乐的节奏，让儿童尝试击鼓表演，并引导儿童用不同的动作尝试）

（4）尝试多种方式集体合作击鼓表演

教师：小朋友们，现在我们可以分成两组，第一组来做鸭妈妈，敲鼓来召唤小鸭子回家；第二组由五个人组成，来做小鸭子。每当歌词中少一只鸭子，就要按顺序减少一名鼓手敲击，我们来看看哪一组配合得最好。（跟着音乐击鼓配合，来锻炼儿童的合作能力）

教师：刚刚我们每一组都表现得非常完美，现在我们换一种击鼓的方式。我们请六个小朋友一个接一个地表演小鸭子，看看在音乐不停止的基础上，应该怎样连接呢？（锻炼儿童以不同的方法来集体合作完成击鼓的练习）

（5）教师组织儿童进行交流、讨论

鼓励儿童分组展示，让大家相互评价、相互学习。音乐教学中的合作教学方法注重的是同伴之间的配合与沟通，儿童通过音乐教学活动可以获得社会交往的能力，也增强了自我表现力，提高了自信心。同时，这样的教学方法增强了儿童与同伴配合、协作的欲望，有利于儿童人际交往智能与其他多种的智能的发展。

（三）启发探究式教学方法

现行的《纲要》主张鼓励儿童在活动过程中去发展探究。教师通过对教学环境主题的创设，让儿童能够主动地发现与探索，帮助儿童独立自主地获得知识技能与情感。启发探究式教学方法重视儿童的主体性，在开放的教学活动中，提高儿童的参与度，激起儿童对教学活动的兴趣。学前儿童的音乐教学活动不是单纯的知识技能传授，而是在音乐教学中通过教师的正确引导与启发，在体验音乐韵律、节奏、力度、速度的基础上去联想与创造。启发探究教学方法在发展儿童音乐智能的同时，也提高了儿童自我认知智能等相关的能力。

二、多元智能理论下学前儿童音乐实践教学研究

学前音乐教学活动内容主要通过唱歌活动、音乐欣赏活动、音乐律动活动、打击乐器演奏活动四个方面来实施。笔者通过在幼儿园的实践教学研究，阐述怎样将多元智能理论与学前音乐教学相结合，开展学前音乐教学活动。

（一）多元智能理论下学前儿童音乐的歌唱活动

歌唱是人们在日常生活中表达喜怒哀乐等自然情感的一种方式，也是学前儿童表达自己思想的一种途径。婴儿在出生后，对音乐的反应是极其敏感的，咿呀学语时他们就跟着音乐快活地哼唱。歌唱是儿童心智成熟、身体成长过程中不可缺少的重要部分。音乐教育家科达伊认为：以歌唱为基础的教育形式可以普及每一个儿童；通过歌唱的活动可以使儿童的身心得到快乐与满足；通过唱歌可以增长知识，锻炼儿童的语言能力；歌唱更是儿童学会与人沟通的最佳桥梁。通过歌唱活动发展儿童的多元智能，更有利于他们审美感受力的提高，歌唱活动潜移默化地启迪了儿童的心智，陶冶了他们情操，在开阔儿童视野的同时，也使其身心得到了更好的发展。把多元智能理论运用于歌唱活动当中，在提高儿童歌唱能力的同时，也带动了其他智能的发展。音乐教学活动中的歌唱活动，有独唱、合唱、二重唱等教学形式，这样能够发展儿童的自省能力和沟通表达能力，更能帮助儿童提高自信心。儿童可以通过学习歌词来增长知识、锻炼语言表达能力，也可以通过节奏和律动游戏来增强运动智能和逻辑思维智能。因此，音乐教师应该利用多元智能理论与歌唱教学相结合的方式，设计丰富的、多元化的教学活动内容来发展学前儿童的多元智能。

（二）多元智能理论下学前儿童音乐的欣赏活动

音乐欣赏是音乐活动的重要组成部分之一。“学前儿童的音乐欣赏，是让他们通过倾听音乐对作品进行感受、理解和初步鉴赏的一种审美活动。”[①]学前儿童可以通过音乐欣赏活动接触到更多、更优秀的，跨越国界不同风格的音乐作品，这不仅开阔了他们的眼界，更使他们通过音乐知道了音乐的知识背景。在欣赏音乐过程中最重要的就是倾听，这种倾听更能使儿童有意地、多加留神地倾听。这种有意的倾听，不仅培养了儿童的倾听能力，并提高了儿童的注意力。音乐欣赏活动也促进了儿童的审美情趣的发展，初步培养儿童的审美能力。学前音乐欣赏活动与多元智能理论相结合，更能促进儿童多

① 黄瑾. 学前儿童音乐教育 [M]. 2 版. 上海：华东师范大学出版社，2006：148-149.

元智能的发展。在音乐欣赏活动中，教师可以通过语言的描述让抽象的音乐具有画面感，使儿童在音乐欣赏过程对音乐有更立体的感知，在提高音乐智能的同时，促进了空间智能的发展。儿童可以在欣赏音乐的活动中情不自禁地随着音乐舞动身体、拍打节奏，这充分体现了对身体运动智能的带动。

（三）多元智能理论下学前儿童音乐的韵律活动

音乐中的韵律活动是在音乐伴奏声中能够跟随音乐自由地、有节奏地用身体的动作来表达对音乐的感受。著名的德国音乐家奥尔夫说过：音乐教育开始于动作。可见，在学前儿童音乐教学活动中，音乐活动与身体的运动是密不可分的。儿童对音乐的感受用身体运动来表示，这是对音乐最自然、最直接的反应方式。儿童可以通过韵律活动参与音乐学习，满足了儿童探究的需要，收获了交流、自信、自我表现的快乐体验。韵律活动更能直接促进儿童运动智能的发展，以及对音乐的感受力、创造力和表现力的培养。

学前儿童的音乐活动中通常以基本动作、模仿动作、舞蹈动作三种形式开展韵律活动。动作是婴儿出生后探索世界的第一个反应。3 岁以后，儿童的动作逐步地进入了分化的阶段。大多数的儿童都可以自如地运用手、脚、臂、腿、躯干去做各种简单的动作，如跺脚、拍手、屈膝、击掌等，但由于年龄所限，神经系统协调性发展有局限性，不能完成小跑步、小碎步等精细动作。所以在此期间，教师可以根据儿童的年龄特点选择合适儿童的教学内容，如儿歌《小手拍拍》，教师可以根据歌词带领儿童进行简单的动作模仿，如拍手、活动手指等。在这个过程中，儿童的手部肌肉得到锻炼，同时也训练了儿童感知音乐节奏的能力。随着儿童年龄的增长，五六岁时儿童的动作可以进一步分化出手指、手掌、手腕等精细动作，并且在活动过程中要求头、眼睛、手臂、手指及腰部等相互配合完成动作。不仅如此，这一年龄段的儿童在韵律活动中与同伴相互沟通配合的能力也逐步提高，能够以团体组合的形式来完成韵律活动。如《找朋友》，要求儿童在自身能够完成动作的同时，在歌曲第二段开始的时候要相互交换舞伴，合作完成舞蹈动作。

（四）多元智能理论下学前儿童的打击乐器演奏活动

人类最早掌握的乐器演奏就是打击乐器，打击乐器主要通过身体的大动作来实施，利用乐器的节奏和音色，大多以打击操作的方式来直接表现音乐。打击乐器对于儿童来说容易掌握，让儿童能够最直接、最自然地从中体会到音乐带来的快乐。学前儿童通过对打击乐器的学习和认知，不仅能够使音乐的节奏感得到提升，更能够通过音乐的演奏提升儿童对音乐的理解力与创造力，并在集体乐器合奏中还能锻炼儿童的沟通合作能力。学前儿童可以通过幼儿园等教育场所接触认识到大量的打击乐器的种类，如手鼓、铃鼓、沙锤、双响筒、三角铁、木鱼、钹、锣等。在音乐教学活动中有效地利用打击乐器，在提高儿童音乐感知力、表现力的同时，还能给儿童带来健康愉悦的体验。

第九章　学前音乐教育生成性课程教学研究

第一节　生成性课程概述

生成性课程以互动情境为依托，在教育元素互相作用、长效发展的过程中建构产生。生成性课程摒弃了传统课程中对于教学内容、教学方法的预先设置，发挥学生主体作用，以学生思维发展为课程组织线索，使课程实现由“名词”到“动词”的本质变革。

一、生成性课程的含义

（一）生成性课程的产生与发展

关于生成性课程，国外已有较长的研究历史。从约翰·杜威（John Dewey）的“教育即生长”到瑞吉欧的“生成理念”，生成性课程的研究过程相对隐性却十分连续。这些研究成果集中体现了生成性课程对儿童主体发展的尊重，对于活动过程中情景性、动态性的重视。

生成性理念源于杜威“教育即生长”的观点，他强调教学不是经验之上的预先具体化，反对将外在的功利性目的强加于教育。只有将教育目的融入教育过程中，才能真正地促进儿童的生长，实现教育培养目标。

在《过程模式》一书中，L. 斯滕豪斯（L. Stenhouse）从教育的内在价值出发，探索现代课程中具有范式意义的过程模式，为生成性课程含义注入新鲜的元素。斯滕豪斯指出，知识是需要儿童去思考、探索的未知领域，教学不是必须达成的目标，而是通过教育过程引发儿童的思考，从而解放天性。

20 世纪 90 年代，伊丽莎白·琼斯（Elizabeth Jones）与约翰·尼莫（John Nimmo）合著《生成课程》一书，运用教学过程记录式手法介绍生成性课程的理念，对生成性课程理念的传播起到积极影响。至此，生成性课程在国外已经形成了相对系统的理论体系，并且在实践的检验中得到广泛认同。

（二）生成性课程含义

琼斯在《课程就是发生的事》中提出“生成性课程”概念，他强调生成性课程不是一个课程计划或固有模式，它是教育行为中出现的具有计划性的过程，且其本身注重自发性与计划性的协调发展。琼斯强调，在学前儿童学习、游戏的过程中，自发性主导儿童意识的发展，但是绝不能覆盖教师的计划性。因此，在生成性课程的含义下，自发性与计划性是一对相辅概念。

尔后，《瑞吉欧课程》提出：“儿童教育重在活动与游戏的过程中，通过教师与儿童不断的对话，灵活地调整预设的内容。”它强调教师要结合教学内容及教学经验，预先制定教学目标并计划活动要点，后经分析、比较、讨论、反思，选择教学方案。由于教学方案实践过程具有互动性，预设的教学方案不可能是一成不变的。预设之中的变化发展即为生成，但这种生成的活动范围是受限制的，是受主题方案中教学目标、知识结构制约的。

国内方面，20 世纪 90 年代，随着国内学前教育课程改革的不断深化发展，教育理念逐渐从目标模式转向过程模式。尽管两种价值取向的课程模式各有其优缺点，但是长期预设课程模式下教育思维的局限性，使人们对主体价值产生向往。特别是外国先进教育理念、课程观念的引入，开阔了国内学前教育新视野。尤其随着国外生成性教育学者及学前音乐教育专家对国内开展访学活动，为我国学前教育的发展提供了新鲜的视角与先进的理念。

可见，国内外对于生成性课程的理解和实践都是其特定历史文化背景之下的产物。生成性课程产生、发展的过程之中，在不同的教育环境下，不同的人对生成性课程的理解也有区别，但总体来说是在尊重儿童主体性发展之上，有计划、有目的的动态教学活动。

据此，结合生成性课程已有研究成果之共性，着眼我国学前音乐教育之实际，笔者将生成性课程含义界定为“基于学前教育发展规划，尊重儿童主体性发展，强调师生互动中动态性教学资源的开发及利用，力求教师的预设与儿童的生成协调发展的教育理念”。

二、生成性课程的特征

生成性课程因其课程建构过程的先进性，显现出优于传统课程的特点与理念。其课程建构过程中的复杂性、相对性、情境性、隐性化是较为突出的特征，也是生成性课程研究的立论基础。

（一）复杂性

在生成性课程中，由于教学过程还原了儿童本位的主体性和创造性，使儿童的发散性思维活动更加活跃且开阔，促进了生成性课程资源的丰富发展，使儿童成为教学资源的构成者和生成者。一方面，生成性课程作为强调人格发展的教育理念，在教育过程共同化之中重视学生的个性与差异；另一方面，生成性课程中的教师已然不再只是教学内容的呈现者、学习成果的评价者，而是更宏观地成为教学活动中动态信息组织发展的“重构者”。而这些动态信息，即生成性课程资源，只有少部分是显性资源，更多是隐性的；只有少部分是预设范畴之内的，更多的则是非预设的。显然，在这样的教学活动中，教师所担负的任务相比传统式教学是相对复杂的，生成性课程资源的选择与架构也是复杂的。

伴随生成性课程中师幼双边教学关系的改变，教师的任务不再是预设方案的输送、传播，而是教学资源的收集、分析、整理、架构；儿童的任务也不再是预设内容的被动接受，而是教学资源的创造、生成、深化、吸收。正因如此，教学过程中动态生成所产生的一系列连续的兴趣取向和发散思维，使生成性课程真正释放了核心价值中的创生价值。

（二）相对性

在教学活动中，学生自主式的发散性思维的迸发，是生成性课程构成、产生的起始点，而教师对于这些相对零散且丰富的发散性思维的辨识、利用，则是生成性课程深入发展的关键所在。其中，在生成性课程资源开发过程中，教师对于可用性、生成性教学资源的辨识能力是先进教学理念对教育者教学经验及教学策略的考验。教师作为生成性课程资源的开发者、播种者，对于生成性课程信息的分析、组织、传播、释放的能力是生成性课程内在价值外化显现的核心。

在情境活动中，因为学生个体之间的差异性，发散性思维的产生是相对频繁、零散、多样的，这些发散性思维有些与教学活动有关，有些则关乎生活或其他学科领域。对于发散性思维的甄别，宏观教育目的是生成性课程资源开发的范畴，而微观教学目标则是对生成性课程资源开发的制约。生成性课程虽讲求学生本位的充分发展，但此“生成”绝非漫无边际、毫无限制的。当代教育理念下的生成性课程并不是对预设性课程的完全否定，而是对预设课程的批判性发展。

生成性课程的相对性犹如哲学视角下有序思维、无序思维与二维对立思维的辩证关系，只有将有序思维与无序思维辩证统一，才能构成宏观意义下利于社会发展的世界观与方法论。在生成性课程中，生成的意义不是绝对的，而是相对的，生成与预设的关系不是矛盾的，而是辩证统一的。准确把握教学活动中的教学目标，深刻认识教学活动中知识技能、情感态度维度的目标点，灵活地将生成性课程资源与预设性课程内容相结合，使生成性课程资源发挥最大功效，以促进教学活动的发展。

（三）情境性

正如加拿大学者史密斯（Smith）所言，“教学乃教师与学生在‘思考’这面旗帜下进行的聚会，这里的‘思考’，拒绝以某种目的性的名义去阻隔人与人之间的思维作用。”①

① 贾珀尔·L. 鲁普纳林，詹姆斯·E. 约翰逊. 学前教育课程[M]. 黄瑾，裴小倩，柳倩，等译. 3版. 上海：华东师范大学出版社，2005。

以开放性思维发展为依托的生成性课程，强调的是学生在学习过程中思维路径的多样性，而非传统预设课程中课程范式指导下的教学流程。预设性课程在广泛应用的过程中，支撑其教学效果的根本原素，即预设内容、预设方法在实践过程中的执行力，但是制约其教学活动灵活性、长效性的本质也在于此。预设性课程虽然也讲求机智、灵活地开展课堂教学，但是其对于教学内容、教学策略的预设潜在地影响了教学活动中学生思维发展的路径，学生的思考更多地被束缚在教师思维的情境下，而非师生互动的情境下。

生成性课程的情境性，一方面是教学活动中师生间行为过程的沟通、互动，另一方面是教学过程中思维空间上师生间的相互影响、互为转化。这样，教学活动就不再只是教师将预设的知识运用预设的思维方式去传播，而是在预设知识传播中通过师生间平等、共融思维空间的建立而产生的知识效果、情感态度。必须强调的是，这里的“情境”，绝非语言化、形式化的虚拟空间，而是师生间在思考过程中碰撞出的足以点燃课堂的火花。情境性作为生成性课程的生存环境，是生成性课程稳固发展的胚胎，也是生成性课程最重要的生长元。

（四）隐性化

生成性课程的形成过程是繁复且动态的，在其课程资源开发、课程效果评价的过程中，隐性化是其特殊性中的另一道关卡，也是生成性课程开发效果评价的难点。

在教学过程中，师生之间的互动会引发许多效能，譬如学生积极思考引发的提问、学生间相互讨论引发的热点等。但是，在这些互动信息中产生的生成性课程资源并非都是显性的。从经验而言，与教学目的相关的生成性课程信息往往是显性资源下的隐性元素。在生成性情境中，学生主体引发的显性生成资源，有些关乎课堂与知识，有些则关乎生活或娱乐。顺应其意志与兴趣的发展过程中，对于具体问题的抽象化分析即为隐性资源的探究途径，而隐性元素与教学目标的契合程度则是课程方案创设的基础。换言之，生成性课程的开发需要对生成性资源进行深入、细致的分析与理解，而探究产生的生成性资源需要经过教学目标的吻合检验。在生成性课程实践过程中，充分认识生成性课程资源的隐性化，不但有利于教师对于生成性课程的创设与把控，更加有利于生成性课程质量的落实。

再者，在生成性课程开展过程中，教学效果的显现也绝非表象化的。相比预设性课程，情志发展、思维培养作为生成性课程发展的核心取向，对其领域教学效能的测评绝非量性描述即可完成的。效能研究过程中，其教学效果的长效化和教学理念的持续性致使评价过程是长期、持续的，评价手法是质化、综述的，以致即时性教学评价具有一定的不稳定性及隐性空间。

第二节　学前音乐教育生成性课程的开发

学前音乐教育中生成性课程的开发是基于学前音乐教育理念与生成性课程范式高度理解认同之上的建构性研究。对于学前音乐教育生成性课程开发理论基础、一般路径、基本原则的分析、阐述，是建构性研究的关键论点，是论题可持续性研究的基础。

一、学前音乐教育中生成性课程开发的建构基础

学前音乐教育与生成性课程的建构基础即教育理念与课程范式在共性研究过程中的契合。生成性课程对于学前音乐教育目的、教育特点、教育原则的认同与支撑，是二者建构研究的着眼点。

（一）生成性课程与学前音乐教育目的

学前音乐教育是以音乐艺术为手段，培育全面、和谐人格发展的社会性活动。学前音乐教育的过程，一方面是儿童对音乐知识、音乐技能认知、习得的过程，另一方面是儿童在艺术享受中情感态度价值观形成的过程。

1. 学前音乐教育是全面的发展的教育

学前音乐教育的根本目的是全面发展。20世纪，日本音乐教育家铃木镇一认为，通过艰苦且持之以恒的音乐学习过程，儿童可以获得坚韧不拔的意志和对于既定目标不懈追求的热情，这些品质的形成将为儿童的终身发展奠定重要的基础。可以说，学前音乐教育是基本素质教育的重要出发点。教育者应该坚定不移地站在这一立场上，充分发挥音乐实践活动在基本素质教育方面的潜在价值，对儿童的全面、和谐发展加以良好的教育影响。

学前音乐教育作为全面发展的教育，其教育过程的宏观性对其教育目的实现具有深远的影响。在学前音乐教育过程中，课程内容的包容性、教学方法的多样性、教学资源的开阔性、教学设计的灵活性都在一定程度上影响着学前音乐教育目的的实现。从课程到教学，学前音乐教育对教育理念提出了较高的要求，与此同时，生成性课程的核心价值就在此凸显。生成性课程因其课程组织的非线性促进了学前音乐课程内容的丰富、翔实，因其教学方法的实时性促进了儿童发散性思维的充分发展，因其教学资源的开阔性促成儿童生活视野的广泛程度，生成性课程在课程建设及教学理念上对于学前音乐教育全面性发展予以坚定且强大的支撑。

2. 学前音乐教育是审美教育

音乐作为美育体系中重要的学科类型，是以听觉体验为手段进行的审美能力培养。这种教育本体一方面强调音乐教育的过程首先是审美体验的过程，另一方面强调音乐教育是美育的途径之一，全面发展才是音乐教育的目标。现代学前音乐教育科学研究的实践进一步把音乐审美教育的视野扩大为帮助儿童发展与周围环境建立审美关系的能力和愿望。周围环境包括儿童周围的自然环境、物质环境、人际环境；审美关系包括关心的、理解的、互相帮助的、融洽协调的关系，即美的关系；能力包含认识能力和协作能力。从学前音乐教育的审美体验出发，学前音乐教育过程中学生的主体意识就具有了尤为凸显的意义。生成性课程在学前音乐教育的开发过程中，还原了儿童的主体地位，将儿童的兴趣和愿望作为学前音乐课程的主导内容，将儿童的感知和体验作为学前音乐教学设计的坐标，将学生思维发展贯于穿学前音乐的教学过程，在最大限度上彰显了学前音乐教育的美育意义。

（二）生成性课程与学前音乐教育特点

学前音乐教育与其他年龄阶段的音乐教育相比，其教育过程中对教学氛围及教学情境具有较高标准的要求。由于儿童身心发展的规律与特点，需要在活动过程中氛围和谐、生动活泼，能够吸引儿童的注意力并建立儿童的兴趣爱好。其教学活动中的情境性不只包括情感性、形象性，更重要的是遵循教学对象主体发展的自然性。

1. 学前音乐教育的游戏性

儿童的认识过程带有具体形象性、不随意性和情绪性，即他们对一些具体的、感兴趣的和喜爱的事物，在自然的或自发的、不需要有目的地控制的情况下，比较容易认知。学前音乐教育中的游戏性正是根据儿童的认知过程而产生的教学手段。学前音乐教育活动中的游戏环节不仅能够丰富儿童的音乐知识，而且可以促进儿童观察力、记忆力、想象力、创造力的培养，同时还有利于儿童的情感发展。

首先，学前音乐教育在课程内容上讲求游戏性。音乐游戏作为学前音乐教育长久以来的重要课程资源，一直是学前音乐课程内容的主要组成部分。在学前音乐教育歌唱类教学活动中，与游戏相关的儿童歌谣或歌曲比比皆是，拍手歌、猜谜歌、跳皮筋都是以游戏为素材，备受儿童喜爱的代表性作品。近年来，随着学前音乐教育理念与指导纲要的提升，游戏性正日益成为儿童音乐教育工作者的视野交集。而与音乐教育活动游戏化共生的是教学活动中更多的不确定性和偶发性，正视游戏过程中儿童的兴趣取向、思维发展，以生成性课程理念融合预设游戏过程中的各种动态生成，将学前音乐教育过程中的游戏意义放大，促使儿童以兴趣发展助推情志发展。

其次，学前音乐教育在教学设计上讲求游戏性。学前音乐教育中的游戏活动开发了儿童在认知过程中的自主性与自由性，其主要表现为教学组织形式的开放程度。在学前音乐教育游戏活动中，儿童的个体活动、集体活动、小组活动等不同形式的教学组织可以根据需要多次交替出现。另外，儿童在游戏性的学前音乐教育活动中可以有更多自主选择的机会，如空间位置、合作伙伴、协作小组、表现形式。与此同时，游戏性的学前音乐教育活动中，教师和儿童之间的关系也是多样的，如情境下教师与儿童的角色扮演，角色身份下的活动组织与活动参与。

上述条件共同支撑了学前音乐教学设计过程中游戏活动的存在价值，三者分别从教学活动过程中的教学组织、学生地位、师生关系方面对学前音乐教育提出相应的要求。生成性课程因其在学生主体性、教师地位弱化、教学方式灵活等方面观点的倡导与学前音乐教学设计中的游戏性相吻合。

2. 学前音乐教育的综合性

综合性是现代外国音乐教育理念的共同指向，综合性的学前音乐教育活动能够帮助儿童全面地感受音乐艺术的魅力。学前音乐教育的综合性不仅体现在课程内容的建构方面，更为重要的是教育形式、教育过程、教育目的方面的综合性。在学前音乐教育形式方面，儿童的音乐学习表现为相对初始的、尚未严格分化的综合性活动形式。在学前音乐教育集体活动中，歌唱、舞蹈、乐器演奏三位一体的综合性活动主要包括以下三种情况：一是全体儿童的唱跳活动、唱奏活动、跳奏活动；二是歌舞乐三者的交替进行；三是歌舞乐三者的分工进行、合作表演。学前音乐教育形式中的集体性活动、小组性活动、组合性活动，从不同层次对教育者的活动把控能力提出要求。传统预设的教学形式难以全面支撑儿童音乐活动的综合性发展，预设的活动形式易与儿童的自主选择相偏离，而且难以充分发挥综合性表现过程中的协同合作及个性培养。生成性课程对于课堂教学形式的即时发展在一定程度上弥补了预设性课程的局限，更大程度地发挥了学前音乐教育形式的多样性、综合性，并且更大程度地发挥了儿童综合性活动的功能意义。

在学前音乐教育过程方面，儿童的音乐感知能力一般是在表演、创作、欣赏共同发展的过程中形成的。儿童积极愉快地表演、身心投入地音响创造、舞蹈创编，都是儿童自发性音乐活动过程中的重要组成部分。相比生成性课程，预设性课程在这方面更容易在儿童自我探索产生分化的需要之前，教师就将这些过程强行地分裂开，不利于儿童主动投身于音乐实践活动，破坏了学生音乐感知能力的综合性。生成性课程有利于学前音乐教育过程中儿童对音乐艺术主动倾向性的形成。

（三）生成性课程与学前音乐教育原则

学前音乐教育因艺术门类学科与儿童学段学龄的特殊性，其教育原则也具有一定的特征。学前音乐教育的实践性原则与可持续发展原则，是其教育意义实现的基础及关键。生成性课程与学前音乐教育原则具有一致性，教育理念与课程理念彼此高度认同。

1. 学前音乐教育的实践性原则

在人类音乐活动的早期，人们参与的音乐实践活动是集工作、学习、游戏、娱乐于一身的，音乐实践是并未分化的。但随着人类音乐理论知识、音乐技能技巧的积累与丰富，分化出专门性的职业音乐理论学习。近年来，越来越多的音乐教育人士醒悟到，音乐理论学习与音乐实践活动分离造成了音乐价值的严重损失，并提出多种将理论与实践相结合的教育理念与教学策略。无论从历史发展、理论逻辑还是现实经验上看，音乐表演实践必然是音乐价值体现过程中最核心的途径。特别对于早期儿童音乐教育，音乐教育的实践性是儿童在音乐教学活动过程中行为先行、感性体验产生、学习经验形成、教育价值体现等一系列教育问题的前提，是学前音乐教育目的与儿童发展培养目的相匹配的重要保障。

学前音乐教育中音乐知识与音乐实践的结合，不仅是课堂上理论到实际的转化，更为重要的是音乐活动在生活中的实践，音乐课程在生活中的生成。生成性课程正因为其源自生活、回归生活的特点与音乐实践的过程性相辅相承。一方面，音乐教学活动中的音乐知识与技能在生活中得以表现、实践，使儿童真正体验到音乐带来的乐趣；另一方面，音乐课程的内容生成与儿童的实际生活密切相关，使儿童的兴趣得以充分地发展。生成性课程对学前音乐教育的实践性原则的体现具有非凡的价值。

2. 学前音乐教育的可持续发展原则

音乐教育与学前教育在教育性质上，都立足于人格终身培养的教育形式。在现实的学前音乐教育中，教育者对于教育目标本身存在争议性，造成了现实教学中儿童只学到具体知识而忽视情感培养，或与其相反的教育问题。这些问题的产生都是与学前音乐教育的可持续发展原则相违背的。学前音乐教育倡导音乐学习的持续发展、人格培养的持续发展，即学前音乐教育的长效性，而非即时性。在这样的教育原则指导之下，生成性课程因其教育过程的连贯性、持续性对音乐知识的学习具有发展性战略意义，而生成性课程对学生发散性思维的培养，有助于学生探究能力、创新能力的养成。生成性课程对于学前音乐教育的可持续发展具有强劲的助推作用。

二、学前音乐教育中生成性课程开发的一般路径

由于生成性课程产生及发展过程的非线性及漫散性，其课程实施过程从未形成固定的生成路径。但是，生成性课程的产生、发展绝非偶然或特例，而是教学过程中思维、智能发展的必然结果。从这个意义上说，生成是存在于学生思维发散过程中的产物，是学生的思考、体验、探究与教师的经验、观察、反思共同发展下形成的。

（一）在互动中生成

教学活动是学生与教师之间积极互动的过程。实际上，正是由于教学活动过程中教学双边的互动与交流，生成性课程才得以产生并发展。互动作为一种主体双边的对应关系，是双边互相对话、互相沟通、互相理解的过程，意味着互动双边的相互承认，互动双边在地位、权利上的均等、和谐。在教学活动的互动实践中，如果互动的双边不能以平等、自主、开放、全面发展的主体地位存在，教学活动就会由主体—主体的对等关系发展为主体—客体的作用关系，这种真实互动过程中的主体关系异化后的行为即虚假的互动，不具备互动生成的真正意义。

1. 互动的时间要充裕

传统课程实施过程中的时间结构一般由三部分构成，即教师的讲授时段、师生的交流时段、学生的吸收时段。互动中生成，讲求的是压缩教师的刻板讲授时间，增加学生主动思考的时间，提高教师的点拨能力，这就对于互动过程中的活动时长提出了较高的要求。一方面，教师要把课堂归还给学生，

增加学生间互相交流、协作学习的时间，让学生有更多的机会参与、体验、诉诸实践，给学生充足的时间去互动；另一方面，学生思考、探究的时间要充分，切勿学生刚刚进入角色进行思辨，教师就终止互动。在互动时间与互动质量的双重保障下，生成性课程才能得以充分地发挥，释放其对于学生思维发展培养的价值。

2. 互动的内容要深入

互动生成必然要有互动材料及主题作支撑，这既决定着互动的方向，又决定着互动的价值。教学中，教师要尽可能地设计适合群体互动的学习活动和作业，这些活动和作业可以是引人入胜的，也可以是令人困惑的，以保持学生学习状态的激活并促使学生获取知识、习得方法、形成能力、发展个性。其中的关键在于互动内容的内涵性及深入度。互动内容的规格决定互动的质量、互动的意义，是互动生成中最重要的根基。

3. 互动的方法要灵活

互动过程中的方法对生成课程的开发具有指向性意义。教学中，教师与学生的互动不只是对话式或者游戏式的，更是集中于学生体验、探究过程中的方法研究。学生之间的互相表现、合作竞赛、小组讨论、共同学习都是互动过程中效果极佳的引导方法，能够在一定层面对于互动生成予以支撑。巧妙利用教学方法，充分展示学生的知识、才能，指导学生多样化的参与、体验、思考、探究，将共性培养与个性发展相结合，互动生成的方法对于课程实施具有重要的作用。

（二）在生活中生成

“回归生活世界”是现代经典教育理念中的重要共性。在教学中打通学生的生活世界与书本世界之间的界限，常常会激发学生的探究热情，促使学生将日常生活经验转化为学科问题，使课堂焕发生机，出现一系列动态生成场景。生活中的自然景观、人文风俗、情感体验、日常活动都能够引发效果良好的学前音乐课程。这些生活经验不但为学生的学习提供了前期的认知，而且为知识的应用提供了平台。

1. 生活中课程信息的捕捉

音乐作为与生活密切相关的艺术形式，其艺术元素包围了我们的生活空间，尤其对于学前音乐教育而言，课程内容全部源于儿童生活实际。儿童的生活、儿童的活动、儿童的游戏，一切与儿童相关的音乐课程元素都应该受到教师的关注与思考。教师在实际生活中要善于捕捉生成性课程资源，要善于挖掘学生的兴趣焦点，给予学生的兴趣更多的发展空间，让学生在其中获取知识、快乐学习。

2. 生活中课程内容的应用

因生活而生成的课程内容，同时在生活中也可以得到更多应用。生活中生成的课程内容源自生活、回归生活。通过学生主体生成的课程内容，在实践应用中激发学生的探索热情。在知识产生、发展、实践的转化过程中，学生通过思维的主体发展，对知识的认知、反馈能力显著提高，从而验证生成性课程的教学效果。

（三）在情境中生成

教学过程中的生成与教学情境的思维空间密切相关。教师在教学经验的引导下，要随时注意捕捉教学过程中的各种可利用性资源，对生成资源加以分析、整合，使课程呈现出非预期的但又符合学生发展需要及教学要求的状态。

1. 从自然生成中捕捉生成性资源

教学过程中，学生的思维发散是学生主体行为意识形成的必然表现。教学中，学生的各种思维表现都是既在情理之内又在意料之外的。教师要以教学经验为导向，能够对学生在教学过程中自然生成的课程信息予以捕捉，通过正确的方法引导学生顺势思维、视点发散，拓宽学生的思维空间。与此同时，教师还要善于将思维空间控制在既定的教学目标范畴之内，做到生成为教学质量服务，生成为学生发展服务，合理、巧妙地掌握并控制生成过程，以免思维过于发散，对知识、技能的学习产生误导。

2. 从学生认知冲突中捕捉生成性资源

随着现代教育理念对课堂上学生主体性的充分发挥，教学活动中源自学生认知过程的质疑、反驳、争论的情况频繁出现。教师应该注重学生困惑的焦点、理解的偏差、认知的冲突，深入思考学生在认知过程中的矛盾源，正视教学过程中出现的疑点、难点，在规范教学内容准确性的同时发挥教学内容的生成性，在学生认知冲突的过程中将既定与生成协同发展，促进教学活动的全面运行。

（四）在反思中生成

教师持续不断的反思是对生成性课程的推动、促进。正是在教师的反思过程中，生成性课程资源不断被开采、挖掘，生成性课程内容才能翔实、丰富地持续发展；正是在教师的反思过程中，生成行为被不断地校正、改良，生成性课程才具有了更为丰富的价值。生成需要反思，反思是生成成为实际的重要途径。

1. 对于动态生成的反思

对于教学活动中动态生成的反思，是生成性课程开发较为普遍的一种路径方式。现代教育理念将教学看作师生积极互动的过程，随之产生的一系列出乎教师意料的生成性内容不容忽视。对于教学实际过程中产生的动态生成性因素，教师需要以教学目标为导向、以教学经验为指导，结合预设内容重新建构教学方案。对动态生成全过程的反思是生成性课程开发的基本环节，其反思成果制约生成性课程的运行及发展，对生成性课程的开发具有至关重要的意义。

2. 对于教学设计的反思

在常态的教学活动中，教学设计是教学活动的主导性指向。但是，在教学活动的实际发生过程中，随着动态生成行为的发生，教学设计偶尔会与教学活动相偏离。差异之中的矛盾，往往是生成性课程资源最根本的源头。教师对于教学设计的反思，不但是对预设性教学活动的整体思考，而且是对课程内容的重新架构。对于教学设计的辩证考量，是生成性课程核心价值体现与保障的重要依托，优化的教学设计有助于预设性内容与生成性课程的相辅共存。

3. 对于教学效果的反思

教学活动通常会伴有一定的目标指向性，一般对于知识、情感等方面的培养会有一定的要求。在教学反思过程中，对于学生接受程度、教学质量、教学效果的反思，都是生成性课程开发过程中的突破口。运用整体教学效果检验教学过程中课程内容的组织、教学方法的设计、教学节奏的把控等多个层次，寻求阻碍教学效果发展的问题源头，生成性课程开发的过程蕴含其中。

三、学前音乐教育中生成性课程开发的基本原则

学前音乐教育生成性课程开发的基本原则，既是生成性课程理论观点的体现，也是学前音乐教育生成性课程发展客观规律的反映。开发过程中的原则分析是建构性研究过程中的认识论，也是支撑学前音乐生成性课程实践的方法论。

（一）发展性原则

发展性原则是指在学前音乐教育生成性课程开发之前，教师必须准确把握儿童已有的知识基础和能力水平，并以此为依据对儿童进行全面培育。首先，发展性原则体现在生成性课程内容应该适合学前儿童的发展水平的。在课程开发中，教师要在了解儿童阶段水平的基础上引导并推进儿童向前发展，寻找最近发展区以施加教育的影响。在开发过程中，生成性课程要保证课程目标的制定、生成内容的设计、活动方法的选择与儿童的发展阶段相符合，以循序渐进的形式推动儿童已有知识和水平的发展。

其次，发展性原则还要求生成性课程必须坚持以促进儿童的发展为音乐教育活动的出发点和落脚点。生成性课程的开发必须是操作性强、价值明确的，其价值影响既包括对于音乐素质能力的培养，也包括儿童认知、情感、性格、素质等方面的全面发展。学前音乐教育生成性课程中发展性原则的两个方面是并存发展的，应该以一个合理而有机的整体体现在学前音乐教育生成性课程之中。

（二）主体性原则

学前音乐教育生成性课程活动是通过教师、教育信息、儿童之间的相互作用展开的。在学前音乐教育活动过程中，从教师的角度而言，教师的行为是一种有目的、有计划、有意识的主动行为，旨在通过教育活动的中介对儿童施加教育的影响以促进儿童的发展；从儿童的角度而言，儿童的行为是活动主体与活动对象相互作用的结果。

学前音乐教育生成性课程的主体性原则是指，教师在音乐活动的设计中必须合理、恰当地处理师幼关系，既要引导儿童主体积极地感受、体验音乐，又要在促进儿童与音乐的互动中适时、有效地发挥教师的主体作用。教师根据社会的要求和教育的目标可以对儿童施加一定的教育影响，但绝不能代替儿童的主体实践。教育者的教育影响能够促进儿童真正成为自己学习和发展的主体时，教育的既定目标才可以得到最好的实现，教育的理想效益和最优化才可能达成。因此，在学前教育生成性课程中，教师必须考虑和处理好教师的主导作用与儿童的主题活动之间的比例关系。

（三）审美性原则

所谓审美性原则，是指在学前音乐教育生成性课程中把握儿童的审美特点，以审美感知的培养、审美情感的激发为出发点，将审美的特殊性贯穿于音乐的欣赏、表演和创造等活动形式之中。对于儿童而言，在音乐的学习活动中除了获得一定的知识技能、发展一定的能力外，还是在艺术美的情境下对于人格的培养。审美性是音乐教育活动不可或缺的基本特征，这种性质是确保音乐教育目标有效达成的必要条件。富有审美性的音乐教育生成性课程不仅能使儿童的情感世界变得更加丰富，而且能够增强儿童的独创性，发展儿童创造美的能力。

学前音乐教育生成性课程中的审美性原则，是教师启发引导下对音乐美的感受、体验活动逐渐培养儿童对美的认知、爱好、创造。其主要方式为寓美于形、寓美于情、寓美于乐。寓美于形，即寓审美性于生动形象的生成性课程活动之中；寓美于情，即寓审美性于儿童的情感体验之中；寓美于乐，即寓审美性与轻松有趣、活泼快乐的音乐活动形式之中。审美性原则不仅有利于儿童与音乐互相作用，启发儿童的想象力和创造力，而且能够使儿童在不断地体验美、创造美的过程中增强和提高审美趣味，是学前音乐教育目的的体现。

（四）整合性原则

整合性原则是指在学前音乐教育生成性课程中，自然地将音乐领域的内容与其他学科领域的内容相互交融，同时也将各种不同领域的音乐内容、不同的音乐学习方法等作为互相联系的完整体系来看待。在学前音乐教育活动中，儿童面对和学习的主要内容是音乐方面的素养，但其他非音乐化的信息也是不可或缺的。《纲要》中明确提出，幼儿园教育的任务之一是使“德、智、体、美、劳”各方面的教育相互渗透、有机结合，并且提出要充分发挥各种教育手段的交互作用。可见，音乐教育的目的不仅在于提高儿童的音乐素质和能力，更应该将全面发展和完整人格的建构融为一体，促进儿童全面发展。

学前音乐教育生成性课程的整合性原则主要体现在三方面：课程内容的整合、教育形式的整合、活动过程的整合。生成性课程内容的整合主要是把各种不同教育领域的内容通过一个主题活动加以整合化；教育形式的整合主要指课堂性音乐教育活动与生活性音乐活动相结合；活动过程的整合指音乐活动过程中认知、情感、行为、能力等方面的整体发展。

第三节　学前音乐教育生成性课程的实践探索

生成性课程在学前音乐教育中的实践前提是生成性课程方案的确定。其课程方案中课程目标、课程资源、课程评价的分析与阐述是实践研究的理论基础，也是生成性课程方案实施过程的指导性原则。

一、学前音乐教育生成性课程目标

教育作为人类意识形态之下的社会实践活动，其自觉性、目的性、计划性突出表现在教育实施之前就对于课程效果有所期望，即课程目标。课程目标是伴随教育实践产生的，学前音乐教育生成性课程目标是教学活动的导向。

（一）学前音乐教育中生成性课程目标定位

课程理论学者拉尔夫·W. 泰勒（Ralph W. Tyler）曾指出，学校课程目标的五个来源分别为从学习者本身中寻求目标、从当代校外生活中寻求目标、从学科专家建议中寻求目标、利用哲学观点寻求目标、利用心理学观点寻求目标。其课程目标理论正是本研究中学前音乐教育生成性课程目标建立的重要依据。学前儿童音乐素质的发展是具有年龄阶段特性的，儿童的音乐感知能力是其认知、情感、生存技能发展的反映。

了解和把握学前儿童音乐发展的特性和规律，有助于生成性课程目标定位过程中儿童“现有发展水平”与“最近发展区”关系的平衡，使教育走在儿童发展之前。在生成性课程目标的定位过程中，教育者可以根据对儿童音乐发展过程的认识，以及对儿童音乐发展水平的判断，满足儿童自身的发展需求，逐步实现儿童自我价值认可。

因此，学前音乐教育生成性课程目标是根据儿童音乐发展的实际需要而制定的，以保证教学内容与儿童学习能力相符，既不超越儿童的认知学习能力，又不低于儿童的已有经验。学前音乐教育中生成性课程的目标定位有助于将这些隐性的、有效的学前音乐教育资源科学地分析、整合、实践，从而构建学前音乐教育的优化课程。

（二）学前音乐教育中生成性课程目标结构

学前音乐教育中的生成性课程目标是学前音乐教育活动预期结果的标准与期盼，学前音乐教育中生成性课程目标的结构化程度是学前音乐课程性质的重要指标。

从理论上讲，从无结构化的“自发性音乐活动”到完全结构化的“集体性音乐活动”的连续体过程中，学前音乐教育生成性课程目标的陈述方式是十分多样的。简言之，除连续体过程中的两个极端：低结构化的生成性课程目标表述以强调过程、比较宽泛的过程目标为主；高结构化的生成性课程目标表述以强调结果、比较具象的行为目标为主。而在过程目标与行为目标之间的是以强调儿童个性化音乐探索的表现目标。

所谓“行为目标”，即以可观察的行为化的方式来表述目标，其关注和强调的是课程目标的可理解性、可把握性、可操作性。以行为目标结构陈述的生成性课程目标能够直截了当地明示行为主体在教学中所期望达到的结果，同时还能够暗示教育者在教学中对课程内容的掌控程度。

过程目标是学前音乐教育生成性课程活动过程中产生的，关注的是儿童音乐活动的生成性。在儿童自发发展的结构化程度较低的音乐活动中，教师应根据儿童的兴趣需要及活动开展的具体情况，在生成性课程情景中产生过程目标，并在活动过程中随时调整目标内容。自发性音乐活动属于儿童自主产生发展的音乐活动，是无结构化的音乐活动，故而此类音乐活动的产生是教师无法预先估测的，无法事先制定可操作的方式去界定其目标内容。因此，学前音乐教育中生成性课程的过程目标要求教育者不仅要熟悉儿童音乐发展的特性与规律，深刻认识学前音乐教育体系，还必须具备一定的教科研综合能力，能够对生成性课程的动态性做出方向正确的引导与把控。

表现目标强调的是儿童个性化的音乐表现，目标指向的是培养儿童创造性的音乐能力。表现目标不规定儿童在完成音乐活动后必须获得音乐知识与技能，而是指向儿童在音乐教育情境中的个性化表现。表现目标是鼓励儿童运用已有音乐知识技能，创造性地进行个性化的表现，具有不可预测的性质。学前音乐教育生成性课程三种不同结构的目标表述，可以互为利用、取长补短。行为目标倾向于课程实践的操作性；过程目标倾向于儿童价值观念的树立；表现目标倾向于儿童创造能力的培养。故学前音乐教育生成性课程目标的制定要将三种取向目标有机整合，以推动学前儿童音乐教育实践。

二、学前音乐教育生成性课程资源

（一）源自儿童歌曲作品的选材

歌唱是儿童的天性，学前音乐教育中儿童歌曲作品的选材是生成性课程的重要资源之一。学前儿童歌曲作品主要包括儿童歌谣和儿童歌曲两部分，学前儿童歌唱类型的生成性课程资源主要源自儿童歌曲的歌词部分。

具有生成性功用的学前儿童歌曲歌词资源主要来源于儿童的日常生活及美好愿望。日常生活作为培养学前儿童品德、习性、认知、情感、社会性表现的第一平台，与儿童的学习与成长密切相关。寓歌曲于儿童的日常生活之中，在歌曲中捕捉儿童身边的情感资源、知识资源，能够更大限度地激发儿童探索过程中的兴趣。譬如，与儿童游戏相关的歌曲作品《过家家》《布娃娃摇篮曲》《彩色积木真漂亮》等，或与儿童户外活动相关的歌曲作品《安全与快乐》《放风筝》《我最喜欢的地方》等，都是生成性课程实践过程中成功的歌唱课案例。寓歌曲于儿童的美好愿望之中，能够激励儿童情感态度价值观的正向引导。儿童的美好愿望是儿童学习兴趣的先导，《我爱我的家》《梦幻曲》《我到太空去游玩》《航天叔叔好榜样》等学前儿童歌曲都是儿童在音乐课程中十分喜爱的。另外，学前音乐教育生成性课程中，儿童歌曲的学习过程中还应该尽量注意歌词内容的可表达性，如引导学生在歌唱韵律活动中自然而直接地发展儿童的肢体动作能力，通过多种教学形式提高儿童对歌曲词义的敏感度及注意力。

（二）源自儿童音乐活动配乐的选材

学前儿童音乐教育中，音乐活动的配乐体裁广泛而有特色，如歌曲、器乐曲、舞曲等。适合学前儿童身心发展规律的配乐选材是诱发生成性课程的另一重要资源。

旋律优美、节奏感强的音乐活动配乐能够激发儿童参与和表现的欲望，韵律和舞蹈活动能够让儿童积极地模仿各种肢体、舞蹈动作，以表现对音乐的感知。不同节奏、不同风格、不同色彩的音乐活动配乐能够丰富学前儿童对音乐节奏及乐感的体验与培养，特别是通过律动及舞蹈的感知能够进一步帮助儿童协调律动与音乐的关系，提高对音乐的感知能力、对韵律的反应能力。例如，流畅而优美的活动配乐可以模仿鸟类的飞翔动作，活泼轻快的活动配乐可以模仿小动物的跳跃动作，沉重而缓慢的音乐可以模仿大象走路动作。

与此同时，在学前音乐教育活动配乐选择的过程中，要尽量遵循结构工整的原则，简洁的结构和清晰的段落有助于学前儿童对音乐形象的区别和对比。

（三）源自打击乐器演奏音乐的选材

学前儿童音乐教育生成性课程中的乐器演奏活动主要是打击乐器演奏。配合打击乐器演奏的音乐体裁一般是进行曲、舞曲或其他富有情趣性和艺术性的音乐作品。这些作品具有明显的节奏特征，曲式结构工整、段落清晰、短小精练，适合儿童运用不同的音色和乐器来表现。生成性课程中的打击乐器演奏活动一般可以分为两类：一类是伴随歌曲或旋律乐器演奏的打击乐器演奏；另一类是纯粹由打击乐器或替代性的打击乐器来演奏的打击乐曲。这些打击乐曲的配乐方案，可以是“墨守成谱”的，也可以是由教师创编的，更可以通过对既有知识的学习引发儿童生成性的创编。

（四）源自音乐欣赏作品的选材

生成性课程中的儿童音乐欣赏作品选题首先要考虑到学前儿童的年龄特点，以及他们体验、感知的实际能力和接受水平。欣赏作品在题材与形象上要贴近学前儿童生活中熟识的事物和情感认知，同时在内容、曲式、风格等音乐元素上考虑音乐作品的艺术性。

三、学前音乐教育生成性课程评价

（一）学前音乐教育生成性课程评价对象

学前音乐教育生成性课程评价的对象由生成性课程方案、方案实施过程、方案实施效果三个部分组成。

学前音乐教育生成性课程方案评价，一是生成性课程方案及方案中的各要素、各部分是否依据课程原则的科学性；二是生成性课程结构中的内容组织要素之间是否具有内部一致性。生成性课程方案的评价主要是指对具体的音乐教育活动设计的评价，主要包括课程方案的目标、内容、方法。需要特别强调的是，学前音乐教育生成性课程方案的范围是很宽泛的，大到课程的整体规划，小到具体的活动设计，生成性课程方案的评价既要具有整体性又要注重细节性。

（二）学前音乐教育生成性课程评价主体

学前音乐教育生成性课程的评价主体是教师和儿童。在教师方面，评价的过程不仅是教育者运用音乐学、教育学、心理学等方面的专业知识审视生成性音乐课程的课程方案和教学实践，更是教育者在发现问题、分析问题、解决问题的过程中职业专业化成长的必经之路。在儿童方面，其作为生成性音乐课程评价过程中最重要的评价对象，一方面体现在儿童对自己的音乐学习目标达成与否的评估与反省，另一方面体现在通过儿童对生成性方案实施过程中的音乐行为发展反映其对音乐课程的态度。学前儿童的音乐行为反应与发展是生成性音乐课程评价的重要信息与证据，是学前音乐教育生成性课程成功与否的关键所在。

（三）学前音乐教育生成性课程评价方法

现阶段，国内对于课程评价领域的研究较偏重对学生学习结果的评价。但学前音乐教育因其教学对象的特殊性、课程内容的艺术性，难以运用等级量化的形式测定儿童的音乐技能知识和情感态度发展。故遵循学前音乐教育规律及生成性课程结构，表现性评价方法为本研究中学前音乐教育生成性课程的评价手段。生成性课程的表现性评价分为课堂情境中的表现性评价与非课堂情境中的表现性评价两种方式。课堂中的表现性评价即对生成性课程方案之内的表现性目标的实施效果；非课堂中的表现性评价即生成性课程方案实施过程中所动态生成的活动内容的评价。

学前音乐教育生成性课程的表现性评价过程主要为以下几个步骤：首先，确定表现性任务。表现性评价是在表现性任务的完成过程中进行的，表现性任务的完成过程就是表现性评价的展开过程。在学前音乐教育中，表现性任务通常与行为反应相对应，或是完成韵律舞蹈动作，或是完成演唱演奏表现。其次，设计表现性任务的情景。学前儿童表现性活动通常是在一定的表演情境中进行的，虚拟情境的创设有助于儿童自然、放松地展现．音乐行为能力。最后，确定表现性评价标准。以学龄层次、表演形式划分表现性评价标准，予以儿童的表现性活动较为细致的点拨与指导。

参考文献

[1] 余米华. 学前儿童音乐教育的应用研究：以达尔克罗兹音乐教学法为例 [J]. 教育观察，2021，10（24）：82-84.

[2] 余雅燊. 文化自信语境下高校学前音乐教育专业构建路径探究 [J]. 长春师范大学学报，2021，40（05）：185-187.

[3] 韩彦珍. 学前音乐教育对于幼儿素质培养的重要性探究 [J]. 戏剧之家，2021（15）：112-113.

[4] 钟超. 谈学前儿童审美经验音乐教育 [J]. 艺术评鉴，2021（04）：124-126.

[5] 但秀芳. 学前教育专业学生的音乐节奏感培养：评《学前儿童音乐教育》[J]. 中国教育学刊，2020（12）：129.

[6] 刘婧婧. 学前教育专业音乐技能课程建设研究 [J]. 艺术评鉴，2020（21）：122-124.

[7] 吴荻. 多学科视角下的学前儿童音乐教学 [J]. 黄河之声，2020（20）：158-159.

[8] 刘付燕婷. 简析多元智能理论在学前儿童音乐教学中的运用 [J]. 北方音乐，2020（10）：201-202.

[9] 邓楠. 关于学前儿童音乐教育的思考 [J]. 黄河之声，2020（07）：139.

[10] 王敏. 学前儿童音乐教育中的“功利化”现象及其解决路径 [J]. 天水师范学院学报，2019，39（05）：103-107.

[11] 陈旭.《学前儿童音乐教育》课程教学改革探索 [J]. 艺术评鉴，2019（16）：127-128.

[12] 刘套字．浅谈学前教育专业音乐教育的开展 [J]．黄河之声，2019（07）：74.

[13] 吴蕾．学前教育中创新音乐教学初探 [J]．黄河之声，2018（20）：116.

[14] 蔡莉．高职院校学前教育音乐专业培养模式改革：评《学前儿童音乐教育与活动设计》[J]．教育发展研究，2018，38（22）：86.

[15] 郭敏．高职学前教育专业音乐教学的现状与改革策略探究 [J]．丽水学院学报，2018，40（06）：124-128.

[16] 刘建东．专业认证背景下学前教育专业音乐课程建设研究与实践 [J]．中国音乐教育，2018（10）：31-35.

[17] 李琛．“音乐感统”在中职“学前儿童音乐教育”中的运用 [J]．北方音乐，2018，38（15）：163.

[18] 史楠．教育戏剧在高师课堂教学中的应用研究 [D]．陕西师范大学，2018.

[19] 林漫．论学前音乐教育的特殊功能 [D]．云南师范大学，2018.

[20] 李汶轩. 教师教育课程改革背景下学前儿童音乐教师的培养 [D]. 陕西师范大学，2016.